公路工程职业技能岗位培训教材

Qiaoliang Yuyingligong · Gaojigong

桥梁预应力工·高级工

江苏省交通厅工程质量监督站组织编写

唐学农　龙兴灿　主编

人民交通出版社

内 容 提 要

本书是《公路工程职业技能岗位培训教材》之一，该系列培训教材，由江苏省交通厅工程质量监督站组织编写，力求体现交通职业的特点，以岗位技能为目标，理论与实践相结合，通俗易懂，具有较强的实用性和可操作性。

本书共分十章，内容包括：概论、预应力混凝土材料、预应力锚固体系、预应力设备、先张法预应力混凝土施工、后张法有黏结预应力混凝土施工、预应力混凝土其他施工方法、预应力施工中常见问题及处理、预应力施工有关计算、预应力混凝土施工组织与管理。

本书为桥梁预应力工（高级）培训教材，也可供公路工程一线施工技术人员及监理人员学习参考。

图书在版编目（CIP）数据

桥梁预应力工·高级工/唐学农，龙兴灿主编. —北京：人民交通出版社，2008.12

公路工程职业技能岗位培训教材

ISBN 978-7-114-07456-1

Ⅰ.桥… Ⅱ.①唐…②龙… Ⅲ.预应力混凝土桥—工程施工—技术培训—教材 Ⅳ.U448.355

中国版本图书馆 CIP 数据核字（2008）第 166707 号

书　　名：公路工程职业技能岗位培训教材
桥梁预应力工·高级工

著 作 者：唐学农　龙兴灿

责任编辑：卢仲贤

出版发行：人民交通出版社

地　　址：（100011）北京市朝阳区安定门外外馆斜街 3 号

网　　址：http://www.ccpress.com.cn

销售电话：（010）59757969　59757973

总 经 销：北京中交盛世书刊有限公司

经　　销：各地新华书店

印　　刷：北京市密东印刷有限公司

开　　本：787×1092　1/16

印　　张：13

字　　数：322 千

版　　次：2008 年 12 月　第 1 版

印　　次：2008 年 12 月　第 1 次印刷

书　　号：ISBN 978－7－114－07456－1

印　　数：0001～3500 册

定　　价：25.00 元

《公路工程职业技能岗位培训教材》

编审委员会

主任委员

杨国忠　孟祥林

编写委员会委员

杨国忠　唐学农　周传林　樊琳娟　李建才
龙兴灿　赵伟强　张文斌　王　磊　耿　巍
胡友好　彭涌涛　芮丽珺

审定委员会委员

邓学钧　孟少平　刘松玉　符冠华　韩大章
叶见曙　镇亦明　李晋三　刁永宁　薛永森
成　文　陈建胜

序

江苏交通工程质量水平受到国内外同行普遍称道，这是设计、施工、监理、管理等各方坚持努力的结果。工程是干出来的，业主培育施工队伍的技术能力和专业水平是江苏公路建设的一条基本经验。我认为设计是灵魂，管理是关键，而一线基层施工的从业人员的专业素质是保障工程质量的基础。交通行业贯彻科学发展观，实施节约使用资源，高效利用资源方针，必须把质量第一、精益求精，落实到每个环节、每一位建设者的手中。必须全面提高基层施工技术和管理人员的综合素质，用专业的队伍打造出高质量的工程。

立足于交通建设长远发展，要把公路建设基层从业人员的岗位技能培训作为一项基本任务来抓，通过系统培训、训练，使广大一线技术工人熟练掌握正确运用公路施工相关的技术规范、施工程序、质量要求等内容。省交通厅在广泛调研的基础上组织编写了路基工、路面工、桥梁预应力工三个工种的系列培训教材一套，每个工种分为初、中、高三个等级。这是一套针对性较强的公路工程职业技能岗位培训教材。本套教材充分研究了施工一线的技术特点，注重理论与实践相结合，通俗易懂，简明实用，具有较强的实用性和可操作性，不仅是施工技术人员上岗前的培训教材，也是公路建设监理、管理人员较好的参考书籍。希望通过大家的努力，积极推广使用本套教材，大力提高我省公路建设基层施工与管理人员的技术水平，对稳步提升工程质量水平起到积极的促进作用。

江苏省交通厅厅长 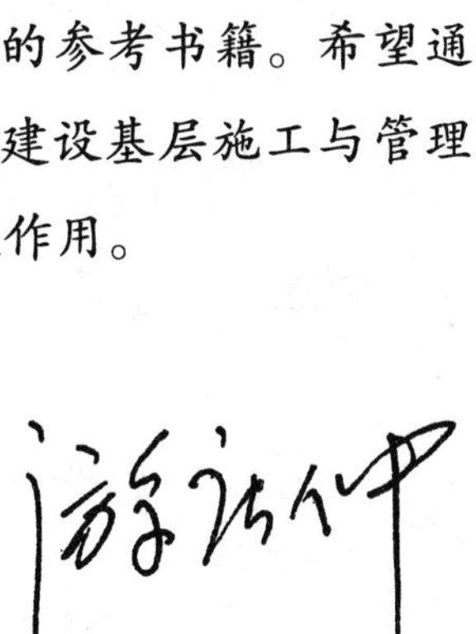

序

江苏省交通厅厅长

前　言

为了适应公路建设需要，加快公路施工一线人员的技术业务培养，确保工程建设质量，同时也为了便于基层从事公路工程建设施工和管理人员学习，江苏省交通厅工程质量监督站、南京交通职业技术学院联合组织人员编写了公路工程职业技术工种系列培训教材。本套教材依据中华人民共和国工人技术等级标准《交通行业工人技术等级标准》，同时参照《筑路、养护工国家职业标准》的要求编写，本系列培训教材力求体现交通职业的特点，以岗位技能为目标，在文字和叙述上力求简明扼要，通俗易懂，书中的插图也尽量做到清晰、美观，便于教学和自学。本系列培训教材包括以下九个分册：《公路路基工·初级工》、《公路路基工·中级工》、《公路路基工·高级工》、《公路路面工·初级工》、《公路路面工·中级工》、《公路路面工·高级工》、《桥梁预应力工·初级工》、《桥梁预应力工·中级工》、《桥梁预应力工·高级工》。

《桥梁预应力工·高级工》由江苏省交通厅工程质量监督站唐学农、南京交通职业技术学院龙兴灿主编。本书的第四章、第五章、第六章、第七章、第八章由唐学农编写，第一章、第二章、第三章由龙兴灿编写，第九章由武心婷编写，第十章由洪英编写。全书由叶见曙主审。

编写过程中，尽管我们作了很大努力，但由于各地区差异较大，很难全面收集各单位的新技术、新材料、新工艺、新设备以及相关实用技术，加之编者水平有限，经验不足，时间紧迫，疏漏或错误之处在所难免，敬请读者批评指正，并提供详尽资料，以便修订完善。

编　者

2008.8.25

目　　录

第一章 概 论

学习目标

1. 了解我国预应力混凝土桥梁的发展；
2. 了解预应力混凝土桥梁的一般特点、施工特点；
3. 掌握预应力混凝土结构原理；
4. 掌握预应力混凝土结构分类、施工方法分类。

第一节 我国预应力混凝土桥梁的发展概况

1886 年美国工程师 P. H. Jackon 获得在人造石和混凝土拱内张紧钢杆作楼板的专利。预应力混凝土自 1928 年法国学者弗莱西奈(E. Freyssinet)研究成功后，1945 年开始大量推广，第二次世界大战结束后，城市交通与工业急需重点重建与改建，采用预应力混凝土结构代替钢结构解决了当时钢材供应不足的状况。经过数十年的实践与完善，目前预应力混凝土已成为一项专门的实用技术。近 40 余年来国内外的土木工程大量实践充分证实了预应力混凝土结构能够节约钢材、木材、水泥，延长使用寿命，并具有耐火、耐高压、耐腐蚀、抗疲劳等优点，是当代工程建设中一种重要的结构材料，也是土建工程的一种高新结构技术。

预应力混凝土结构由于其具有能充分利用材料的高强度性能、有效防止混凝土裂缝、减轻结构自重、增大桥梁跨径、刚度大、行车舒适等优点，在公路桥梁上得到普遍的应用，尤其在大跨度和重荷载结构以及不允许开裂的结构中被广泛地应用。

我国从中华人民共和国成立后不久，就开始研究预应力混凝土在桥梁上的应用。1956 年，在东陇海铁路跨越新沂河时，成功地修建了一座 28 孔、跨径为 23.8m 的预应力混凝土铁路桥。1957 年，在京周公路上修筑了第一座预应力公路桥，从此以后，预应力混凝土公路桥梁结构在我国桥梁建筑中的应用得到了迅速发展。以预应力混凝土公路桥梁为例，就有预应力混凝土空心板、槽形梁、T 形梁、T 形刚构、连续梁桥、斜拉桥、吊桥等采用预应力混凝土结构。图 1-1 所示为云南六库怒江桥，1990 年建成，主跨 154m，为我国最大的预应力混凝土连续梁桥。

1988 年建成的广东洛溪大桥(主跨 180m)，开创了我国修建大跨径 PC 连续刚构桥的先例(图 1-2)。10 多年来，PC 梁桥在全国范围内建成跨径大于 120m 的有 74 座。世界已建成 18 座跨度大于 240m 的 PC 梁桥，中国占 8 座。1997 年建成的虎门大桥辅航道桥(主跨 270m)为当时 PC 连续刚构世界第一。近几年我国又相继建成了泸州长江二桥(主跨 252m)、重庆嘉华大桥(主跨 252m)、重庆黄花园桥(主跨 250m)、黄石长江大桥(主跨 245m)、重庆高家花园桥(主跨 240m)、贵州六广河大桥(主跨 240m)。重庆石板坡长江大桥复线桥为长联大跨刚构—

连续梁组合体系，正桥桥跨布置为 87.75m + 4 × 138m + 330m + 133.75m（一联），总长 1 103.5m（联长），主跨 330m 刚构采用钢—预应力混凝土组合体系，为世界最大的梁式桥梁。我国大跨径 PC 连续刚构桥和 PC 梁桥的建造技术，已居世界领先水平。

图 1-1　云南六库怒江桥

图 1-2　广东洛溪大桥

第二节　预应力混凝土结构原理

一、预应力混凝土原理

1. 钢筋混凝土存在的问题

混凝土的极限拉应变很小，约为 $(0.1 \sim 0.15) \times 10^{-3}$，因此，在整体工作阶段，钢筋的应力仅为 20 ~ 30 MPa（其值远小于钢筋的屈服强度），见图 1-3a）。当钢筋应力超过此值时，混凝土将产生裂缝。当裂缝宽度达到 0.25mm 时，钢筋应力为 150 ~ 250MPa，见图 1-3b）。所以，在正常使用条件下，普通钢筋混凝土结构的受拉区一般均已出现裂缝，这将导致构件刚度降低，变形增大。为了限制构件的裂缝宽度和结构的变形，往往需要增大构件截面尺寸和用钢量，这是不经济的，尤其是对于跨度大、荷载重的结构和对裂缝宽度限制较严的结构，构件将很笨重，既费钢材，又不利于施工。当采用高强混凝土和高强钢筋时，可以有效地减轻结构自重、节省钢材和降低造价。但是，在普通钢筋混凝土结构中采用高强钢筋，在使用荷载下钢筋应力更高，裂缝宽度也将更大，往往难以满足使用要求。由上述可见，由于在使用荷载下，普通钢筋混凝土结构的受拉区往往已出现裂缝，这在一定程度上限制了普通钢筋混凝土的应用范围，同时也限制了高强材料，特别是高强钢筋的应用。

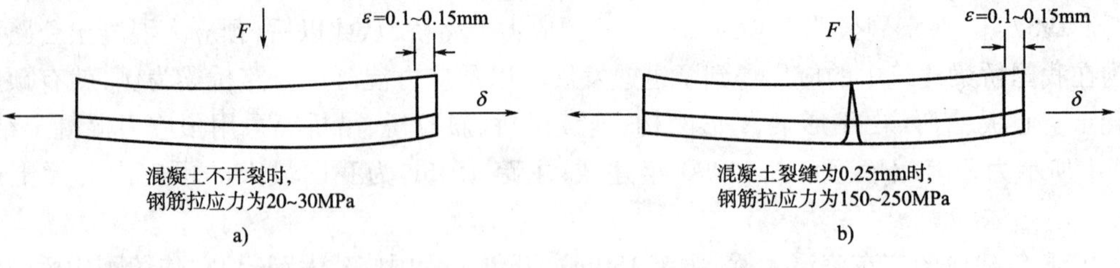

图 1-3　钢筋混凝土工作图

为了避免混凝土过早开裂，并有效地利用高强材料，采用预应力混凝土是最有效的方法之一。

2. 预应力混凝土结构的基本原理

在结构承载时将发生拉应力的部位，预先用某种方法对混凝土施加一定的压应力，这样，当结构承载而产生拉应力时，必须先抵消混凝土的预压应力，然后才能随着荷载的增加使混凝土受拉，进而出现裂缝。这就可以改善混凝土的受拉性能，延缓受拉混凝土的开裂或裂缝开展，使结构在使用荷载下不出现裂缝或不产生过大裂缝。

现在以图 1-4 中所示的受弯构件为例，来进一步说明预应力混凝土的概念。

在外荷载作用之前，梁的受拉区用张拉预应力钢筋的方法，使梁跨中截面的下部（或整个截面）产生预压应力，其下边缘的预压应力为 σ_{pc}，如图 1-4a）所示。在外荷载作用下，梁的下部将产生拉应力，这时跨中截面的应力图形如图 1-4b）所示，其下边缘的拉应力为 σ_c。显然，在预应力和外荷载共同作用下，梁的跨中截面的应力图形为上述两种情况叠加的结果。根据截面下边缘预压应力值 σ_{pc} 和荷载产生的拉应力 σ_c 的大小不同，其叠加后的应力状态可以有下列几种情况：当 $\sigma_{pc} > \sigma_c$ 时，即外荷载作用下产生的拉应力 σ_c 还不足以抵消预压应力 σ_{pc}，截面下边缘纤维仍处于受压状态；当 $\sigma_{pc} = \sigma_c$ 时，即预压应力 σ_{pc} 和外荷载作用下产生的拉应力 σ_c 互相抵消，截面下边缘纤维的应力为零；当 $\sigma_{pc} < \sigma_c$ 时，即外荷载作用下产生的拉应力 σ_c 不仅全部抵消预压应力 σ_{pc}，而且还将产生拉应力，这时，截面下边缘纤维已处于受拉状态。当截面下边缘的拉应力未达到混凝土的抗拉强度时，截面不会开裂；当截面下边缘的拉应力达到或超过混凝土的抗拉强度时，截面将出现裂缝。可以看出，由于预压应力 σ_{pc} 全部（或部分）抵消了外荷载作用下产生的拉应力 σ_c，因而使梁不开裂或延迟裂缝的出现和延缓裂缝的开展。

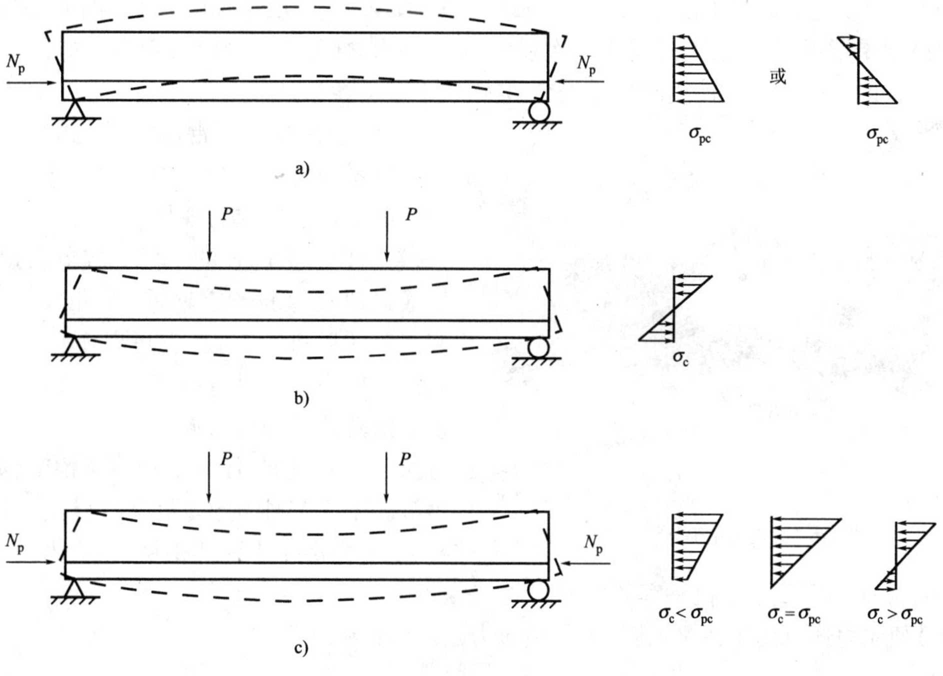

图 1-4　预应力混凝土原理

二、桥梁预应力混凝土的一般特点

预应力混凝土结构在国内外的大、中跨桥梁中能得到普遍应用，究其原因，主要是由于预应力混凝土结构具有如下几个特点。

（1）预应力混凝土能充分发挥高强度材料的作用。在预应力混凝土结构中，若采用强度等级较低的钢筋,钢筋中的低值预拉应力有可能会由于混凝土的收缩徐变而完全消失,所以原则上要求所用钢筋的强度等级越高越好;同时由于预应力传给混凝土以高压应力,也要求所用的混凝土强度等级高于普通钢筋混凝土结构。因此,高强度的钢筋和混凝土材料只有在预应力混凝土结构中才能充分地发挥作用,进而可以节省材料,降低造价。

(2)采用预应力混凝土结构能提高构件的抗裂度和刚度。对构件施加了预应力,在构件受拉区储备了预压应力,并从一开始就引起结构向上反拱,所以在使用荷载作用下,构件的变形较小,一般不会出现裂缝,甚至在超载时出现的裂缝在卸载后亦会闭合,从而大大提高了构件的抗裂性能和刚度。这既改善了结构的使用性能,又增加了结构的耐久性。

(3)采用预应力混凝土能建成大跨度的桥梁结构。预应力混凝土结构自重相对较轻,这是由于使用了高强度材料后截面尺寸有所减小,同时由于混凝土的预压曲线力筋的向上反力使得结构内垂直剪力减小,荷载作用下的主拉应力也会相应减小,这些都使得腹板的厚度可以适当减薄,结构的自重大大减轻,跨度也就可以相应增大,特别对结构自重控制设计的大跨径桥梁更显示出它的优越性,如图1-5所示。

图1-5 预应力可减轻自重,增加跨径

(4)使用预应力混凝土能够保证结构质量,提高耐久性。在施加预应力过程中,钢筋和混凝土都已承受了很高的应力,经受了一次强度检验,如结构在这一阶段表现出良好的性能,那么在一定程度上可以认为使用时也是安全可靠的。

图1-6 预应力用于节段拼装

(5)使用预应力混凝土结构能够促进桥梁新体系的发展。利用预应力工艺作为连接构件的手段已经成为现代先进的施工工艺之一,它可以将大跨径的结构分成节段预制,然后通过预应力筋连成整体,既可以把结构拼装成整体后进行架设,也可以不用脚手架而利用预应力进行悬臂拼接(图1-6)或悬臂浇筑。随着这种预应力混凝土结构现代化施工方法的不断发展,促进了新体系桥梁,如预应力混凝土T形刚构桥、预应力混凝土连续梁桥、预应力混凝土桁架拱桥、预应力混凝土桁架梁桥和预应力混凝土斜拉桥等的发展。

(6)预应力还可用于桥梁加固,体外预应力是加固桥梁常用的方法。

第三节 预应力混凝土的结构类型和特点

预应力混凝土有多种不同的分类方法,按预加应力的方法可分为先张法预应力混凝土和后张法预应力混凝土;按预加应力的程度可分为全预应力混凝土和部分预应力混凝土;按预应力钢筋与混凝土的黏结状况可分为有黏结预应力混凝土、无黏结预应力混凝土及体外预应力混凝土。

一、预 应 力 度

规范将预应力度(λ)定义为由预加应力大小确定的消压弯矩 M_0 与外荷载产生的弯矩 M 的比值，即

$$\lambda = M_0/M$$

式中：λ——预应力度；

M_0——消压弯矩，也就是使构件控制截面受拉区边缘混凝土的预压应力抵消到零时的弯矩；

M——使用荷载(不包括预加力)作用下控制截面的弯矩。

《混凝土结构设计规范》(GB 50010—2002)对预应力混凝土的抗裂性分为严格要求不出现裂缝、一般要求不出现裂缝和容许出现裂缝三类，裂缝控制等级分别属一级、二级和三级，对前两类的计算方法用应力控制。预应力混凝土构件分类见表 1-1，不同预应力适筋梁的弯矩—挠度曲线见图 1-7。

预应力混凝土构件分类汇总表 表 1-1

分　类		预应力度	裂缝控制等级	构件受拉边缘混凝土应力	变形曲线(图 1-7)
全预应力混凝土构件		$\lambda \geqslant 1$	一级：严格要求不出现裂缝的构件	按荷载的短期效应组合计算时，不出现拉应力，即 $\sigma_{ck} - \sigma_{pc} \leqslant 0$	曲线 1 以上
部分预应力混凝土构件	A 类：有限预应力混凝土构件	$1 > \lambda > 0$	二级：一般不要求出现裂缝的构件	按荷载的长期效应组合计算时，不出现拉应力，即 $\sigma_{cq} - \sigma_{pc} \leqslant 0$；按荷载的短期效应组合计算时，控制拉应力在一定范围内，即 $\sigma_{ck} - \sigma_{pc} \leqslant f_{ck}$	曲线 1 ~ 2 之间
	B 类：部分预应力混凝土构件(狭义)		三级：允许出现裂缝的构件	最大裂缝宽度按荷载的短期效应组合并考虑长期效应的影响进行计算，不大于允许值，即：$w_{max} \leqslant w_{lim}$	曲线 2 ~ 3 之间
钢筋混凝土构件		$\lambda = 0$			曲线 3

注：σ_{ck}、σ_{cq}——荷载效应的标准组合、准永久组合下抗裂验算边缘的混凝土法向应力；

σ_{pc}——扣除全部预应力损失后在抗裂验算边缘混凝土的预压应力；

f_{ck}——混凝土轴心抗拉强度标准值，按《公路钢筋混凝土及预应力混凝土桥涵设计规范》(JTG D62—2004)表 3.1.3 采用；

w_{max}——按荷载效应的标准组合并考虑长期作用影响计算的最大裂缝宽度，按《公路钢筋混凝土及预应力混凝土桥涵设计规范》(JTG D62—2004)第 6.4.3 条计算；

w_{lim}——最大裂缝宽度，按《公路钢筋混凝土及预应力混凝土桥涵设计规范》(JTG D62—2004)第 6.4.2 条采用。

如前面所述，在荷载作用下，预应力混凝土构件受拉区的应力状态与预应力和荷载引起的应力大小有关。应力状态可能有三种情况，根据预应力混凝土构件受拉区混凝土在预应力和荷载引起的应力共同作用下的应力状态，一般可把预应力混凝土结构分为全预应力混凝土结构和部分预应力混凝土结构。

1. 全预应力混凝土

全预应力混凝土结构系指在全部荷载(按荷载效应的标准组合计算，下同)及预应力共同作用下受拉区不出现拉应力的预应力混凝土结构。

全预应力混凝土结构具有抗裂性好、刚度大等优点，但也存在一些缺点，主要有以下几个

方面。

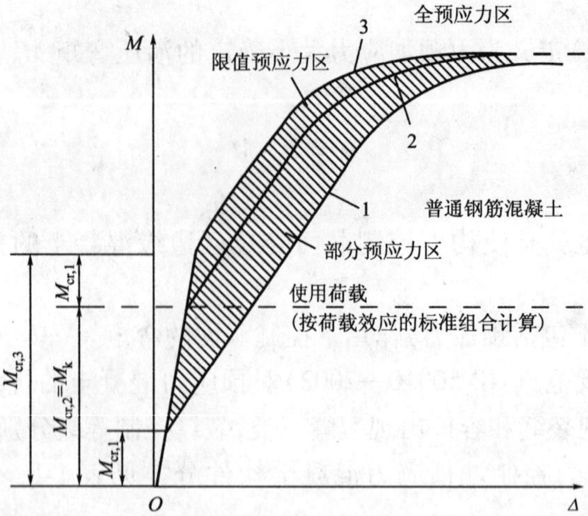

图 1-7　不同预应力适筋梁的弯矩—挠度曲线

(1)在全预应力混凝土构件中,纵向预应力钢筋的用量往往较大,且张拉控制应力的取值较高,因此,对张拉设备要求较高,对锚具的要求也较高,且用量较大,费用也较大。在张拉或放松预应力钢筋时,锚具下混凝土受到较大的局部压力,所需的钢筋网片或螺旋筋的数量较多。

(2)在制作、运输、堆放、安装过程中,截面的预拉区往往会开裂,以致需在预拉区设置预应力钢筋。

(3)在张拉或放松预应力钢筋时,构件反拱较大,因此,在使用阶段,对于恒荷载较小而活荷载较大的构件,特别是在活荷载最大值很少出现而长期作用的荷载值较小的情况下,反拱将不断增大,从而影响结构的正常使用和引起非结构构件的损坏。

2. 部分预应力混凝土

部分预应力混凝土结构系指在全部使用荷载作用下受拉区已出现拉应力或裂缝的预应力混凝土结构。其中,在全部使用荷载下出现拉应力、但不出现裂缝的预应力混凝土结构,可称为有限预应力混凝土结构。

采用部分预应力混凝土结构可以较好地克服上述全预应力混凝土结构的缺点,取得较好的技术经济效果。与全预应力混凝土结构相比,部分预应力混凝土结构虽然抗裂性能稍差,刚度稍小,但只要能满足使用要求,仍然是允许的。越来越多的研究成果和工程实践表明,采用部分预应力混凝土结构是正确的、合理的。可以认为,部分预应力混凝土结构的出现是预应力混凝土结构设计和应用的一个重要发展。

二、预应力体系分类

根据预应力体系的特点,预应力混凝土结构可分为体内预应力、体外预应力,有黏结和无黏结预应力,预拉应力及预弯预应力等几类。

预应力筋布置在混凝土构件体内的称为体内预应力结构。先张预应力结构和预设孔道穿筋的后张预应力结构等均属此类。

体外预应力混凝土结构为预应力筋布置在混凝土构件体外的预应力结构。混凝土斜拉桥属此类结构的特例。

有黏结预应力混凝土结构，是指沿预应力筋全长预应力周围完全与混凝土黏结、握裹在一起的预应力混凝土结构。先张预应力结构和预设孔道穿筋压浆的后张预应力结构均属此类。

无黏结预应力混凝土结构，指预应力筋伸缩变形自由、不与混凝土黏结的预应力混凝土结构。这种结构采用的预应力筋全长涂有特制的防锈材料、外包(套)隔离层(管)，无黏结预应力混凝土结构通常与后张预应力工艺相结合。

预拉应力混凝土结构，是指在混凝土受压区采用预压预应力筋(管)或其他施力措施，使混凝土产生预拉应力的预应力混凝土结构。在与通常的预应力方式相结合后，将形成混凝土受拉区预压、受压区预拉的双预应力体系，从而可提高构件的抗弯能力，构件的截面尺寸、自重荷载将可能减小。

预弯预应力混凝土结构，是指在加荷预弯的劲性钢梁上浇筑部分混凝土，待混凝土与钢梁结合为整体并达到设计强度后卸荷，利用钢梁反弹对混凝土施加预应力的预应力混凝土结构。

预应力混凝土结构根据其不同的构造特点、设计思路，还有其他分类方法，如无黏结部分预应力结构、体外有黏结和无黏结预应力结构等，在此不再进一步叙述。

三、预应力混凝土施工方法分类

预应力的施加方法按张拉钢筋与浇筑混凝土的先后次序分为两种，即先张法和后张法。按张拉钢筋的方法划分，除最常用的机械张拉钢筋方法外，还有横张法、电热法、自张法等。此外，还有预拉预应力和预弯预应力混凝土结构。

1. 先张法

即先张拉钢筋，后浇筑构件混凝土的方法。如图1-8所示，先在台座上按设计规定的拉力张拉钢筋，并用锚具临时固定，再浇筑构件混凝土，待混凝土达到一定强度(一般不低于混凝土设计强度的70%，以保证钢筋与混凝土间具有足够的黏结力和避免徐变值过大)后，放松钢筋，让钢筋的回缩力通过钢筋与混凝土间的黏结作用，传递给混凝土，使混凝土获得预压应力。

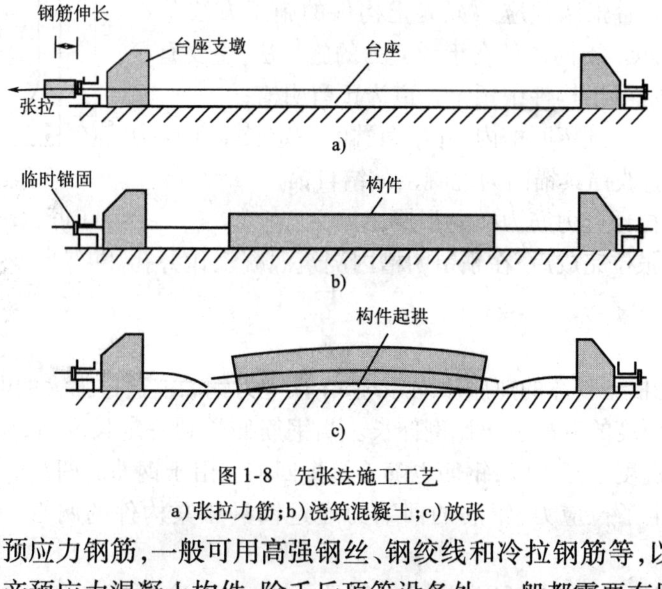

图1-8　先张法施工工艺

a)张拉力筋；b)浇筑混凝土；c)放张

先张法所用的预应力钢筋，一般可用高强钢丝、钢绞线和冷拉钢筋等，以获得较好的自锚性能。用先张法生产预应力混凝土构件，除千斤顶等设备外，一般都需要有用来张拉和临时固定钢筋的台座。台座因要承受预应力钢筋的巨大回缩力，设计时应保证它具有足够的强度、刚度和稳定性。先张法施工工序简单，钢筋靠黏结力自锚，不必耗费特制的锚具，临时固定所使用的锚固装置(一般采用夹具)都可以重复使用,因此,在大批量生产时,先张法构件比较经济,质量也比较稳定。

考虑到起重运输的方便和避免采用尺寸过大的台座,先张法一般适于生产直线配筋的中小型构件。大型构件因需要采用曲线配筋,这将使先张法施工设备和工艺复杂化。

2. 后张法

是指先浇筑构件混凝土,经养护达到一定强度后,再在构件上张拉钢筋的方法,如图 1-9 所示。先浇筑构件混凝土,并在混凝土构件中预留孔道,待混凝土达到一定强度后,将钢筋穿入预留孔内,以混凝土构件本身作为支承件,张拉钢筋,使混凝土构件也同时被压缩。待张拉到设计拉力后,用特制的锚具将钢筋锚固于混凝土构件上,使混凝土获得并保持其预压应力。最后,在预留孔内压注水泥浆,以保护预应力钢筋不致锈蚀,并使它与混凝土黏结成为整体。

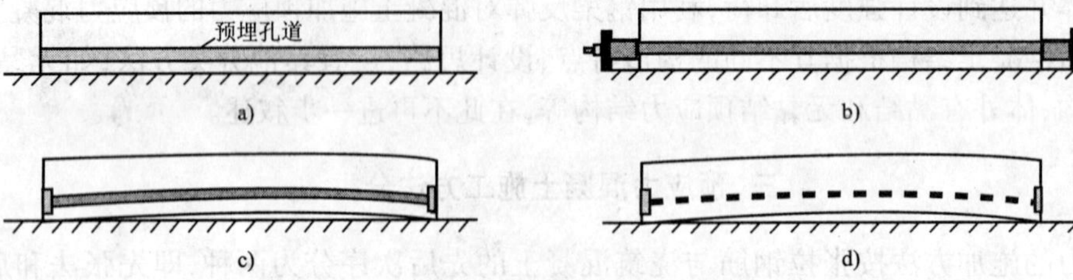

图 1-9　后张法施工工艺

a)预埋孔道;b)张拉力筋;c)锚固;d)孔道压浆

3. 共张法

为了克服先张法中曲线预应力筋不便施工的缺点,在构件的受拉区所配置的预应力钢筋,采用先张法,构件的受压区或曲线配筋,采用无黏结后张法,如图 1-10 所示。

4. 横张法

又叫侧张法,与后张法预应力混凝土构件的施工方法基本相同,如图 1-11 所示。不同之处在于预应力的施加法,主要有:

(1)改后张法混凝土构件中预留孔道为预留明槽;

(2)钢筋预先放入预留明槽内,并将两端的一定长度预应力钢筋埋入混凝土内,改锚具锚固为混凝土黏结自锚;

(3)改纵向张拉预应力筋为横向张拉;

(4)预应力筋张拉完成后,在预留明槽内浇筑混凝土代替孔道压浆。

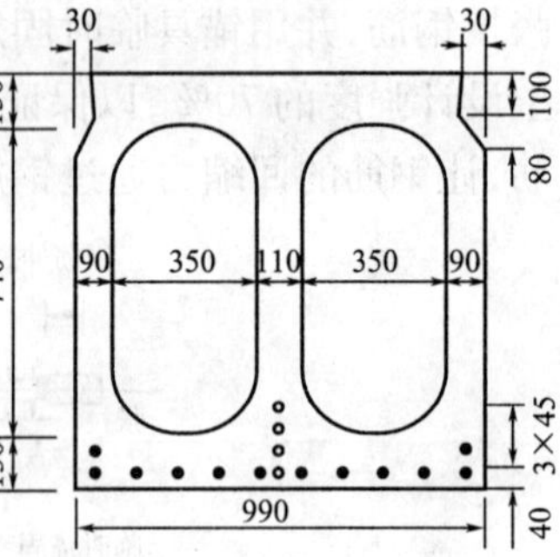

图 1-10　25m 空心板梁共张法示意图(尺寸单位:mm)

○后张无黏结钢绞线;●先张钢绞线

5. 电热法

这种方法就是根据物体的热胀冷缩原理,在预应力钢筋上通过强大的电流,短时间内将它加热,使钢筋随着温度的升高成正比例伸长。当钢筋伸长到一定长度后,切断电源,并立即锚固。电源切断后,温度逐渐下降,钢筋也随着慢慢回缩。由于钢筋的两端已经锚紧,不能回缩,于是在钢筋中产生了拉应力,钢筋的回缩力通过锚具压紧构件的两端,使混凝土产生了压应力。

电热张拉可用于后张,也可用于先张,但是,长线台座上的预应力钢筋因长度较长,散热快,耗电量大,不能采用电热张拉法。

电热张拉一般用于老标准的冷拉Ⅱ、Ⅲ、Ⅳ级以及冷拉 5 号钢的预应力钢筋。对于预应力钢筋束、钢丝束和钢绞线，电热张拉还缺乏成熟的经验，目前应用也少。

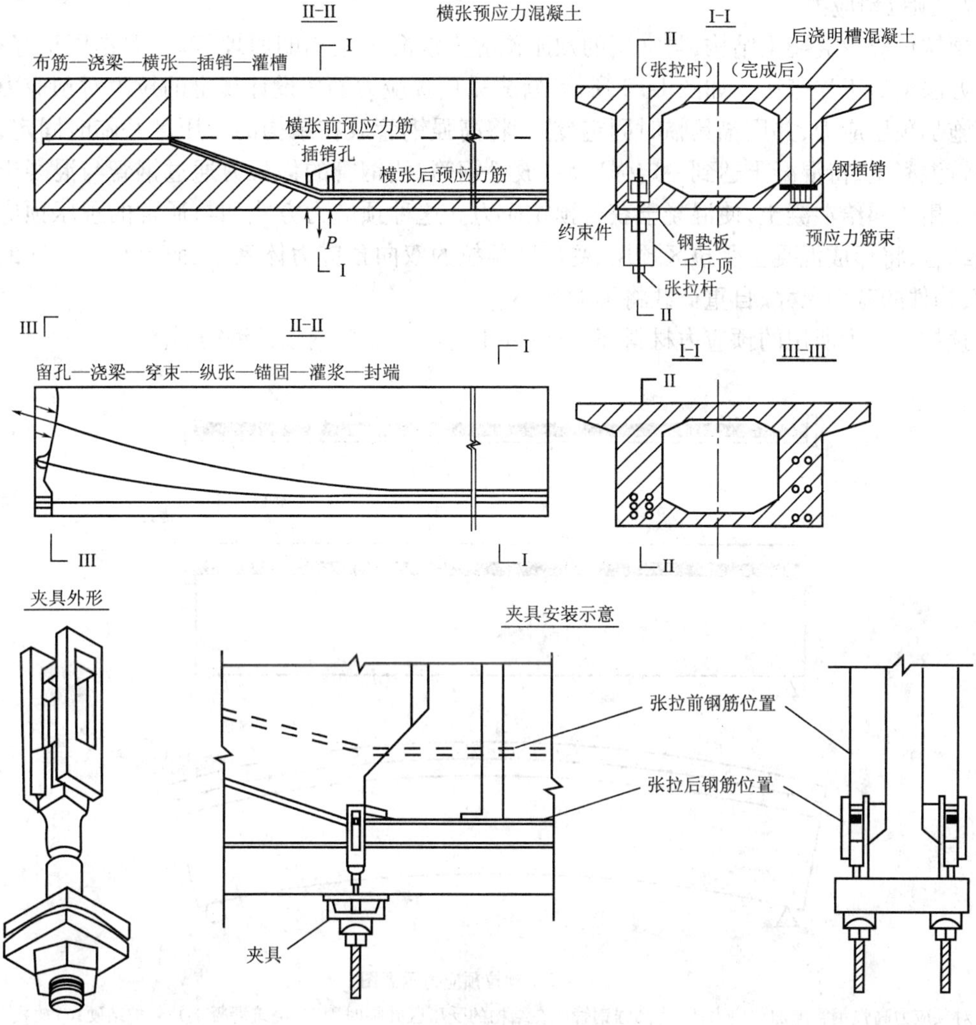

图 1-11　横张预应力示意图

6. 自张法

自张法是利用自应力混凝土在养护过程中产生的体积膨胀，把事先放在混凝土中的钢筋张紧，钢筋受到预拉，而混凝土本身同时受到了预压，从而完成预加应力的目的。这种不借助外力，而用混凝土自身的膨胀来张拉钢筋以达到预应力目的的混凝土称为自应力混凝土。这种施加预应力的方法叫"自张法"，同时，就张拉时间而言，钢筋的张拉是与混凝土的硬结同时发生、同时完成，所以又可称为"同张法"。此法在生产自应力混凝土压力管方面比较常用。

组成自应力混凝土的自应力水泥由石膏、矾土水泥和硅酸盐水泥配制而成。这些成分，由于它们在水化作用时对自应力混凝土起着各自不同的作用，因此又可分为膨胀组分和强度组分两部分。膨胀组分包含石膏和矾土水泥，硅酸盐水泥则是强度组分。

影响自应力混凝土膨胀和强度的因素，除自应力水泥的成分和细度外，还有诸如养护条件、水灰比、自应力水泥用量、集料尺寸和形状、构件尺寸以及成型条件等。

自张法与前面预加应力的方法相比，具有优点，但也有不足之处，主要是目前的自应力混凝土产生的预应力值比较低。同时由于影响建立自应力的因素较多，使产品的自应力值不够稳定，直接影响了产品质量。

7. 预拉预应力

预拉预应力混凝土结构，与常用的预压预应力混凝土结构的原理相同，但作用正好相反，施工方法类似于先张法。如图 1-12 所示，首先采用预应力筋按设计规定的拉力对预应力高强钢管施加预压应力，并用锚具临时固定，然后将高强钢管放在结构的受压区并临时固定，然后再浇筑混凝土，待混凝土达到一定强度后，放松钢筋，使钢管的伸长力通过钢管与混凝土间的黏结作用传递给混凝土，使混凝土获得预拉应力。这种预应力方式如与通常的预压预应力方式相结合，将形成混凝土受拉区预压、受压区预拉的双向预应力体系，从而提高了构件的抗弯能力，构件的截面尺寸、自重荷载将可能减小。

预拉预应力所用的预应力材料，除钢管外也可用其他型钢或粗钢筋等。

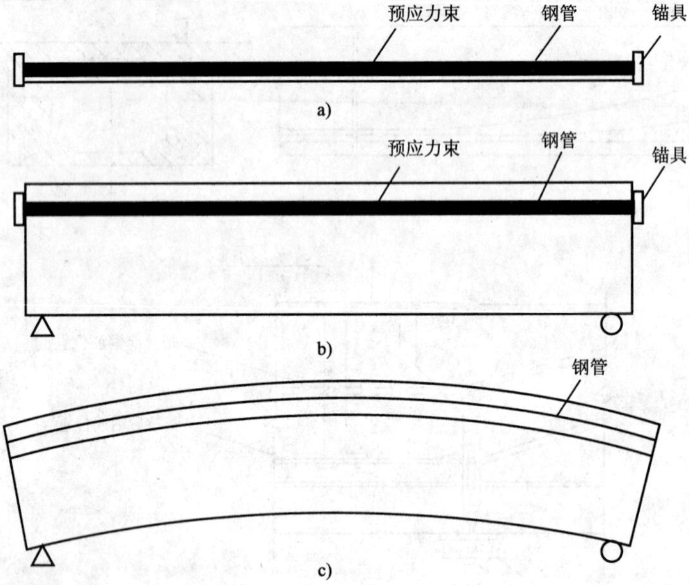

图 1-12　预拉预应力示意图

a) 对预应力高强钢管施加预应力；b) 将高强钢管放在结构的受压区并临时固定，浇筑混凝土并养护结硬；c) 放松预应力钢筋，形成预应力混凝土构件

8. 预弯预应力

预弯预应力混凝土结构，是指在加荷预弯的劲性钢梁上浇筑混凝土，待混凝土与钢梁结合为整体并达到设计强度后卸载，利用钢梁反弹而对混凝土施加预应力的预应力混凝土结构，如图 1-13 所示。

图 1-14 为预弯预应力在桥梁加固上的应用。对于简支结构的梁（板），在跨中预先施加一定的力，使跨中的恒载弯矩接近于零，然后粘贴碳纤维或钢板，待混凝土与碳纤维或钢板结合为整体并达到设计强度后卸载，利用混凝土梁的反弹达到施加体外预应力的目的。

无论先张法对预应力钢筋的临时固定，还是后张法对预应力钢筋的永久性锚固，都需要有锚具或夹具。锚具、夹具是锚固预应力筋并保证预应力混凝土结构正常工作的一种装置。在后张法结构（或构件）中，为保持预应力筋的拉力并将其传递到混凝土上所用的永久性锚固装置称为锚具。而在先张法结构或构件施工时能保持预应力筋的拉力并将其固定在张拉台座（或设备）上的临时性锚固装置，以及在后张法结构或构件施工时，能将千斤顶（或其他张拉设备）的张拉力传递到预应力筋的临时性锚固装置称为夹具。对大多数预应力体系来说，锚具与夹具是通用的,没有本质区别,仅在使用的要求上有所不同。

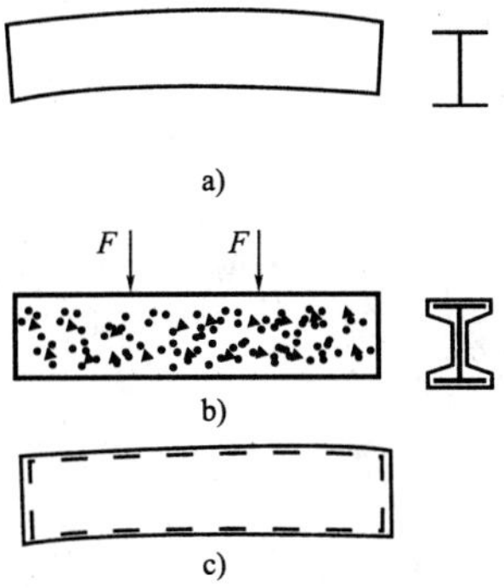

图 1-13　预弯预应力混凝土结构

a)预拱劲性钢梁;b)加载预弯,混凝土施工;c)卸载,预应力作用

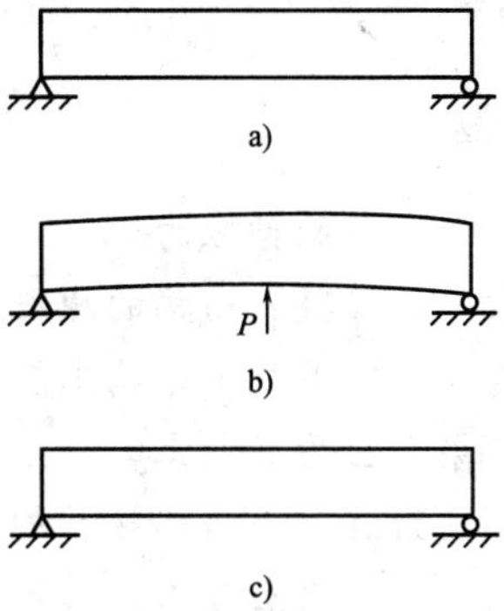

图 1-14　预弯预应力在桥梁加固上应用

a)简支结构的梁板;b)跨中预先施加一定的力,粘贴碳纤维或钢板;c)卸载,形成体外预应力

四、预应力混凝土结构施工特点

桥梁预应力混凝土施工相对来说,技术要求较高,施工难度较大,操作工序较多,且张拉后无法直接地检查其张拉应力状况,所以必须精心组织、精心施工。

(1)预应力混凝土工程施工,尤其是后张法预应力混凝土的施工,是一项专业性强、技术含量高、操作要求严的施工作业,因此,预应力施工必须由获得行政主管部门核准的预应力专项施工资质的施工企业承担。

(2)应组织一支技术素质高,责任心强,具有连续作业、作风良好的专业施工队伍。项目经理、专业工程师、工班长、技术工人四个基本层次均必须具有高度质量意识,丰富的施工经验。无论哪个层次的施工人员技术不精,责任心不强都会导致严重的后果。

(3)预应力混凝土施工,包括材料进场检验、成孔、布筋、张拉、锚固、放张、灌浆、封锚防护及养护等一系列工序,施工工艺复杂、专业性强、质量要求严,因此必须做好施工准备工作,如材料的复验、张拉设备效验、张拉值及伸长值的计算、施工方案编制、技术交底等,以确保施工正常、顺利地进行。

(4)施工现场应有健全的质量保证体系。

(5)预应力施工过程中,项目经理部技术管理人员应坚守岗位,及时解决施工中可能发生的各种技术问题,如:双曲线形预应力束的布筋顺序、波纹管破裂、张拉实测伸长值与计算理论伸长值比较其误差超过允许范围、发生断丝与滑丝、锚具内缩值超过规定范围及设计要求等,需要技术人员及时弄清情况,妥善解决。

(6)预应力施工过程中,穿束、张拉、灌浆、封锚等工序的作业,要求工人熟练操作,准确测读各种数据,并及时填写各种表格,做好施工记录,因此,操作工人必须经过专业岗位培训,具有相应的技术素质。

(7)根据工程具体情况,往往需要进行若干项目的试验或检测。例如:测定所用钢材的弹性模量,预应力钢材—锚具组装件静载锚固性能试验,测试后张法构件预应力筋张拉时孔道摩阻损失,检测预应力筋张拉锚固后实际的预应力值等。这些试验都是很重要的技术工作,施工企业专业技术人员应自始至终参与,必要时还应请监理工程师和设计人员参与。

(8)准确的预应力值是预应力施工的核心问题,对关键环节如预应力钢材及锚具复验、预应力束的形状及位置、承压板安装、张拉顺序及程序、伸长值校核、减少约束影响的措施等,必须加强控制,确保综合要求。

思考题

1. 列举我国的预应力混凝土桥梁。
2. 预应力混凝土结构的原理是什么?
3. 普通钢筋混凝土结构中能不能采用高强钢筋,为什么?
4. 桥梁预应力混凝土的一般特点是什么?
5. 预应力混凝土结构按预加应力的程度可分为哪几类?
6. 预应力混凝土施工方法可分为哪几类?
7. 预应力体系分为哪几类?
8. 什么是预应力度λ?
9. 什么是全预应力?什么是部分预应力?全部预应力是否比部分预应力好?
10. 什么是先张法?
11. 什么是后张法?
12. 预应力混凝土结构施工特点是什么?

第二章　预应力混凝土材料

学习目标

1. 了解混凝土的特性及预应力混凝土的配制要求；
2. 掌握波纹管种类及验收保管方法；
3. 熟悉预应力筋种类和力学性能，掌握验收、保管方法；
4. 掌握锚具、夹具及连接器验收及保管。

所谓预应力混凝土，就是事先人为地在混凝土或钢筋混凝土中引入内部应力，且其值和分布，能将使用荷载产生的应力抵消到一个合适的程度的混凝土。而构成这种预应力混凝土结构的主要材料有：混凝土、预应力筋以及灌注预留孔道用的灌浆材料和制作预留孔道用的孔道成型材料等。

第一节　混　凝　土

混凝土是以水泥为胶结料，与水，粗、细集料按适当比例配合，必要时掺加适当外加剂、掺和料或其他改性材料，经搅拌、捣实成型后，经过一定时间硬结而成的人造石材，见图2-1。

一、混凝土的特性

通常情况下，都用混凝土的强度和耐久性作为评定混凝土品质的主要指标。其他如收缩性质、徐变性质等也属于混凝土的重要特性。

1. 强度

混凝土的强度是随着时间的增长而增长的。影响混凝土强度的因素是多方面的，包括水泥的强度等级、集料的性质、水灰比的大小、级配设计时各种材料的比例、制作的方法、凝固时的环境条件、混凝土的龄期等。

2. 应力与应变

与普通混凝土相比，用于预应力结构的高强混凝土更加均质，图2-2为高强混凝土轴向受压应力—应变曲线。

从图上可看出高强混凝土应力—应变曲线上升部分较陡、接近直线，应力—应变曲线的下降部分前段也较陡，且最大应力时的应变也较大，这是由于高强混凝土的界面区减少了微裂缝的数量与裂缝尺寸，因此高强混凝土显得更脆。在承受短期荷载和持续荷载时，高强混凝土内部的微裂缝比一般混凝土少，横向应变也较小。

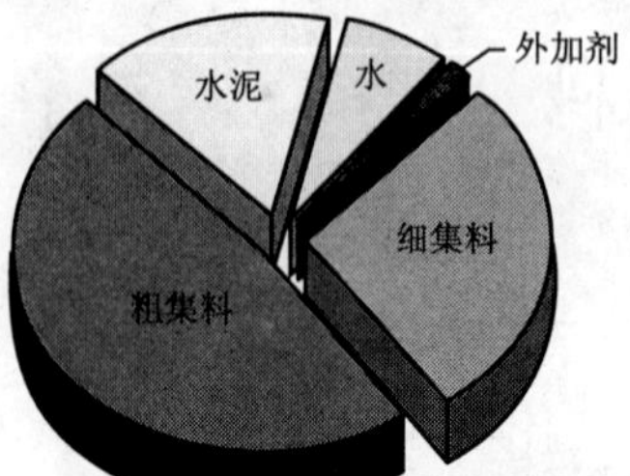

图 2-1　混凝土组成

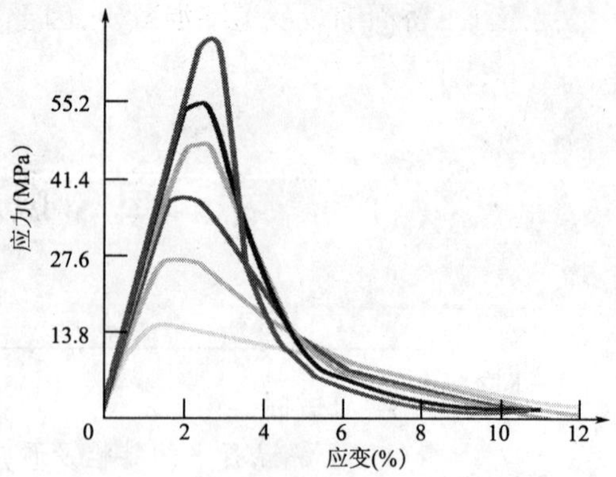

图 2-2　混凝土受压应力—应变曲线

3. 收缩

混凝土在结硬过程中，体积会发生变化。当在空气中结硬时，体积会收缩；一般情况下，混凝土的收缩值是随着时间而增长的。图 2-3 反映混凝土收缩变形的过程。

混凝土的收缩与其用水量的大小有关，与水灰比关系不大，高强混凝土早期收缩大于普通混凝土，但 180 天以后两者相差不大。

4. 徐变

徐变是指在一持续应力作用下，应变随时间不断增长的现象，是一种依赖于应力状态和时间的非弹性性质变形。图 2-4 反映混凝土徐变变形的过程。

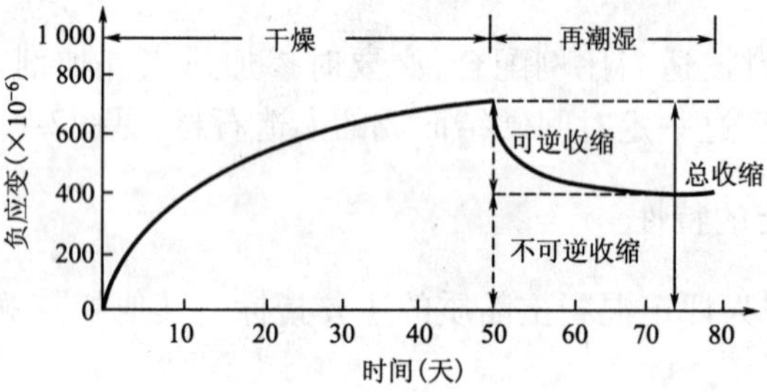

图 2-3　收缩变形过程

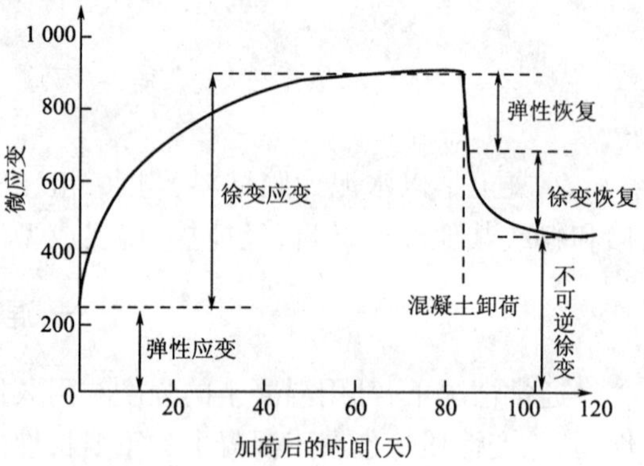

图 2-4　徐变变形过程

对于预应力混凝土构件，除了混凝土在硬结过程中会产生收缩变形外，由于混凝土长期承受着预压应力，因此还将产生徐变变形。混凝土的收缩和徐变，使预应力混凝土构件缩短，因而将引起预应力钢筋中的预应力下降，这就是通常所说的预应力损失。

显然，混凝土中的预压应力会因预应力损失而减小。混凝土的收缩、徐变值越大，这种预应力损失值就越大，这对预应力混凝土结构是很不利的。因此，在预应力混凝土构件的设计、施工中，应尽量设法减少混凝土的收缩和徐变。

5. 耐久性

混凝土除了要满足前述的工作性和强度要求外，还要求具有优良的耐久性。混凝土的耐久性主要有：

抗冻性：道路与桥梁混凝土，由于无遮盖而裸露大气中，长期受风霜雨雪的侵蚀，因此耐久性的首要要求是抗冻性。

耐磨性：桥面铺装及道路混凝土，因受车辆轮胎的作用，还要求其有耐磨性。

耐蚀性：桥梁墩台混凝土受海水或污水的浸蚀，还要求具有抗化学侵蚀的耐蚀性，特别是预应力筋易发生应力腐蚀，对防腐要求更高。

此外，近年来，碱—集料反应，引起高速公路及桥梁的破坏，亦引起人们的关注。

二、混凝土的配制要求与措施

按照现行《混凝土结构工程施工质量验收规范》(GB 50204—2002)的规定，混凝土的实际强度对设计强度的保证率应超过95%。因此，试配的强度应大于设计要求的强度。当无可靠的历史统计数据时，试配强度可按所需设计强度等级乘以1.15系数。一般可以采用如下措施：

(1)高强混凝土(C60及以上)应使用干硬性混凝土。水灰比控制应不大于0.35以下，拌和料的和易性宜通过掺加高效减水剂和混合材料进行调整。在满足和易性的前提下，尽量减少用水量。

(2)注意选用水泥的强度等级和品种。一般宜采用高强度水泥，最好不低于混凝土设计强度的1.2倍，《公路桥涵施工技术规范》(JTJ 041—2000)中，混凝土的水泥用量不宜超过500kg/m^3，特殊情况下不应超过550kg/m^3。水泥品种，以硅酸盐水泥为宜，不得已需要采用矿渣水泥时，则应适当掺加早强剂，以改善其早期强度较低的缺点。火山灰水泥不适于拌制预应力构件的混凝土，因其早期强度过低，收缩率又大。

(3)注意选用合适的掺加剂。一般不允许随意掺加氯盐，因为它不仅使混凝土的收缩率增大，而且已证实它会引起钢筋锈蚀，这对预应力钢筋来说，将造成严重的应力腐蚀问题，从各种组成材料引进混凝土中的氯离子总含量(折合氯化物含量)，不宜超过水泥用量的0.06%。三乙醇胺(或混合液)有一定的防锈能力，三乙醇胺的掺入量一般为水泥用量的0.05%。在气温较低时，可使用其复合剂(由占水泥用量的0.05%的三乙醇胺、0.5%的次氯酸钠和1%的亚硝酸钠组成)。

(4)振捣必须采取高频振捣器振捣；高强混凝土在浇筑完毕后应在8h以内加以覆盖并浇水养护，或在暴露表面喷、刷养护剂。浇水养护日期不得少于14天。

第二节 成孔材料

后张预应力构件预埋制孔用材料有金属波纹管(螺旋管)、薄壁钢管和塑料波纹管。通常采用圆形金属波纹管，板类构件宜采用扁形金属波纹管，施工周期较长时应选用镀锌金属波纹管或塑料波纹管。塑料波纹管宜用于曲率半径小的孔道及对密封要求高的孔道，如真空辅助压浆预应力孔道等。预埋钢管宜用于竖向超长孔道。抽芯制孔用材料有钢管和夹布胶管。

《公路桥涵施工技术规范》(JTJ 041—2000)规定如下。

(1)浇筑在混凝土中的管道应不允许有漏浆现象。管道应具有足够的强度，以使其在混凝土的重量作用下能保持原有的形状，且能按要求传递黏结应力。

(2)一般情况下，管道的内横截面积至少应是预应力筋净截面积的2.0~2.5倍，如果出于特殊原因，管道与预应力筋的面积比低于给定的极限，则应通过试验验证其可以进行正常压浆作业。对于超长钢束的管道，亦应通过试验来确定其面积比。

一、抽 芯 制 孔

抽芯制孔法主要有两种:一种是钢管抽芯法,另一种是胶管抽芯法。

1. 钢管抽芯法

钢管抽芯法适用于留置直线孔道和曲率不大的圆弧形短孔道。用做芯管的焊接钢管或无缝钢管,外径应符合要求,表面光洁顺滑,预埋前应除锈、刷油,长度比孔道长 1m,一端应钻一个对穿孔,以便插入钢筋棒转动和抽拔钢管(图 2-5)。抽管前每隔 10 ~ 15min 应转管一次。

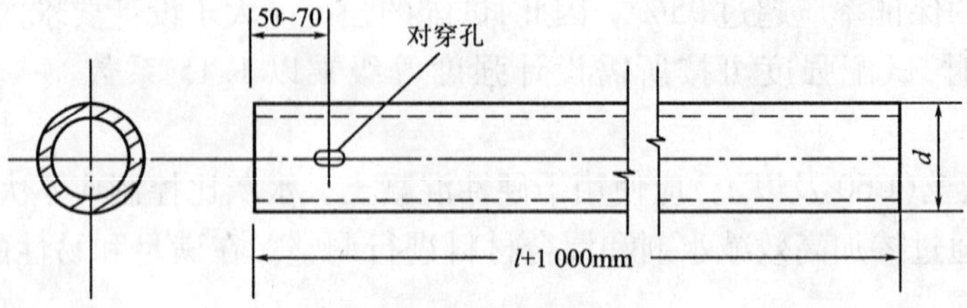

图 2-5　钢芯管对穿孔

l-孔道长度;*d*-孔道直径

一根钢管的长度不够时,可用电焊接长。焊接时,为了能使中心线对准,可在接头处套以衬管(图 2-6)。焊好后,接头处用砂轮打平,再用砂纸磨光。

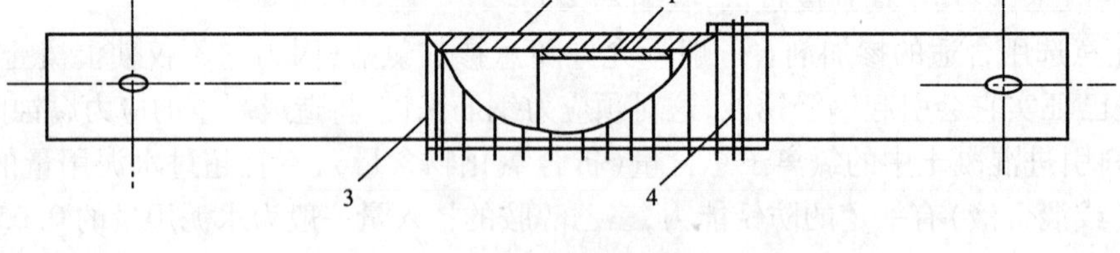

图 2-6　钢芯管对接

1-短衬管;2-芯管;3-包覆纸;4-捆扎铁丝

孔道较长时,抽拔芯管的阻力会很大,将芯管拔出会很困难,因此,当孔道长度大于 15m 时,不宜采用通长芯管,而宜采用对接芯管,从孔道两端抽拔。两段芯管可用短衬管连接,其外径与芯管内径相适应,长度大于 20mm,一半插入一段芯管中并焊固,另一半在装设时插入另一段芯管中,接头处用两层水泥袋纸包覆,并用 22 号铁丝绑扎数道(图 2-7),以免灰浆进接头处。或用 0.5mm 厚铁皮做成的套管连接,套管内表面要与钢管外表面紧密贴合,同样为防漏浆堵塞孔道。

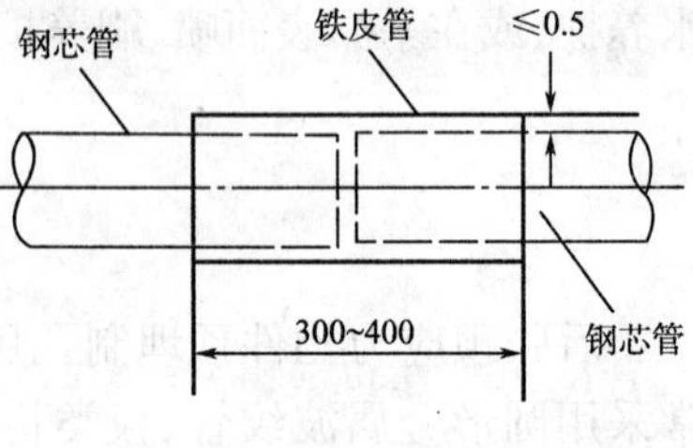

图 2-7　铁皮套管(尺寸单位:mm)

2. 胶管抽芯法

胶管抽芯法的应用范围较钢管抽芯法要大,由于胶管弹性大,易于弯曲,因而它不但可以用于留设直线孔道,而且可用于留设任何形状的曲线孔道和折线孔道。由于胶管柔性大,使用时应在管中填充其他物质以增加其刚性,一般填充的物质是空气、水或在其中穿入一根外径合适的小橡皮管或适量的钢丝束,避免在浇捣混凝土时被压扁。混凝土浇筑完,初凝后终凝前即可抽管,抽管时应先放掉管中的空气、水或先抽出管中的小橡皮管或钢丝束,此时胶管孔径变小,并与混凝土脱离,胶管即可很容易被抽出并形成孔道。抽管顺序应遵循先上后下、先曲后直。

用于此法的胶管一般有两种:五层或七层的夹布胶管和钢丝网橡皮管。胶管外径应与孔道直径相适应,值得注意的是:当管内充气或充水时,应考虑充气或充水后直径胀大的影响,以免孔径过大,与设计值不符。一般胶皮管中充入压力为0.6~0.8MPa的压缩空气或压力水,此时胶皮管可增大3mm左右。

胶管抽芯法,关键在于胶管的质量与胶管的保护,对充气或充水的胶管,必须有良好的密封装置。使用前,应把胶管的一段密封,勿使漏水漏气,密封的方法是将胶管一段外表面削去1~3层胶皮及帆布,然后将外表面带有粗丝扣的钢管(钢管一端用铁板密封焊牢)插入胶管端头孔内,再用20号铁丝在胶管外表面密缠牢固,铁丝头用锡焊牢(图2-8)。胶管另一端接上阀门,其接法与密封端基本相同(图2-9)。用胶管留孔充分利用了胶管的弹性和充气或充水后的刚性,才能形成良好的孔道。为此,不允许在混凝土硬化过程中漏气或漏水。在施工中要随时注意防止钢筋头或铁丝刺破胶管,并随时补足气或水,以保证孔道尺寸。被动端因在抽芯时要通过混凝土孔道,所以封闭后直径不应大于原来的直径。橡皮管应比孔道长1.5~2m,当孔道较长,一根橡皮管长度不够时,可采用两根橡皮管接起来,从孔道两端抽拔。接头处用铁皮套管连接,套管长50mm,端部缝隙抹废肥皂堵严,以免水泥砂浆进入套筒。

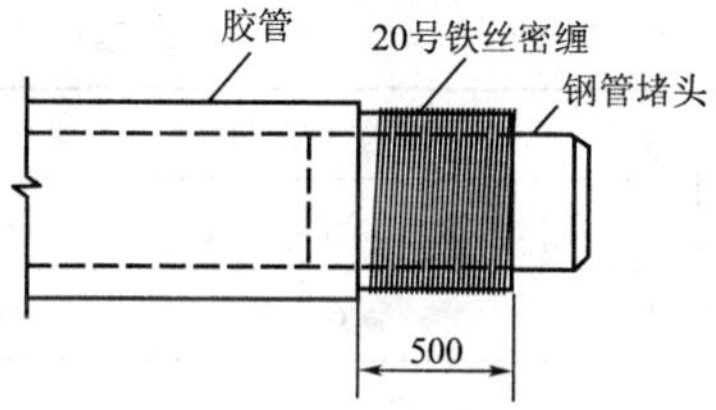

图2-8　胶管封端

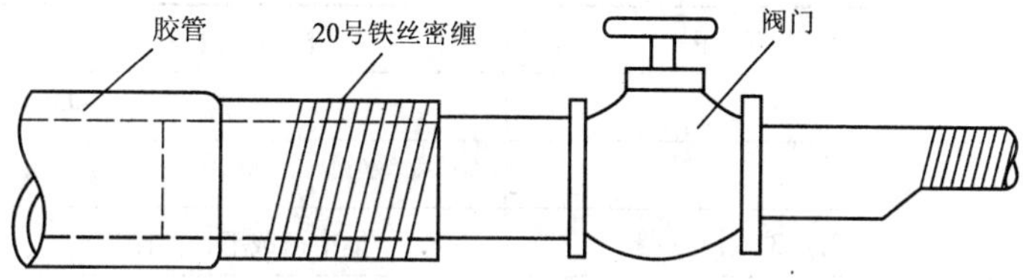

图2-9　胶管与阀门连接

二、金属波纹管

1. 金属波纹管的形式

金属波纹管按照截面形状分为圆形和扁形,见图2-10;按照每两个相邻的折叠咬口之间凸出部(波纹)的数量分为单波和双波;按照径向刚度分为标准型和增强型;按照钢带表面分为镀锌和不镀锌两种。图2-11为金属波纹管的示意图。

金属波纹管有单波与双波之分,弯曲性能双波优于单波。金属波纹管的主要质量指标为钢带厚度、咬口质量、波高。钢带厚度应根据管道直径、设置时间(在浇筑混凝土前或后设置钢束)及是否有特殊用途而定,一般情况厚度不宜小于0.3mm。

图2-10　金属波纹管

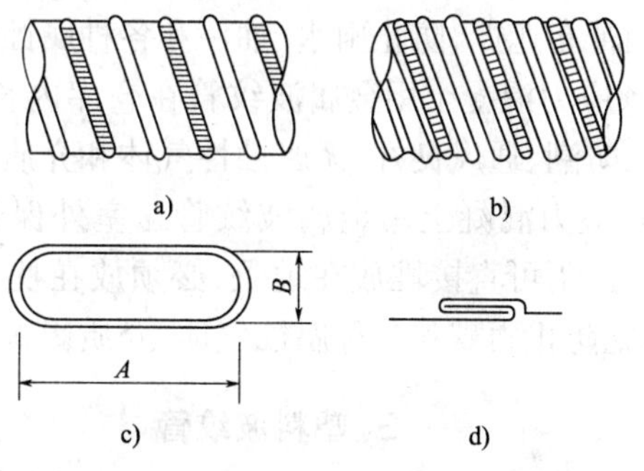

图2-11　金属波纹管

a)圆形单波纹;b)圆形双波纹;c)扁形;d)波纹管咬口形式

2. 金属波纹管的检验

金属波纹管出厂时应有产品合格证和出厂检验报告。金属波纹管的尺寸和性能应符合行业标准《预应力混凝土用金属波纹管》(JG 225—2007)的规定,使用前应进行外观检查。其内外表面应清洁、无油污、无锈蚀、无孔洞和不规则的褶皱,咬口不应有开裂或脱扣。对金属波纹管用量较少的一般工程,当有可靠依据时,可不作径向刚度、抗渗漏性能的进场复验。

金属波纹管进场时,除应按出厂合格证和质量保证书核对其类别、型号、规格及数量外,还应对其外观、尺寸、集中荷载下的径向刚度、荷载作用后的抗渗漏及抗弯曲渗漏等进行检验。工地自行加工制作的管道亦应进行上述检验。上述检验方法可参照现行《预应力混凝土用金属波纹管》(JG 225—2007)的规定执行,其取样数量、检验内容和顺序及质量要求见表 2-1。

金属波纹管应按批进行检验。每批应由同一钢带生产厂生产的同一批钢带所制造的金属螺旋管组成,累计半年或 50 000m 生产量为一批,不足半年产量或 50 000m 也作为一批的,则取产量最多的规格。

当按表 2-1 规定的项目检验结果有不合格项目时,应以双倍数量的试件对该不合格项目进行复验,复验仍不合格时,则该批产品为不合格。

金属波纹管检验内容及取样数量 表 2-1

检验顺序	检验内容	取样数量
1	外观	全部
2	尺寸	6
3	集中荷载下径向刚度	3
4	荷载作用后抗渗漏	不另取样
5	抗弯曲渗漏	3

3. 运输与储存

(1)预应力混凝土用金属螺旋波纹管可用铅丝多挡捆扎,内径 φ50 ~ 70mm 时,7 根为一捆,75 以上,3 根为一捆。

(2)预应力用金属波纹管端部毛刺非常尖锐,容易划破皮肤,搬运时应避免用手拿端部,手上应戴手套防护。

(3)搬运时应轻拿轻放,不得投掷、抛甩或在地上拖拉;吊装时不得以一根绳索当中拦腰捆扎起吊。

(4)装车时,车底应平整,上部不得堆放重物,端部不宜伸出车外,装车完毕后应该用绳索缚牢,并用苫布遮严,防止雨水、油污和各种腐蚀性气体或介质的影响。

(5)预应力混凝土用金属波纹管在仓库内长期保管时,仓库应干燥、防潮、通风良好、无腐蚀性气体和介质。

(6)预应力混凝土用金属波纹管在室外保管的时间不宜超过 6 个月,不可直接堆放在地上,必须放在枕木上并用苫布等有效措施防止雨露和各种腐蚀气体、介质影响。

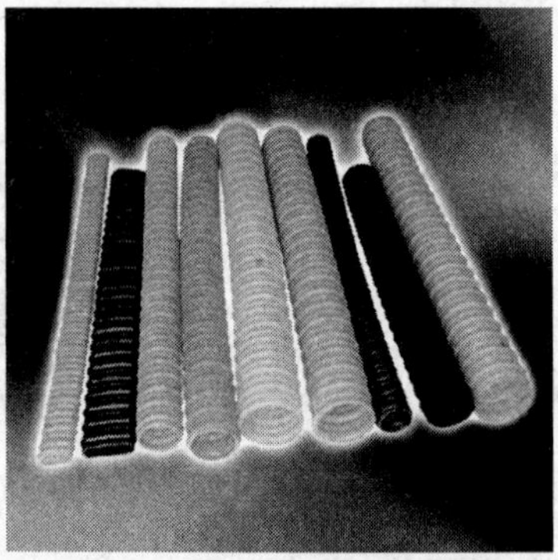
图 2-12 塑料波纹管

三、塑料波纹管

1. 塑料波纹管的类型

塑料波纹管(图 2-12)按截面形状可分为圆形和扁形两大

类;按表面波纹形状可分为环状连续波纹[图2-13a)]、环状非连续波纹[图2-13b)]和螺旋状波纹[图2-13c)]。一般是采用高密度聚乙烯树脂(HDPE)或聚丙烯(PP)为主要原料。经热熔挤出成型的预应力混凝土桥梁用塑料波纹管,从使用效果看优先推广采用聚丙烯塑料波纹管,其线刚度和环刚度及耐磨性优于高密度聚乙烯塑料波纹管。

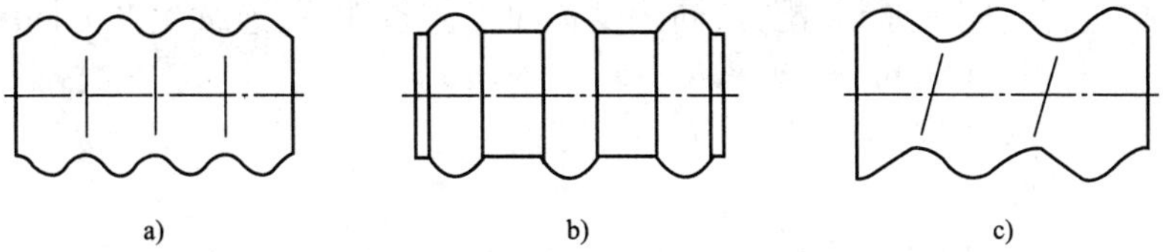

图2-13　塑料波纹管外表面波纹形状

波纹管结构见图2-14和图2-15,波峰4~5mm,波距30~60mm。

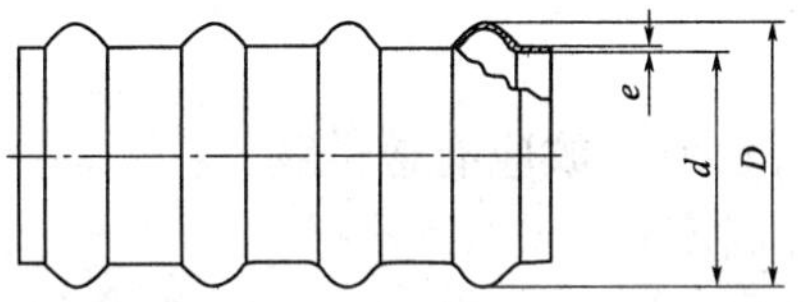

图2-14　塑料波纹管圆管尺寸符号

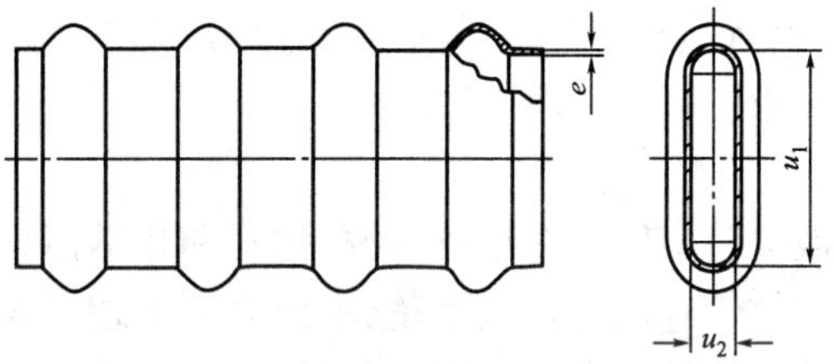

图2-15　塑料波纹管扁管尺寸符号

塑料波纹管用于后张预应力留孔,其主要优点为:

(1)能提供极好的防腐蚀保护,聚乙烯和聚丙烯塑料几乎对各种化学侵蚀都有极好的耐久性;

(2)能显著提高预应力筋的疲劳强度,消除微振磨损疲劳;

(3)张拉时摩擦系数较小,预应力损失小;

(4)完全密封在非导体材料中,在预应力筋与结构间提供了最低电阻,防止各种散射电流影响(在预应力筋进出处产生氢脆)。

英国混凝土协会对采用塑料管道所提出的建议是:在几何尺寸上应有适当的肋的形状,即做成波纹状,以使预应力通过黏结力传递给管道外的混凝土;同时应有足够的壁厚,以抵抗预应力筋张拉的压力,一般张拉前管道最小壁厚为2mm,张拉后管道最小壁厚为1.5mm;在使用塑料管道前应分别进行压浆适用性试验、压力试验、黏结试验及足尺的压浆试验,对管道的空气压力试验应能满足在0.05MPa压力下保持30s不变形;浇筑混凝土时应采取防止管道上浮,因此要求管道定位点的间距不大于50cm;管道摩擦系数μ和偏摆系数κ可分别取0.14和0.003/m。

2. 塑料波纹管的检测

(1)外观要求

塑料波纹管内壁应均匀光滑,无分解变色和无明显杂质。外壁波纹及颜色均匀一致,无气泡、裂口。采用熔接接头时内外壁熔接紧密、无脱开现象,塑料波纹管的力学性能及适用温度应符合产品标准要求。

(2)力学性能

波纹管作为预应力筋的套管有两项基本要求:一是在外荷载的作用下,有抵抗变形的能力;二是在浇筑混凝土的过程中,水泥浆不能渗入管内。据此要求,进行波纹管的合格性检验。检验的项目为环刚度、局部横向荷载、柔韧性、抗冲击性试验。其性能应符合《预应力混凝土桥梁用塑料波纹管》(JT/T 529—2004)的要求。

(3)组批

检验按组批进行。同一原料、配方,同一设备和工艺条件下,连续生产的同一规格管材为一批,每批数量不超过10 000m。

3. 包装、运输及储存

(1)包装

圆管应用非金属绳捆扎,或用木架固定包装;扁管可采用盘卷包装,盘卷外径不大于2.4m,也可按用户要求包装。连接管、连接头等可用编织袋或按用户要求包装。

每包装单位应附有合格证和本标准规定的命名标记。

(2)运输

波纹管搬运时,不得抛摔或在地面拖拉。运输时防止剧烈碰撞、挤压、暴晒、雨淋、油污和化学污染。

(3)储存

波纹管应储存在远离热源、油污和化学污染的地方,室外堆放应有遮盖物,避免暴晒和雨淋。波纹管存放地点应平整,堆放高度不超过2m。储存温度0~40℃。

波纹管储存期自生产之日起,一般不超过一年。

第三节 预 应 力 筋

一、预应力筋的性能要求

预应力筋(图2-16)在预应力混凝土结构中是主要承受拉应力的材料,预应力钢材需满足下列要求。

(1)强度高

结构构件中混凝土预压应力的大小,取决于预应力筋张拉力的大小。考虑到构件在制作和使用过程中,由于混凝土的收缩、徐变,钢筋的松弛,锚具的变形等引起预应力的损失,因此只有采用高强钢材,才能建立较高的有效预应力值。

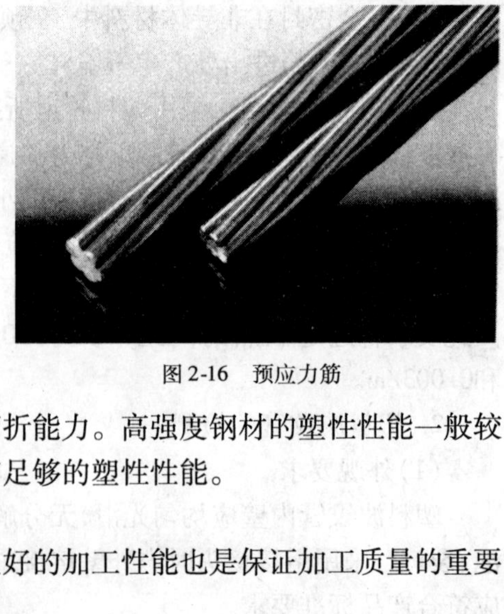

图2-16 预应力筋

(2)具有一定的塑性

施工过程中,预应力筋常需弯折且锚固段预应力筋要承受较大应力,因此,预应力筋要满足一定的抗弯折能力。高强度钢材的塑性性能一般较低,为保证钢筋破坏前的较大变形,预应力筋也应具有足够的塑性性能。

(3)良好的加工性能

预应力筋在加工后其力学性能应不受到影响。良好的加工性能也是保证加工质量的重要条件。

(4)良好的黏结力

先张法构件的预应力主要靠预应力筋和混凝土之间的黏结力来实现;而后张法构件也要

求预应力筋与灌浆料之间有良好的黏结力，以保证协同工作。

(5)低松弛

高强钢筋在持续的高应力状态下会发生较大的松弛，这将大大减少预压应力值，所以采用低松弛的钢材，以减少由此引起的松弛损失。

(6)耐腐蚀

预应力筋的直径相对较小，强度较高，尤其是应力腐蚀，对腐蚀更敏感。预应力筋的腐蚀将导致结构的提前破坏。为保证结构的安全性，预应力筋应具有良好的耐腐蚀性。

(7)稳定性好

经过二次加工的钢筋力学性能离散程度大，质量不稳定，如用于工程往往造成隐患，影响结构的安全性。因此，我国《混凝土结构设计规范》(GB 50010—2002)中规定预应力钢筋宜采用预应力钢绞线、钢丝，也可采用热处理钢筋。

二、预应力筋的材料性能

1. 预应力筋的强度

预应力筋必须采用高强材料。提高钢材强度的方法通常有两种：一是通过改善钢材的组成成分，添加某些合金元素，如碳、锰、硅、铬等；另外就是通过冷拉、冷拔、冷扭、冷轧或调质热处理、高频感应热处理和余热处理等加工工艺提高其强度。

预应力钢绞线、钢丝和精轧螺纹钢筋的强度标准值系根据其极限抗拉强度f_{pk}确定，条件屈服点系根据其极限抗拉强度确定。对预应力钢绞线、钢丝用$0.85f_{pk}$作为条件屈服点，材料分项系数为$\gamma_{fs}=1.25$，故抗拉强度设计值$f_{pd}=0.85f_{pk}/\gamma_{fs}=0.85f_{pk}/1.25$。精轧螺纹钢筋的抗拉强度标准值，取自现行企业标准的屈服点，材料分项系数与普通钢筋的相同，$\gamma_{fs}=1.2$。

因此，预应力钢筋强度设计值如表2-2所示，其中f'_{pd}为抗压强度设计值。

预应力钢筋强度的标准值和设计值 表2-2

种类		符号	f_{pk}	f_{pd}	f'_{pd}
钢绞线	1×2 1×3 1×7	ϕ^S	1 470	1 000	390
			1 570	1 070	
			1 720	1 170	
			1 860	1 260	
消除应力钢丝	光面 螺旋肋	ϕ^P ϕ^H	1 470	1 000	410
			1 570	1 070	
			1 670	1 140	
			1 770	1 200	
	刻痕	ϕ^I	1 470	1 000	410
			1 570	1 070	
精轧螺纹钢筋		JL	540	450	400
			785	650	
			930	770	

常用预应力筋的弹性模量如表2-3所示。

钢筋弹性模量(单位:MPa)　　表 2-3

种　　类	E_s
R235	2.1×10^5
HRB335、HRB400、KL400、精轧螺纹钢筋	2.0×10^5
消除应力光面钢丝、螺旋肋钢丝、刻痕钢丝	2.05×10^5
钢绞线	1.95×10^5

2. 预应力筋的疲劳性能

钢筋在重复荷载作用下,基本力学性能之所以有显著的变化,其原因是钢筋在重复荷载作用下,一方面层状珠光体变成粒状珠光体,非稳定组织变成稳定组织;另一方面晶格滑移逐渐减弱,晶粒过劲而产生破坏,从而导致疲劳特性的产生。

影响疲劳强度还有其他许多因素,例如钢筋截面形式,螺纹肋条造成的应力集中,钢肋表面的损伤等。

3. 预应力筋的松弛和徐变

松弛是指在长度固定条件下温度保持 20h,应力随时间而发生的损失;在预应力结构中,由于收缩、徐变等原因而使构件长度随时间的增长而缩短,因此,预应力筋长度并不是固定不变,而是随时间的增长而缩短的。这样,预应力筋的实际损失值要比在试验室条件下的长期损失值小得多。

松弛损失随时间发展而变化,开始几小时内损失特别大,100h 以后逐渐缓慢,持续发展的时间很长,一般都用 1 000h 损失值和以后的发展趋势来进行理论分析和推测。在一定的初应力之下,松弛随时间的变化符合对数形式的变化规律。同时松弛损失随温度的上升而急剧增加。40℃条件下 1 000h 松弛约为 20℃条件下的 1.5 倍,所以当预应力筋处于超过 20℃较多的环境条件时要特别注意。此外,张拉应力越大,松弛损失越小,超张拉可以减少应力损失。图 2-17 为预应力钢绞线松弛试验曲线。

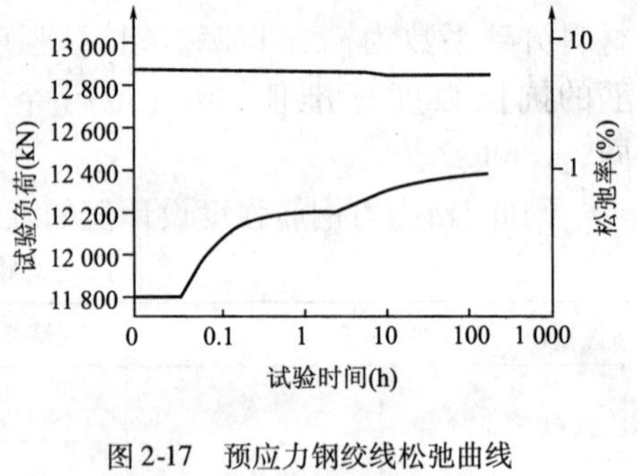

图 2-17　预应力钢绞线松弛曲线

徐变是指在应力维持不变的条件下,钢材应变随时间而发生的增长。对一些预应力筋不断发生徐变伸长的结构,例如拱桥的拉杆、斜拉桥的拉索等,在设计中必须考虑徐变。

徐变值要通过徐变试验来确定。像松弛一样,徐变也随应力和温度的提高而剧烈增加。徐变量与张拉应力应有关,张拉应力大,徐变变形大;超张拉应力大,徐变变形小,维持时间越长,徐变量越小。

4. 预应力筋的腐蚀

腐蚀是钢材暴露在大气中或在腐蚀性介质中会发生锈蚀现象。钢材的冶金成分和结构是直接影响其抗腐蚀性能的因素。混凝土结构中的钢筋由于水或腐蚀介质侵入孔隙,也会发生锈蚀。由锈蚀产生的氧化铁皮体积要膨胀几十倍,导致混凝土开裂,保护层剥落,腐蚀速度加快,以致未到设计使用年限,结构物就会提前破坏。

在施工过程中如果电流通过筋束且筋束接地,也会引起腐蚀。在腐蚀出现时预应力筋中会发生应力腐蚀。

钢材的应力腐蚀是指钢材在拉应力与腐蚀介质同时作用下发生的腐蚀现象。

应力腐蚀破坏的特征是钢材在远低于破坏应力的情况下发生的断裂，事先无预兆而突然性破坏，断口与拉力方向垂直。高强预应力筋的强度高、变形小、直径小，对应力腐蚀较为敏感。高强热处理钢筋对应力腐蚀更具敏感性。对钢丝和钢绞线，应力腐蚀断裂时间为1.5～5h。

预应力筋的防腐蚀技术有很多种类，如镀锌、镀锌铝合金、涂塑、涂尼龙、阴极保护以及涂环氧树脂有机涂层等，可根据工程实际情况和环境情况选用。

三、预应力筋的分类

预应力筋按其材料可分为钢材类预应力筋和非钢材类预应力筋。作为预应力筋使用的主要是预应力钢材，但近年来，非钢材预应力筋也大量涌现和应用。

1. 非钢材类预应力筋

非钢材类预应力筋目前尚处研究试验阶段，主要指连续纤维增强塑料（continuous fiber reiforced plastics，简称 FRP），主要有以下几种。

碳纤维加劲塑料（CFRP）：由碳纤维与环氧树脂复合而成。

玻璃纤维加劲塑料（GFRP）：由玻璃纤维与环氧树脂或聚酯树脂复合而成。

芳纶纤维加劲塑料（AFRP）：由芳纶纤维与环氧树脂或乙烯树脂复合而成。

FRP 材料的表面形态有光滑的、螺旋纹的、网状的等；截面形状有棒形、绞线形及编织物形等。FRP 预应力筋与高强预应力钢材相比，具有表观密度小，抗拉强度高，耐腐蚀性能好，温度影响小，耐疲劳和非磁性的优点，且其应力—应变关系直至材料断裂仍几乎是线性，弹性模量约为钢筋的一半，这将减少由于混凝土收缩、徐变引起的预应力损失，但 FRP 预应力筋也有受力不均匀、极限延伸率差、抗剪强度低、耐火性能差、成本高和难以用常用的锚具锚固等不足之处。

2. 钢材类预应力筋

钢材类预应力筋主要有钢梁、钢管、预应力钢筋三大类，预应力钢筋分为预应力粗钢筋、高强钢丝和钢绞线三种，目前桥梁上最常用的预应力钢筋（图 2-18）是钢绞线和精轧螺纹钢。

图 2-18　常用预应力钢筋

1）预应力粗钢筋

预应力粗钢筋种类主要有热处理钢筋、冷拉钢筋、精轧螺纹钢等。

（1）热处理钢筋

热处理钢筋通常是用热轧中低碳低合金钢筋经淬火和回火调质热处理而成。先加热至 900℃ 左右，并保持恒温，然后淬火，以提高钢筋的抗拉强度，再经 450℃ 左右的中温或低温回火处理，以改变其塑性性能。热处理钢筋按其外形分为带纵肋和不带纵肋两种。

热处理钢筋具有强度高、线材长、弹性模量高、黏结性能好和松弛小的特点。其直径在 6～10mm之间，强度在 1 400MPa 左右，盘圆供应，可直接用于预应力混凝土结构中，施工中可免去冷拉、对头焊接等工作，有利于施工，尤其是用于先张法构件中。

(2)预应力高强精轧螺纹钢筋

高强度精轧螺纹钢筋是在整根钢筋上轧有外螺纹的大直径、高强度、高尺寸精度的直条钢筋。该钢筋在任意截面处都拧上带有内螺纹的连接器进行连接或拧上带螺纹的螺母进行锚固。它具有连接、锚固简便，黏着力强，张拉锚固安全可靠，施工方便等优点，而且节约钢筋，减少构件面积和重量。精轧螺纹钢筋广泛应用于大型水利工程、工业和民用建筑中的连续梁和大型框架结构，公路、铁路大中跨桥梁，核电站及地锚等工程。

用于预应力混凝土结构中的预应力高强精轧螺纹钢筋(图2-19)的力学性能应符合表2-4规定。

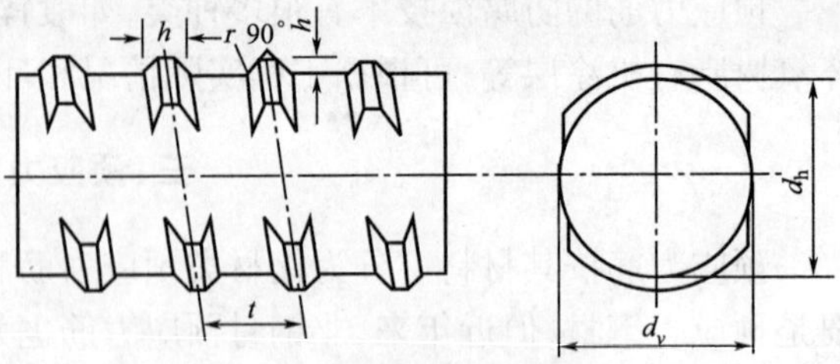

图2-19 预应力高强精轧螺纹钢筋简图

预应力高强精轧螺纹钢筋力学性能 表2-4

钢筋强度级别	屈服点 σ_s 或 $\sigma_{0.2}$ (MPa)	抗拉强度 σ_b (MPa)	伸长率 σ_5 (%)	冷弯 90°	10h 松弛率(%)
JL540	≥540	≥835	≥10	$d=6a$	
JL785	≥785	≥980	≥7	$d=7a$	≤1.5
JL930	≥930	≥1080	≥6		

注：①a 为钢筋直径(mm)，其规格一般为18mm,25mm,32mm,40mm；d 为弯心直径。

②除非生产厂家另有规定，弹性模量取为 2×10^6 MPa。

③冷弯指标不作为交货条件。

2)钢丝

预应力混凝土用钢丝的应用具有以下特点：

(1)钢丝强度高；

(2)易于制备，便于运输；

(3)应用灵活，可以根据需要组成不同钢丝根数的预应力束；

(4)柔性好，便于成型或穿束，特别适用于曲线形预应力筋；

(5)可以用7根平行钢丝为一组制备成无黏结束。

由于高强钢丝具有上述优点，因此在建筑工程中得到了广泛的应用，主要用于：屋架、托架、吊车梁、屋面梁等后张预应力混凝土构件，框架梁、井式楼盖、平板等现浇预应力混凝土结构，环向、竖向预应力构件等。桥梁工程中有时也采用高强钢丝。

预应力混凝土结构常用的高强钢丝，按交货状态分为冷拉及矫直回火两种。冷拉钢丝是用经过处理使之适用于冷拔的热轧盘圆拔制的盘圆成品，其表面光滑，并可能有润滑剂的残渣，随后可用机械方式对钢丝进行压痕而成为刻痕钢丝；对钢丝进行矫直回火处理后就成为矫直回火钢丝。预应力钢丝经过矫直回火后，可消除钢丝冷拔中产生的残余应力，提高钢丝的比例极限、屈服强度和弹性模量，并改善塑性；同时也可解决钢丝的伸直性，方便施工。

热镀锌钢丝是在光圆钢丝上镀锌以防腐，主要应用于桥梁缆索、锚固拉力构件、提升及固定用拉力构件及其他土木工程构件中。其力学性能、镀锌质量应符合《桥梁缆索用热镀锌钢丝》(GB/T 17101—1997)的规定。

预应力混凝土结构常用的高强钢丝,按外形分为光圆钢丝、螺旋肋钢丝(图 2-20)、三面刻痕钢丝(图 2-21)三种。钢丝的尺寸应符合《预应力混凝土用钢丝》(GB/T 5223—2002)的规定,计算钢丝每米参考质量时钢的密度为 7.85g/cm³。

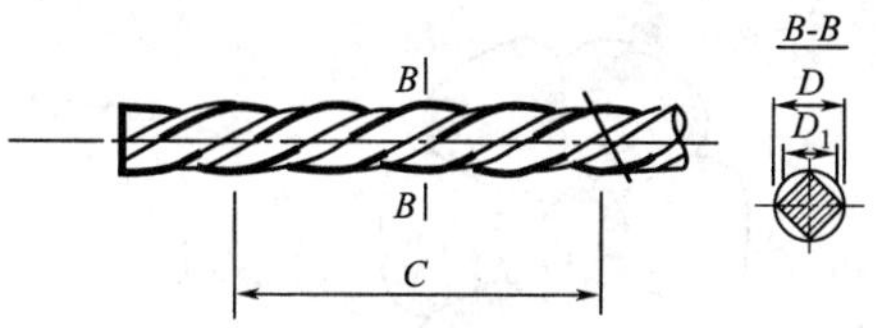

图 2-20 螺旋肋钢丝外形示意图

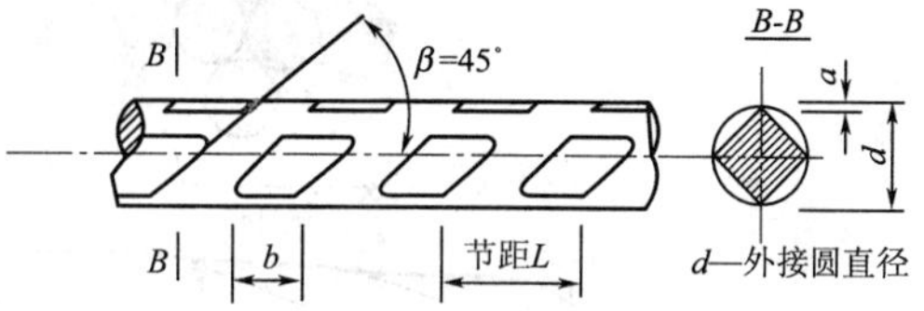

图 2-21 三面刻痕钢丝外形示意图

钢丝以盘圆供应,每盘钢丝由一根组成,其盘重不小于 500kg,允许有 10% 的盘数小于 500kg,但不小于 100kg。冷拉钢丝的盘内径应不小于钢丝公称直径的 100 倍,消除应力钢丝的盘内径不小于 1 700mm。

消除应力光圆及螺旋肋钢丝的力学性能见表 2-5。

消除应力光圆及螺旋肋钢丝的力学性能 表 2-5

公称直径 d_n(mm)	抗拉强度 σ_b(MPa)不小于	规定非比例伸长应力 $\sigma_{p0.2}$(MPa)不小于		最大力下总伸长率(L_0=200mm)δ_{gt}(%)不小于	弯曲次数(次/180°)不小于	弯曲半径 R(mm)	应力松弛性能		
							初始应力相当于公称抗拉强度的百分数(%)	1 000h 后应力松弛率 r(%)不大于	
								WLR	WNR
		WLR	WNR				对所有规格		
4.00	1 470	1 290	1 250	3.5	3	10	60	1.0	4.5
	1 570	1 380	1 330						
4.80	1 670	1 470	1 410		4	15			
	1 770	1 560	1 500						
5.00	1 860	1 640	1 580						
6.00	1 470	1 290	1 250		4	15	70	2.0	8
6.25	1 570	1 380	1 330		4	20			
	1 670	1 470	1 410						
7.00	1 770	1 560	1 500						
8.00	1 470	1 290	1 250		4	20	80	4.5	12
9.00	1 570	1 380	1 330		4	25			
10.00	1 470	1 290	1 250		4	25			
12.00					4	30			

注:①每一交货批钢丝的实际强度不应高于其公称强度级 200MPa。

②钢丝的弹性模量为 2.05×10^5MPa $\pm0.1\times10^5$MPa,但不作交货条件。

3)钢绞线

预应力混凝土用钢绞线是用冷拔钢丝制造而成的。在钢绞线机上以一种较粗的直钢丝为中心,其余钢丝围绕其进行螺旋状绞合,再经低温回火处理而成。中心钢丝的直径加大范围不小于 2.5%。钢绞线的规格有 2、3、7 或 19 根股等。钢丝的捻距在 12 ~ 16 倍的钢绞线公称直径之间,捻向一般为左捻。

模拔钢绞线是在普通钢绞线绞制成型时通过一个模子拔制，并对其进行低温回火处理而成的。由于每根钢丝在积压接触时被压扁，使钢绞线的内部间隙和外径都大大减小，提高了钢绞线的密度，因此在同样直径的后张预应力管道中，预应力筋的吨位可增加 20%，而且由于周边面积增大，更易于锚固，见图 2-22b)。

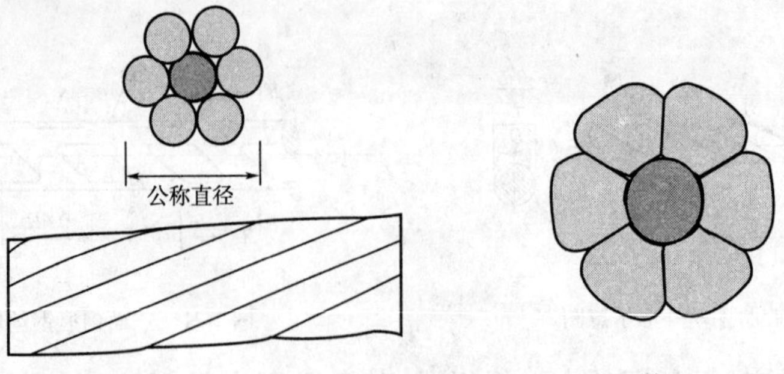

图 2-22　钢绞线示意图

a)普通钢绞线；b)模拔钢绞线

钢绞线的优点是截面集中，直径较大，比较柔软，运输和施工方便，便于操作，与混凝土或灌浆材料咬合均匀而充分，具有良好的锚固延性，因而被越来越广泛地应用。最常用的是 7 股钢绞线，1×2 和 1×3 钢绞线在先张法预应力混凝土构件中被应用。经绞制的钢绞线呈螺旋形，钢绞线截面如图 2-22 所示，故其弹性模量较单根钢丝略低。除非生产厂另有规定，弹性模量取为 1.95×10^5MPa $\pm0.1\times10^5$MPa，但不作交货条件。

成品钢绞线的表面不得带有润滑剂、油渍等降低钢绞线与混凝土黏结力的物质。钢绞线表面允许有轻微的浮锈，但不得锈蚀成目视可见的麻坑。

根据预应力混凝土用钢绞线产品规范《预应力混凝土用钢绞线》(GB/T 5224—2003)，1×7 结构钢绞线尺寸允许偏差见表 2-6，钢绞线的力学性能见表 2-7。

1×7 结构钢绞线尺寸允许偏差、每米参考质量　　表 2-6

钢绞线结构	公称直径		钢绞线参考截面积 S_n(mm²)	每米钢绞线参考质量(g/m)	中心钢丝直径 d_0 加大范围(%)不小于
	公称直径 D_n(mm)	直径允许偏差(mm)			
1×7	9.50	+0.30 −0.15	54.8	430	2.5
	11.10		74.2	582	
	12.70	+0.40 −0.20	98.7	775	
	15.20		140	1 101	
	15.70		150	1 178	
	17.80		191	1 500	
(1×7)C	12.70	+0.40 −0.20	112	890	
	15.20		165	1 295	
	18.00		223	1 750	

1×7 结构钢绞线力学性能 表 2-7

钢绞线结构	钢绞线公称直径 D_n(mm)	抗拉强度 R_m(MPa) 不小于	整根钢绞线的最大力 F_m(kN) 不小于	规定非比例延伸力 $F_{p0.2}$(kN) 不小于	最大力总延伸率 ($L_0 \geq 500$mm) A_{gt}(%)不小于	应力松弛性能 初始负荷相当于公称最大力的百分数(%)	应力松弛性能 1 000h 后应力松弛率 r(%) 不大于
1×7	9.5	1 720	94.3	84.9	对所有规格	对所有规格	对所有规格
		1 860	102	91.8			
		1 960	107	96.3			
	11.10	1 720	128	115		60	1.0
		1 860	138	124			
		1 960	145	131			
	12.70	1 720	170	153	3.5	70	2.5
		1 860	184	166			
		1 960	193	174			
	15.20	1 470	206	185			
		1 570	220	198			
		1 670	234	211		80	4.5
		1 720	241	217			
		1 860	260	234			
		1 960	274	247			
	15.70	1 770	266	239			
		1 860	279	251			
	17.80	1 720	327	294			
		1 860	353	318			
(1×7)C	12.70	1 860	208	187			
	15.20	1 820	300	270			
	18.00	1 720	384	346			

注:规定非比例延伸力 $F_{p0.2}$ 值不小于整根钢绞线公称最大力 F_m 的 90%。

四、预应力钢筋的验收、运输、存储

1. 预应力钢筋的验收

《公路桥涵施工技术规范》(JTJ 041—2000)规定,预应力筋进场时应分批验收,验收时,除应对其质量证明书、包装、标志和规格等进行检查外,尚须按下列规定进行检验。

(1)钢丝

应分批检验,每批质量不大于 60t。先从每批中抽查 5%,但不少于 5 盘,进行形状、尺寸和表面检查,如检查不合格,则将该批钢丝逐盘检查。在上述检查合格的钢丝中抽取 5%,但不少于 3 盘,在每盘钢丝的两端取样进行抗拉强度、弯曲和伸长率的试验,其力学性能应符合《公路桥涵施工技术规范》(JTJ 041—2000)附录 G-1 的要求。试验结果如有一项不合格时,则不合格盘报废,并从同批未试验过的钢丝盘中取双倍数量的试样进行该不合格项的复验,如仍有一项不合格,则该批钢丝为不合格。

(2)钢绞线

从每批钢绞线中任取3盘,并从每盘所选的钢绞线端部正常部位截取一根试样进行表面质量、直径偏差和力学性能试验。如每批少于3盘,则应逐盘取样进行上述试验。试验结果如有一项不合格时,则不合格盘报废,并再从该批未试验过的钢绞线中取双倍数量的试样进行该不合格项的复验,如仍有一项不合格,则该批钢绞线为不合格。

每批钢绞线的质量应不大于60t。

(3)精轧螺纹钢筋

应分批进行检验,每批质量不大于100t,对表面质量应逐根目视检查,外观检查合格后在每批中任选2根钢筋截取试件进行拉伸试验。试验结果如有一项不符合《公路桥涵施工技术规范》(JTJ 041—2000)附录G-6所规定的要求时,则另取双倍数量的试件重做全部各项试验,如仍有一根试件不合格,则该批钢筋为不合格。

拉伸试验的试件,不允许进行任何形式的加工。

2. 预应力钢筋力学性能试验

预应力筋的实际强度不得低于现行国家标准的规定。预应力筋的拉伸试验方法应按《金属材料室温拉伸试验方法》(GB/T 228—2002)执行。

(1)屈服强度

由于预应力钢筋属于中碳钢,其应力、应变见图2-23。预应力钢筋没有明显的屈服点,应采用分级加荷,求出弹性直线段相应小于负荷的平均伸长增量,由此计算出偏离直线段后各级负荷的弹性伸长,从总伸长中减去弹性伸长即为残余伸长。通常以残余伸长0.2%应力作为屈服强度,表示为$\sigma_{0.2}$,并按式(2-1)计算:

$$\sigma_{0.2} = \frac{F_s}{A_0} \tag{2-1}$$

式中:F_s——相当于所求屈服应力时的荷载,N;

A_0——试件原截面面积,mm^2。

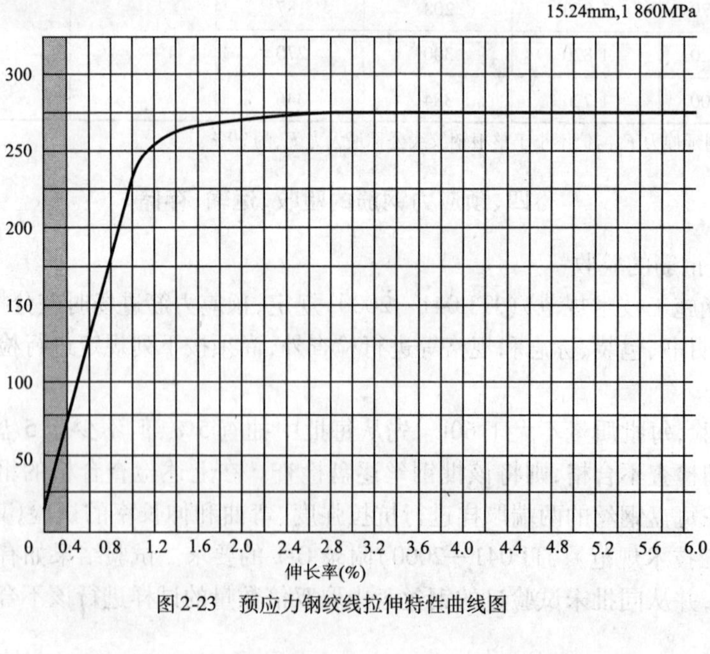

图2-23 预应力钢绞线拉伸特性曲线图

(2)规定非比例延伸力

钢绞线规定非比例延伸力采用的是引伸计标距的非比例延伸达到原始标距0.2%时所受的力($F_{p0.2}$)。为便于供方日常检验,也可以测定规定总延伸达到原始标距1%的力(F_{t1}),其值符合本标准规定的$F_{p0.2}$值时可以交货,但仲裁试验时测定$F_{p0.2}$。测定$F_{p0.2}$和F_{t1}时,预加负荷为规定非比例延伸力的10%。

(3)最大力及抗拉强度试验

整根钢绞线的最大力及抗拉强度试验按《金属材料室温拉伸试验方法》(GB/T 228—2002)的规定进行。如试样在夹头内和距钳口2倍钢绞线公称直径内断裂达不到本标准性能要求时,试验无效。计算抗拉强度时取钢绞线的参考截面积值。

(4)最大力总伸长率

最大力总伸长率A_{gt}的测定按《金属材料室温拉伸试验方法》(GB/T 228—2002)规定进行。使用计算机采集数据或使用电子拉伸设备测量伸长率时,预加负荷对试样所产生的伸长率应加在总伸长内。

3. 预应力筋的订购和存储

预应力钢材是由专业生产厂生产的,总体来讲,我国预应力钢材的产量是供大于求,质量基本达到国际同类产品标准,价格比国外同类产品偏高。预应力钢丝一般成盘供应,钢绞线一般成卷交货,无轴包装(见图2-24)。订货时除要求其力学性能外,还可对预应力筋盘重、直径公差、长度等具体指标提出要求,以满足工程需要。

图2-24 钢绞线的包装

(1)产品出厂除用户指定外都有包装,严禁野蛮装卸,应轻吊轻放。运输应加固和防雨,不得与腐蚀物品混装,采用集装箱运输是比较理想的。如有条件可由工厂直运工地,避免过多转运造成钢绞线损伤。

(2)预应力钢材进场后应立即按供货组批进行抽样检验,检验合格后,应将预应力筋存放在通风良好的仓库中。露天堆放时,应搁置在方木支垫上。离地高度不少于200mm。钢绞线堆放时支点数不少于四个,方木宽度不少于100mm,堆放高度不大于三盘,并加盖防雨篷布。

(3)无黏结筋堆放时支点数不少于六个,垫木宽度不少于300mm,码放层数不多于两盘。预应力筋存放应按供货批号分组,每盘标牌整齐,上面覆盖防雨布。预应力筋吊运应采用专用支架,三点起吊。

(4)钢绞线的吊装应采用棉麻等非金属材料制作的吊具,尽量避免使用钢丝绳等易造成钢绞线损伤的吊具。仓库的硬地有时会擦伤钢绞线,以致损害钢绞线的力学性能,应予避免。

(5)预应力材料必须保持清洁,在存放和搬运过程中应避免机械损伤。如进场后需长时间存放时,必须安排定期的外观检查。钢绞线表面允许有浮锈,但要注意保护,以免发展成锈蚀,影响正常使用。

五、预应力筋的其他形式

用于后张预应力混凝土结构中的预应力筋根据其施工工艺或深加工工艺的不同,又可分为:有黏结预应力筋、缓黏结预应力筋、无黏结预应力筋和体外预应力筋。预应力钢绞线的深加工产品还有环氧涂层钢绞线。在这些形式的预应力筋中，有黏结预应力筋和缓黏结预应力筋是指特定的施工工艺，而无黏结预应力筋和体外预应力筋则既是一种施工工艺，又有相应的产品。此处介绍无黏结预应力筋、斜拉索和环氧涂层预应力钢绞线等的特点和要求。

1. 无黏结预应力筋

用于制作无黏结筋的钢材为由 7 根 5mm 或 4mm 的钢丝绞合而成的钢绞线或 7 根直径 5mm 的碳素钢丝束，其质量应符合现行国家标准。无黏结预应力筋的制作，采用挤压涂塑工艺，外包聚乙烯或聚丙烯套管，内涂防腐建筑油脂，经过挤出成型机后，塑料包裹层一次成型在钢绞线或钢丝束上。结构见图 2-25。

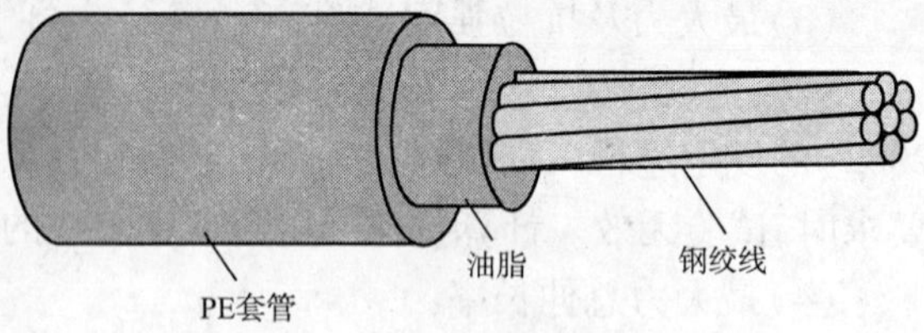

图 2-25　无黏结钢绞线结构图

无黏结预应力筋的涂料层应具有良好的化学稳定性，对周围材料无侵蚀作用；不透水，不吸湿，抗腐蚀性能强；润滑性能好，摩擦阻力小；在规定温度范围内高温不流淌，低温不变脆，并有一定韧性。无黏结预应力筋的护套材料，宜采用高密度聚乙烯，也可采用聚丙烯，不得采用聚氯乙烯。护套材料应具有足够的韧性、抗磨及抗冲击性，低温应不脆化，高温化学稳定性好，此外，无黏结筋用钢绞线、钢丝批生产成本较低，因此得到迅速发展。无黏结钢绞线质量和力学性能应符合《无黏结预应力钢绞线》(JG 161—2004)的要求。

无黏结预应力筋的 PE 护套相当于波纹管，施工时不需埋设波纹管和穿束，可用于曲线复杂、不便穿束的复杂构件、特别建筑结构中；由于 PE 护套有防腐作用，因此可用于体外预应力筋和斜拉索、吊索。设计和施工方法可参考《无黏结预应力混凝土结构技术规程》(JGJ 92—2004)。

2. 环氧涂层预应力钢绞线

开发环氧涂层填充型钢绞线的目的，主要是为了改善目前一些预应力材料防腐蚀性能差的问题，美国和日本作为路桥建设的发达国家，发生过由于材料腐蚀而引起的各种事故；空气中盐雾成分高的沿海国家和地区的此类事故，更是时有发生。为了杜绝以后再次出现类似情况，环氧涂层填充型钢绞线凭借其出色的防腐蚀性能和施工、检测方便的特点，一跃成为预应力钢绞线产品中的首选。

环氧涂层填充型钢绞线，最初是 1984 年由美国佛罗里达钢线公司开发，后由日本住友电工进行再开发后成型的一种新型预应力材料。1992 年该产品作为体外索首次应用，随后在斜拉索和其他领域也逐渐开始使用。从目前的使用情况来看，该材料防腐蚀性能非常好，日本的道路公团指定该种环氧钢绞线为唯一能够使用的环氧钢绞线。

国内预应力技术起步相对较晚，但发展速度非常快，已经相继有光面钢绞线、无黏结钢绞线、镀锌钢绞线和普通环氧拆股涂层钢绞线等预应力材料得到了应用，但以上钢绞线均不能起到长期防腐的效果。随着中国国内路桥建设投入的加大及中国国民经济的稳步增长，该种环氧涂层填充型钢绞线作为新型预应力材料在中国市场越来越受到关注。2003 年江阴法尔胜住电新材料有限公司引进了环氧涂层钢绞线生产技术。现环氧涂层钢绞线已在苏通大桥应用。

目前环氧树脂钢绞线主要有填充型环氧树脂钢绞线和普通型环氧树脂钢绞线两种类型，见图 2-26、图 2-27。环氧涂层填充型钢绞线，由光面钢绞线通过静电涂装工艺，将环氧树脂粉末进行表面及绞线钢丝间的整体充填而制成，因而在防腐性能上，填充型环氧树脂钢绞线优于普通型环氧树脂钢绞线，但价格较高。

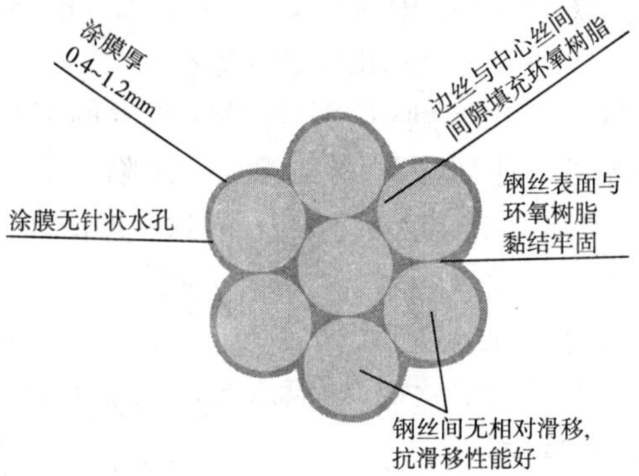

图 2-26　填充型环氧涂层钢绞线

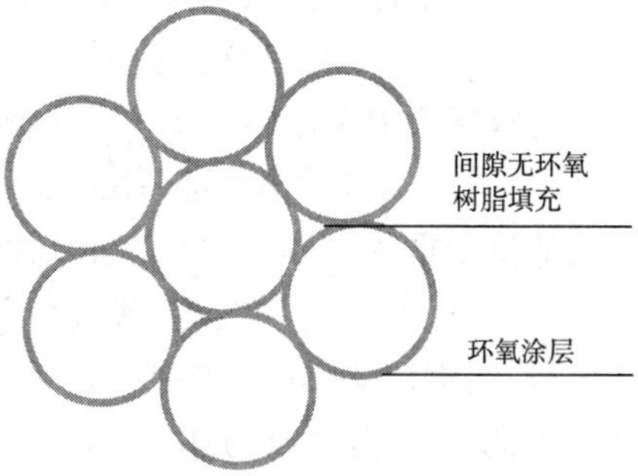

图 2-27　普通型环氧涂层钢绞线

填充型环氧树脂钢绞线有三种类型，分别为光滑型、磨砂型和外加 PE 护套的光滑型，见图 2-28。磨砂型是将光滑型的填充型环氧树脂钢绞线表面磨毛，以增大摩擦力；外加 PE 护套的光滑型填充型环氧树脂钢绞线是在光滑型的填充型环氧树脂钢绞线外表再加一层 PE 套，以提高防腐性能。

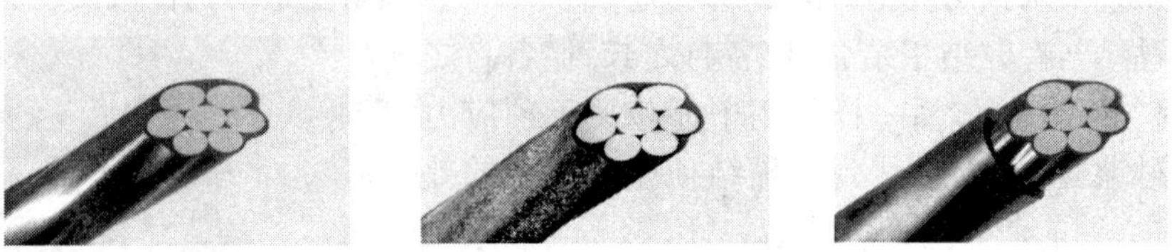

a)　　b)　　c)

图 2-28　环氧涂层填充型钢绞线的三种类型

a)光滑型；b)磨砂型；c)外加 PE 护套的光滑型

目前我国尚无环氧树脂钢绞线相关规范，国际上相关规范有 ASTM A882/A882M-02a《环氧涂层填充型七丝预应力钢绞线标准规范》和 ISO 14655:1999(E)《预应力混凝土用环氧涂层钢绞线》。

环氧涂层填充型钢绞线的技术参数如下。

(1)抗拉强度：ϕ15.2 环氧涂层填充型钢绞线的抗拉强度不小于 1 860MPa。

(2)破断力：ϕ15.2 环氧涂层填充型钢绞线的破断力不小于 260.7kN。

(3)屈服荷载：ϕ15.2 环氧涂层填充型钢绞线的屈服荷载不小于 234.6kN。

(4)最大力总伸长率：不小于 3.5%。

(5)松弛率：初始荷载达钢绞线指定最小破断力的 70% 时，加载 1 000h，松弛损失应不超过 6.5%。

(6)疲劳性能：环氧涂层填充型钢绞线通过应力上限 $0.7F_m$、应力幅 195MPa、200 万次的疲劳试验。

(7)涂层的厚度：在 0.4 ~ 1.15mm 之间。

(8)涂层的连续性：针孔测试，每 30m 针孔小于 2 处。

(9)涂层的黏结：环氧涂层填充型钢绞线沿 32 倍心轴弯曲时，环氧涂层无裂纹或黏结脱离现象，并且对环氧涂层填充型钢绞线进行拉伸试验，达到 1% 的延伸率时，环氧涂层不应有裂纹。

(10)涂层的耐化学性:环氧涂层填充型钢绞线分别沉浸在蒸馏水、浓度为3mol/L的$CaCl_2$溶液、浓度为3mol/L的NaOH溶液、$Ca(OH)_2$的饱和溶液中,45天后,涂层无水泡、软化、黏结失效或针孔扩大现象。钻孔周围的涂层在45天内应不显示出底切现象。

(11)涂层的耐盐雾性能:环氧涂层填充型钢绞线试样拉伸到指定公称抗拉强度的70%后,将其暴露于中性盐雾(NSS)中3 000h后,试样不应存在生锈现象,并且涂层无缺陷。

(12)涂层的抗冲击性能:用总质量为1 800g的冲击头,冲击能量为9N·m,除受冲击部位外(该部位受重锤的作用永久变形),涂层上不应有碎片、裂纹或黏结失效。

(13)涂层的耐磨耗性能:磨去0.25mm厚涂层所需要的砂量应大于1 000L。

(14)与混凝土的握裹性能:磨砂类型的环氧涂层填充型钢绞线,还应该通过混凝土拉拔试验,其要求是:滑移量为0.025mm时的最低荷载大于11.52kN。

3. 缓黏结预应力筋

后张法预应力混凝土分为有黏结和无黏结两种预应力体系。无黏结预应力体系中,预应力筋布置具有灵活方便,无面孔和灌浆等繁琐和复杂的施工工序,但由于预应力筋在工作中受力几乎处处相等,易造成预应力筋和锚具疲劳,以及受拉区混凝土裂缝数量少、裂缝宽度大、结构强度利用率低的缺点。而有黏结预应力体系克服了无黏结预应力工作中表现出来的缺点,但存在施工工艺要求预留孔道,压浆,造成施工干扰,以及预留孔道对构件截面削弱大等问题,把后张中无黏结与有黏结相结合,取各自之长,避各自之短,即施工时与无黏结体系一样使用中靠包裹于预应力筋上的缓凝砂浆逐渐硬化,达到有黏结预应力体系的效果,这种预应力筋前期如同无黏结筋一样,钢筋与砂浆之间没有黏结作用,后期则随着缓凝砂浆的硬化,钢筋与砂浆之间逐渐有了黏结力,最终形成有黏结筋,这就是缓黏结预应力混凝土。一句话,缓黏结筋就是一种具有无黏结筋工艺特点的有黏结筋,见图2-29。

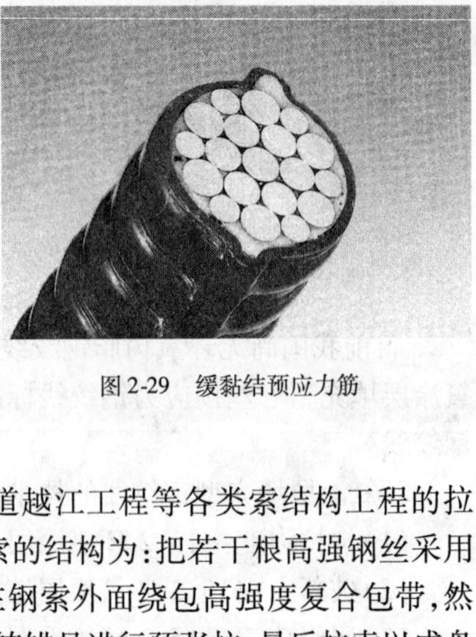

图2-29 缓黏结预应力筋

4. 斜拉索

(1)制作工艺

斜拉索是用于斜拉桥、系杆拱桥、桅塔、屋盖、大型管道越江工程等各类索结构工程的拉索,也可用于桥梁、房屋结构作为体外预应力索。这种拉索的结构为:把若干根高强钢丝采用同心绞合方式一次扭绞成型,绞合角为2°~4°。扭绞后在钢索外面绕包高强度复合包带,然后在钢索上热挤防护层,拉索进行精确下料后两端加装冷铸锚具进行预张拉,最后拉索以成盘或成卷方式包装(图2-30)。根据护层材料的不同,斜拉索又分为三种:PE,即黑色高密度聚乙烯护层;PE+PU,即在聚乙烯层的外面再挤裹一层彩色聚氨酯护层;PE十PE,即在聚乙烯层外面挤上一层彩色聚乙烯。

(2)性能要求

抗拉强度:拉索整体破断应力不小于钢丝公称强度的95%。

破断延伸率:>2%。

弹性模量:1.85×10^5MPa。

预拉荷载:0.45~0.65倍标准破断荷载。

锚板回缩值:<6mm。

索长误差：索长$L \leqslant 100$m 时，$\Delta L \leqslant 20$mm；

$L > 100$m 时，$\Delta L \leqslant 0.000\,2L$。

抗疲劳性能：应力上限(0.40～0.45)R_b，应力幅值 158 200MPa，经 100 万次循环加载。

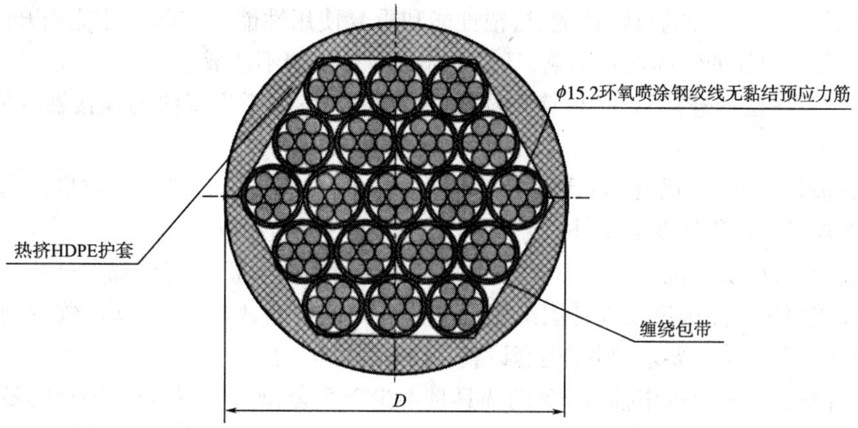

图 2-30　环氧喷涂钢绞线成品索示意图

第四节　锚具、夹具和连接器

锚具是保证预应力混凝土结构安全可靠的技术关键，在后张法构件中，它作为构件的一部分，长期固定在构件上维持预应力。

一、锚具、夹具和连接器的分类

锚具的形式繁多，详见第三章预应力锚固体系。

1. 按传力及锚固体系分类

(1)机械承压锚固类：靠预应力筋端部采用机械加工的方法，直接支承在混凝土上，如镦头锚、螺纹锚等。

(2)摩阻类锚具：利用楔形锚固原理，借张拉钢筋回缩带动锚具或锥销将钢筋楔紧而锚固，如锥形锚、楔形锚、OVM、VSL、XM 等。

(3)黏结力锚固类：利用钢筋与混凝土之间的黏结力进行锚固，主要用于先张法构件的预应力筋锚固及后张自锚中，如压花锚具等。

2. 按对应的预应力钢筋进行分类

(1)预应力粗钢筋锚具；

(2)钢丝锚具；

(3)钢绞线锚具。

二、锚具、夹具和连接器的要求

(1)预应力筋锚具、夹具和连接器应具有可靠的锚固性能、足够的承载能力和良好的适用性，能保证充分发挥预应力筋的强度，安全地实现预应力张拉作业，并应符合现行国家标准《预应力筋用锚具、夹具和连接器》(GB/T 14370—2007)的要求。

(2)预应力筋锚具应按设计要求采用。锚具应满足分级张拉、补张拉以及放松预应力的要求。用于后张结构时,锚具或其附件上宜设置压浆孔或排气孔,压浆孔应有足够的截面面积,以保证浆液的畅通。施工时应遵守《预应力筋用锚具、夹具和连接器应用技术规程》(JGJ 85—2002)的要求。

(3)夹具应具有良好的自锚性能、松锚性能和重复使用性能。需敲击才能松开的夹具,必须保证其对预应力筋的锚固没有影响,且对操作人员的安全不造成危险。

(4)用于后张法的连接器,必须符合锚具的性能要求;用于先张法的连接器,必须符合夹具的性能要求。

(5)进场验收规定。锚具、夹具和连接器进场时,除应按出厂合格证和质量证明书核查其锚固性能类别、型号、规格及数量外,还应按下列规定进行验收:

①外观检查:应从每批中抽取10%的锚具且不少于10套,检查其外观和尺寸。如有一套表面有裂纹或超过产品标准及设计图纸规定尺寸的允许偏差,则应另取双倍数量的锚具重做检查,如仍有一套不符合要求,则应逐套检查,合格者方可使用。

②硬度检验:应从每批中抽取5%的锚具且不少于5套,对其中有硬度要求的零件做硬度试验,对多孔夹片式锚具的夹片,每套至少抽取5片。每个零件测试3点,其硬度应在设计要求范围内,如有一个零件不合格,则应另取双倍数量的零件重做试验,如仍有一个零件不合格,则应逐个检查,合格者方可使用。

③静载锚固性能试验:对大桥等重要工程,当质量证明书不齐全、不正确或质量有疑点时,经上述两项试验合格后,应从同批中抽取6套锚具(夹具或连接器)组成3个预应力筋锚具组装件,进行静载锚固性能试验,如有一个试件不符合要求,则应另取双倍数量的锚具(夹具或连接器)重做试验,如仍有一个试件不符合要求,则该批锚具(夹具或连接器)为不合格品。

对用于其他桥梁的锚具(夹具或连接器)进场验收,其静载锚固性能可由锚具生产厂提供试验报告。

预应力筋锚具、夹具和连接器验收批的划分:在同种材料和同一生产工艺条件下,锚具、夹具应以不超过1 000套组为一个验收批;连接器以不超过500套组为一个验收批。

(6)预应力筋用锚具、夹具和连接器在储存运输及使用期间均应妥善保管维护,避免锈蚀、沾污、遭受机械损伤、混淆和散失。

思考题

1. 构成预应力混凝土的材料主要有哪些?各有什么作用?
2. 预应力混凝土的配制有什么要求?
3. 成孔材料一般有几种?各有什么特点?
4. 塑料波纹管的优点有哪些?
5. 预应力钢筋的种类有哪些?目前桥梁工程中主要采用哪种?
6. 什么是应力腐蚀?
7. 钢绞线力学性能试验有哪几项?
8. 预应力筋的存储有哪些注意事项?
9. 无黏结钢绞线、环氧树脂钢绞线、缓黏结钢绞线的特点是什么?
10. 锚具按传力及锚固体系分为哪几类?
11. 锚具的验收有哪些内容?

第三章　预应力锚固体系

学习目标

1. 熟悉后张锚固体系的构成及分类，了解国内外锚固体系；
2. 熟悉预应力粗钢筋锚固体系种类，掌握精轧螺纹钢锚固体系；
3. 了解预应力钢丝锚固体系种类，熟悉 DM 锚固体系；
4. 了解预应力钢绞线锚固体系，掌握 OVM 锚固体系。

第一节　概　　述

预应力锚具是预应力工程中的核心元件，是保证预应力混凝土结构安全可靠的技术关键，在后张法构件中，它作为构件的一部分，永久设置在混凝土中，承受着长期的荷载，锚具这种元件是预应力是否存在的关键。

锚具应满足下列要求：

(1)受力安全可靠；

(2)预应力损失小；

(3)构造简单，制作方便，用钢量少，价格便宜；

(4)施工设备简便，张拉锚固方便迅速。

一、锚固体系的组成

预应力锚固体系是预应力混凝土技术的重要组成部分，完善的锚固体系包括锚具、夹具、连接器及锚下支承系统等。后张预应力锚固体系见图 3-1。

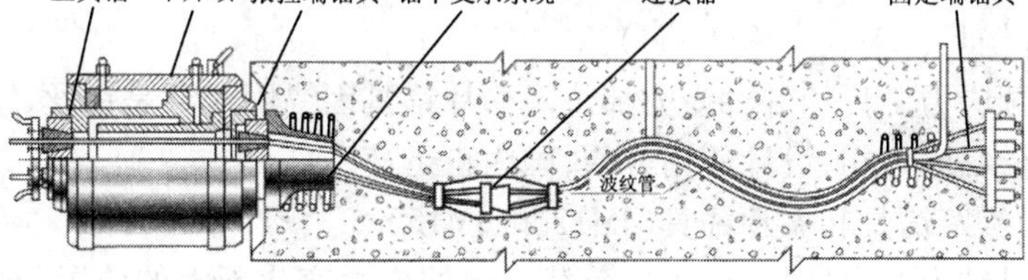

图 3-1　HVM 后张预应力锚固体系示意图

作为工具重复使用的锚具叫工具锚，一般用于先张法和后张法张拉时千斤顶的临时锚固。作为构件组成的一部分使用的锚具叫工作锚，用于后张法。工具锚由于重复使用，质量要求较高，且尺寸一般大于工作锚。

连接器是将多段预应力筋连接成一条完整束的装置。

锚下支承系统是指与锚具相配套的布置在锚固区混凝土中的锚垫板、螺旋筋或钢筋网片等，锚下支承系统是作为局部承压、抗劈裂的加强结构。

不同类型的锚固体系由相应的千斤顶进行张拉。

值得一提的是，锚具材料的优劣、热处理工艺的好坏，直接影响锚具的可靠性，危及操作人员和结构的安全，因此，在选择生产厂家和进行锚具验收时一定要认真慎重；不同的锚固体系（或生产厂家），其锚具、夹具、连接器及锚下支承系统尺寸一般都不配套，易发生事故，因此锚固体系必须是同一厂家生产的才能配套使用。

二、锚固体系的分类

1. 按预应力筋分类

为了便于施工，根据所锚固的预应力钢筋、钢丝或钢绞线划分为相对应的三类：

（1）预应力粗钢筋锚固体系；

（2）钢丝锚固体系；

（3）钢绞线锚固体系。

2. 按锚固原理分类

分为支承锚固、楔紧锚固、握裹锚固和组合锚固体系。

（1）支承式锚固体系

支承锚固锚具中的螺丝端杆锚具、精轧螺纹钢筋锚具和镦头锚具是使用最多的，这些锚具在张拉后依靠螺纹和垫板的支承作用进行锚固。

螺丝端杆锚具，只能张拉锚固较大直径钢筋，除需要冷拉、定长下料之外，其焊接接头多，可靠性不易保证，所以，常用于较短构件的直线预应力筋中，且构件不能承受动载。

镦头锚具不仅可用于冷拉光圆热轧钢筋，还可用于高强钢丝。用高强钢丝时不必冷拉，所以，使用量多于螺丝端杆锚具，但镦头锚固需要等长下料、平地编束、对号将钢丝穿入锚具后镦头，而且在使用长束时需在两端预留容纳锚头的大孔，增大了端部尺寸，所以，在长束曲线束中使用较少。

（2）楔紧式锚固体系

楔紧锚固的锚具中，钢质锥塞锚具、夹片锚具（JM）和楔片锚具（XM、QM 和 OVM）最为常见。在这类锚具中，锚固零件对预应力筋造成弯折、咬伤和应力集中，不同程度地降低了锚具和预应力筋组件的静载锚固效率系数。

我国根据锚具性能将楔紧锚固的锚具分为两类：

第一类：楔片锚具（XM、QM 和 OVM）

可用于各种预应力工程的各种受力部位。楔片锚具因锚固对象是钢丝、钢绞线，张拉应力最高，节材效果好，锚固可靠，设计使用方便，国内正迅速发展。

第二类：钢质锥塞锚具和夹片锚具（JM12 和 JM15）

限制用于有黏结力筋，且锚具位于外荷载引起的应力变化不大的位置（如简支梁端、预应力屋架等）。

（3）握裹式锚固体系

握裹锚固是将预应力筋直接埋入或加工后（如把钢筋或钢丝镦头、钢绞线压花等）埋入混凝土中，或在预应力筋端头用挤压的办法固定一个套筒（如挤压锚），利用混凝土或钢套筒的握裹进行锚固。先张法生产的构件中，预应力筋就是握裹锚固的。

(4)组合式锚固体系

组合式锚固体系为两种以上的不同锚固性能的组合。

因为锚具品种很多,下面将根据国内现在常用的锚夹具、预应力筋的类型以及所适用的千斤顶,结合张拉方法,详细介绍各种适用的预应力张拉锚固体系。

第二节　预应力粗钢筋锚固体系

一、轧　丝　锚

预应力粗钢筋冷轧螺纹锚具(轧丝锚)是同济大学研制成功的高强度粗钢筋锚固体系,见图3-2所示。

图3-2　轧丝锚

轧丝锚是在高强度光圆钢筋的端部,用专用工具冷轧出外径大于钢筋直径的螺纹。由于材料经过冷作强化,故冷轧螺纹段钢材具有与原有圆钢筋同样的抗拉强度,达到了充分利用钢材的目的。采用特种螺母锚固,不仅锚固性能可靠,操作简便,而且预应力损失较小,可以用在预应力钢筋极短的场合。采用螺杆、螺母锚固方式,可以多次重复张拉、放松,还能方便地采用连接器多次接长,以适应不同的结构和施工工艺要求,但由于高强精轧螺纹钢筋的大量使用,这种张拉锚固体系的应用越来越少。

上海通用工具厂从同济大学购进了这套生产技术,专业生产直径为25mm及32mm的四级冷拉钢筋轧丝锚具及轧丝钢筋。

1. 锚具、连接器

轧丝锚具分为张拉锚具和固定锚具两种。张拉锚具结构见图3-3,固定锚具结构见图3-4,轧丝锚具采用套筒式连接器接长钢筋,连接器结构见图3-5。张拉锚具成套设计参数可参考生产厂家说明书。

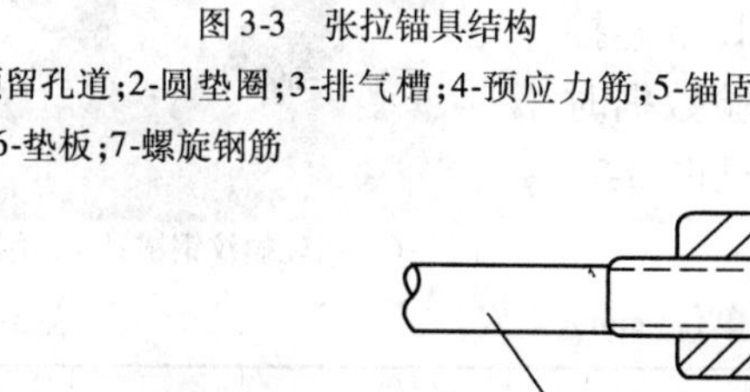

图3-3　张拉锚具结构

1-预留孔道;2-圆垫圈;3-排气槽;4-预应力筋;5-锚固螺母;6-垫板;7-螺旋钢筋

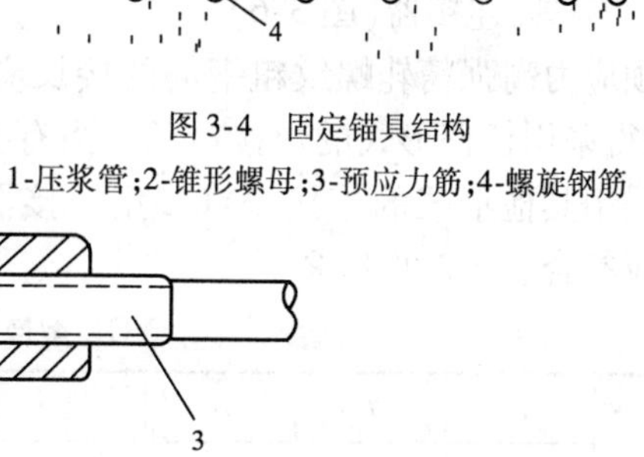

图3-4　固定锚具结构

1-压浆管;2-锥形螺母;3-预应力筋;4-螺旋钢筋

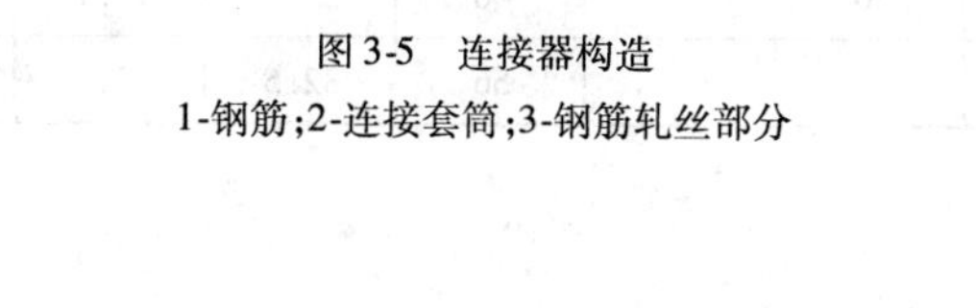

图3-5　连接器构造

1-钢筋;2-连接套筒;3-钢筋轧丝部分

轧丝锚采用的冷拉Ⅳ级圆钢筋的使用参数见表3-1。

冷拉Ⅳ级圆钢筋的使用参数 表3-1

钢材规格		冷拉力(kN) $\sigma_L=735MPa$	张拉控制应力(kN) $\sigma_K=0.85\sigma_L=625MPa$
直径(mm)	截面积(mm^2)		
25	491	361	307
32	804	591	503

2. 张拉千斤顶

预应力粗钢筋张拉专用设备为YG—70型穿心式单作用千斤顶（见第四章第二节液压千斤顶）。

3. 主要特点

(1)预应力筋采用螺母锚固,锚固性能可靠;

(2)可以多次重复张拉、放松,操作方便;

(3)预应力筋回缩损失很小,可以用在预应力筋较短的场合,例如竖向预应力束和桥面横向预应力束;

(4)采用套筒式连接器可以任意接长钢筋。

4. 注意事项

(1)冷拉Ⅳ级圆钢筋在使用前,必须在两端冷轧出螺纹;螺纹的长度应根据预应力筋的延伸率通过计算确定,轧丝过长浪费钢材和工时,过短则满足不了锚固要求。

(2)冷轧螺纹受热容易失效,应严格禁止采用电焊、气焊切割轧丝后的钢筋。

(3)预应力粗钢筋由于刚度大,不易弯曲,通常作为直线预应力筋使用。如确需作曲线预应力筋使用时,其曲率半径应满足相关规定的要求。

(4)市场供应的粗钢筋强度与钢丝钢绞线相比较低,材料用量相对偏大。在"价格—永存强度"比合算时,可以使用于较长的预应力束中。

二、预应力高强精轧螺纹钢筋张拉锚固体系

由我国研制的$\phi25mm$、$\phi32mm$两种直径的高强精轧螺纹钢筋张拉锚固体系,不但具有粗钢筋冷轧螺纹张拉锚固体系的所有优点,而且还具有受热不失效、钢筋可实现在任意点锚固连接的特点,因此既可用于后张法,也可用于先张法。

1. 锚具、连接器(图3-6)

预应力高强精轧螺纹粗钢筋的接长应采用YGL型连接器,不得采用任何形式的焊接接长。当有充分的试验数据时也可采用其他形式的连接。YGL型连接器的外形见图3-7,尺寸应符合表3-2的要求。

图3-6 粗轧螺纹钢锚具、连接器

YGL型连接器尺寸(单位:mm) 表3-2

d_0	L	l	D	ϕ	E	d_1	d_3	t	b	质量(kg)
25	132	45	50	38	46	25.5	29.7	12	8	1.18
32	160	60	60	46	56	32.5	37.5	16	9	1.84

预应力高强精轧螺纹粗钢筋的锚具为 YGM 型，其外形尺寸如图 3-8，尺寸应符合表 3-3 的要求。当采用原西德地伟达施工方法时，其锚具可采用地伟达所推荐的钟形锚具和板式锚具。

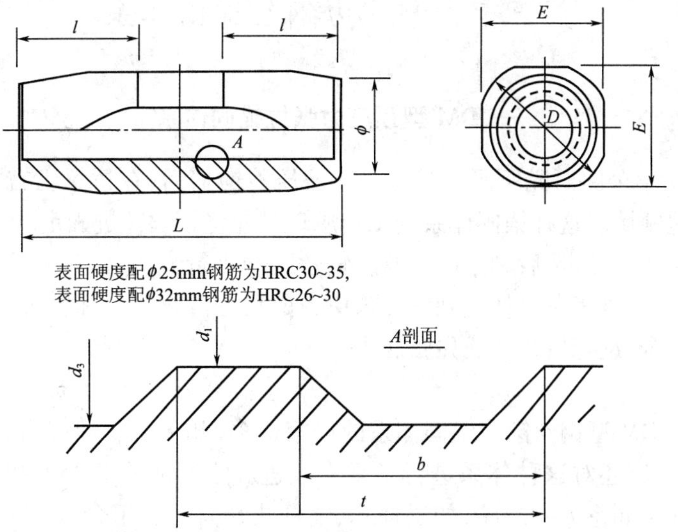

图 3-7　YGL 型连接器

YGM 型锚具尺寸(单位:mm)　　表 3-3

d_0	S	D	H	ϕ	h	A	b	d_1	δ
25	50	57.7	60	35	13	120	24	35	13
32	65	75	72	45	16	140	24	45	9.5

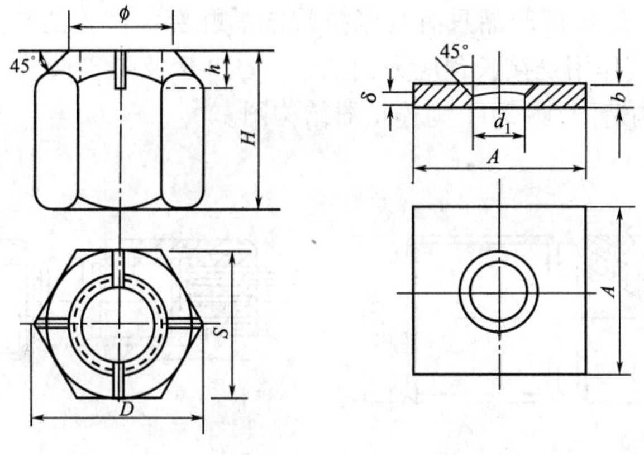

图 3-8　YGM 型锚具简图

2. 张拉千斤顶

预应力高强精轧螺纹粗钢筋的专用张拉设备为 YG—70 型穿心式单作用千斤顶，其主要技术性能及构造见第四章第二节液压千斤顶。

3. 主要特点

(1)预应力筋采用螺母锚固，锚固性能可靠；

(2)可以多次重复张拉、放松，操作方便；

(3)预应力筋回缩损失很小，可以用在预应力筋较短的场合，例如竖向预应力束和桥面横向预应力束；

(4)采用套筒式连接器可以任意接长钢筋。

第三节　预应力钢丝锚固体系

一、DM型预应力张拉锚固体系

1966年同济大学公路研究所研制成功钢丝液压冷镦器后，在桥梁上首先应用镦头锚具，并逐步推广到其他领域。这种锚固体系的工作原理是先将钢丝穿过固定端锚板及张拉端锚杯中比钢丝直径稍大的圆孔，然后利用镦头器对钢丝两端进行镦头，镦头直径大于孔洞的直径，使钢丝不能脱出，再通过张拉锚杯达到施加预应力的目的。它可以和拉杆式或使用拉杆撑脚的穿心式千斤顶组合，进行后张法或先张法生产。

1. 锚具

目前国内生产DM型钢丝镦头锚固体系的厂家众多，几乎所有预应力产品生产厂家都生产这种锚具，许多厂家还对这种体系进行了重大改进。除标准的DM5A和DM5B系列外，还设计与使用了其他不同系列的产品，如锚环式、锚杆式、锚板式、组合式（与夹片锚组合使用）以及连接器等。

DM5(7)A型和DM5(7)B型锚具是最常用的镦头锚具。DM5(7)A型锚具由锚杯与螺母及锚垫板组成，主要用于张拉端；DM5(7)B型锚具由锚板与铺垫板组成，主要用于固定端，其系列设计参数可参考生产厂家说明书。

2. 连接器

DM5(7)C与DM5(7)K型产品只有与张拉端锚具配套使用才能构成一副完整的连接器，其作用是接长预应力钢丝束。图3-9及图3-10分别为C型及K型产品构造图，图3-11为连接器结构图。

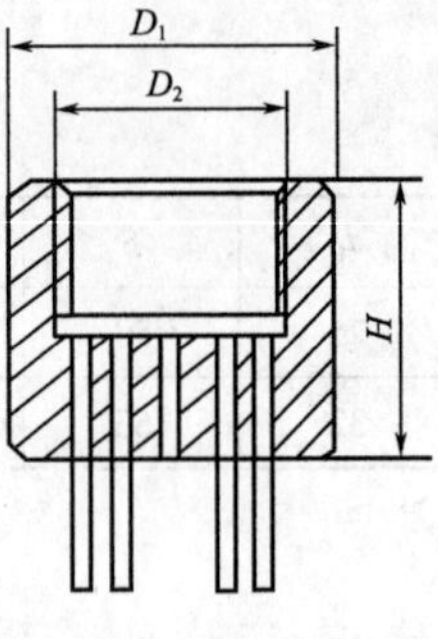

图3-9　DM5C型产品构造

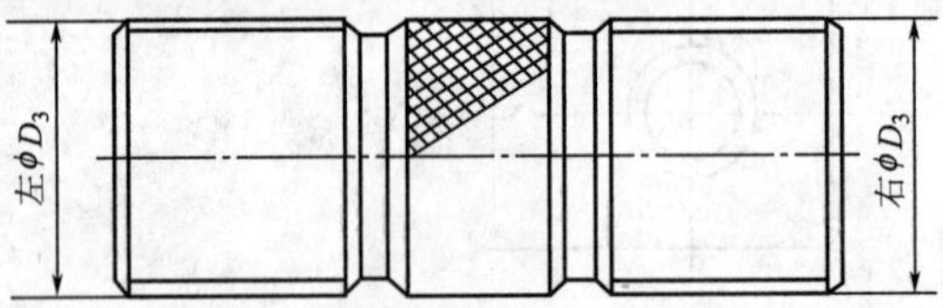

图3-10　DM5K产品构造

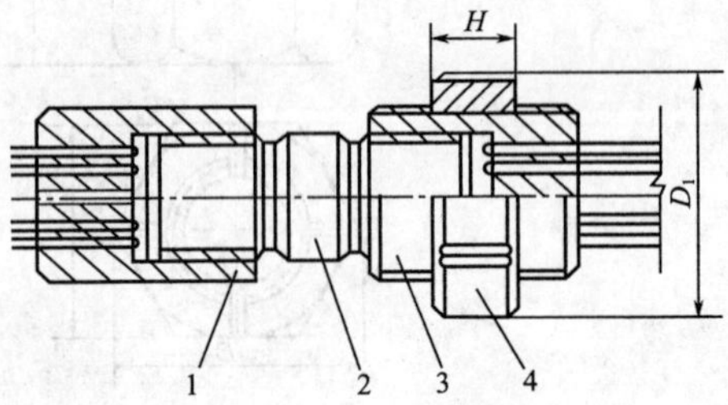

图3-11　连接器结构

1-DMC型；2-DMK型；3-锚环；4-螺母

3. 张拉千斤顶

DM型锚具配套千斤顶为YC系列穿心式千斤顶。穿心杆一端配备有能与锚环内螺纹连接的工具杆与锚环相连，另一端穿过千斤顶用螺母锚于千斤顶后部，YC系列千斤顶见第四章第二节液压千斤顶。

4. 预应力的施加方法

DM型预应力张拉锚固体系通常用于直线预应力筋，近年来也有在曲线预应力筋上应用的实例，并且在技术上有了新的突破。

(1)预留孔道

DM 型预应力张拉锚固体系可以一端固定，一端张拉，也可以两端张拉。钢丝束的预留孔道直径一般应比预应力钢丝束外径大 4 ~ 8mm。

在张拉端，预留孔道还必须扩孔，扩孔直径一般应比锚环的外径大 4 ~ 8mm。扩孔长度主要考虑张拉伸长值以及穿束后另一端镦头所需的工作长度（300 ~ 400mm），一般可取 500mm；但当钢束长度大于 30m 时，应根据需要适当加长。

当采用两端张拉时，除一端需扩孔长 500mm 处，另一端也必须扩孔，但仅考虑张拉伸长值影响，约取 100 ~ 200mm 长就可以了。

扩大孔务必与中间孔同心并与端部预埋钢板垂直，相邻孔道间考虑锚固后锚具至少应保持 5mm 宽的空隙。

(2)镦头与张拉

在钢束下料完成后，即可进行编束，将钢丝的一端穿过锚环后镦头，待钢丝束的另一端穿过孔道及另一端锚环或锚板后再镦头。钢丝镦头采用液压冷镦器，技术参数见第四章第四节镦头器。

钢丝束的张拉应严格注意对中，以免损坏锚环的外螺纹，锚固后钢丝束回缩值一般为 1mm。锚具安装及千斤顶安装示意见图 3-12。

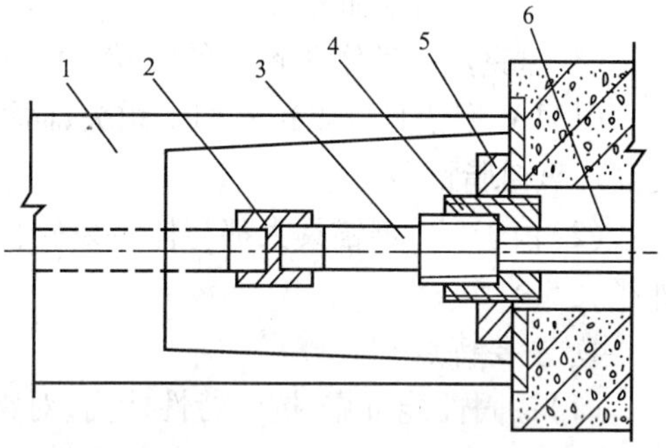

图 3-12　锚具与千斤顶安装示意图

1-千斤顶;2-工具锚;3-工具杆;4-锚环;5-螺母;6-钢丝束

5. 主要特点

(1)与夹片锚相比，虽人工费用高，但使用成本低。

(2)预应力钢丝束的回缩值较小，可用于短束锚固。

6. 注意事项

(1)为保证施工安全，锚环拉出孔道后应及时拧上螺母，在千斤顶回油锚固后，稍停再拆拉杆。

(2)若两端都用镦头锚，预应力钢丝的下料长度需精确计算，不可过长或过短。

二、LM 型预应力张拉锚固体系

LM 型钢丝冷铸镦头锚具主要用于锚固平行钢丝束，其工作原理与 DM 型锚具相似，不同的是固定端也用锚杯，并用锌合金或环氧树脂钢砂浇灌在两端锚杯的内腔内，形成冷铸镦头式锚具，因此，比 DM 型锚具更安全、更可靠，并具有良好的抗疲劳性能，通常用在斜拉桥斜拉索或其他桥的吊索等应力变化幅度较大的体外预应力束上。目前国内生产 LM 型钢丝冷铸镦头锚固体系的厂家也众多，也无法逐一介绍，在此仅对通用的部分加以介绍。

1. 锚具

LM 型锚具分张拉端和固定端两种，张拉端锚具有供张拉用的内螺纹。国内通常采用环氧树脂钢砂作冷铸剂。LM 型锚具的构造见图 3-13，锚具系列设计参数可参考生产厂家说明书。

2. 张拉千斤顶

LM 型钢丝冷铸镦头锚具可以与多种穿心千斤顶配套使用，如 YCD、YDC、YCW、YC、YCT 等。千斤顶技术参数见本书第四章第二节。

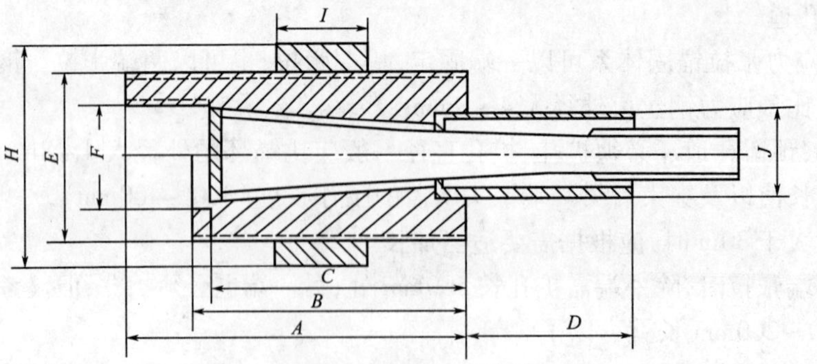

图 3-13 LM 型锚具构造

3. 预应力的施加方法

LM 型钢丝冷铸镦头锚具的张拉方法与 DM 型钢丝镦头锚具基本相同,不同之处是:

(1)LM 型锚具可以预先加工镦头,而不必等到穿过孔道后再加工,在完成镦头后,还必须浇灌环氧树脂钢砂。

(2)由于 LM 型锚具大都与体外束配合使用,两端进入锚箱的孔道内径一般都应比锚杯的外径大 5 ~ 15mm。

4. 主要特点

(1)锚固性能可靠,抗疲劳性能高,对钢丝容量调整幅度大,可以使用在比较重要的场合。

(2)拆装容易,便于反复张拉及更换。

(3)张拉吨位大,有较大的应用范围。

5. 注意事项

(1)由于环氧树脂在大气中的抗老化性能稍差,在制锚过程中,应特别注意环氧树脂的浇灌质量及配合比,以免影响锚具的使用寿命。

(2)锚杯上的外螺纹在运输、安装、张拉过程中容易损坏,应特别注意,以免影响使用。

(3)为保证施工安全,锚杯拉出孔道后应及时拧上螺母,在千斤顶回油锚固后,稍停再拆拉杆。

(4)预应力钢丝的下料长度需精确计算,不可过长或过短,否则,张拉完成后,因锚杯拉出孔道太长或太短,均无法有效锚固。

三、钢质锥形锚具

钢质锥形锚其是我国 20 世纪 60 年代、70 年代开发的一种主要的预应力锚固产品,目前仍有不少结构工程在使用,这种锚具的工作原理类似于 F 式锚具。

钢质锥形锚具最早仅用于锚固 12 ~ 24 丝 5mm 的高强钢丝,经过不断的改进,现在可以锚固 12 ~ 30 丝 5mm 的高强钢丝及 12 ~ 24 丝 7mm 的高强钢丝。由于生产工艺简单,国内几乎所有的锚具生产厂家都生产这种类型的锚具。

1. 锚具

这种锚具由锚环、锚基及锚垫板三部分组成。锚环及锚塞采用 45 号钢制造,锚垫板采用 A3 钢,但也有的生产厂家采用 20Cr 或其他强度更高的材料制造锚塞。

锚具的工作原理是通过张拉预应力钢丝,顶压锚塞,把钢丝楔紧在锚环与锚塞之间,借助摩阻力传递张拉力(见图 3-14),同时,利用钢丝的回缩力带动锚塞向锚环内滑进,使钢丝进 一步楔紧。

关于锚垫板的规格及尺寸，各厂家及规范均未给出具体数值，使用时，可根据《公路钢筋混凝土及预应力混凝土桥涵设计规范》(JTG D62—2004)(以下简称《公桥规》)中关于局部承压的要求设计计算。锚垫板可以单个独立工作，也可以多个连成整体共同工作。此外，每个锚垫板下均需设一个螺旋钢筋加强锚下混凝土，防止开裂，具体根据《公桥规》的有关规定设置。

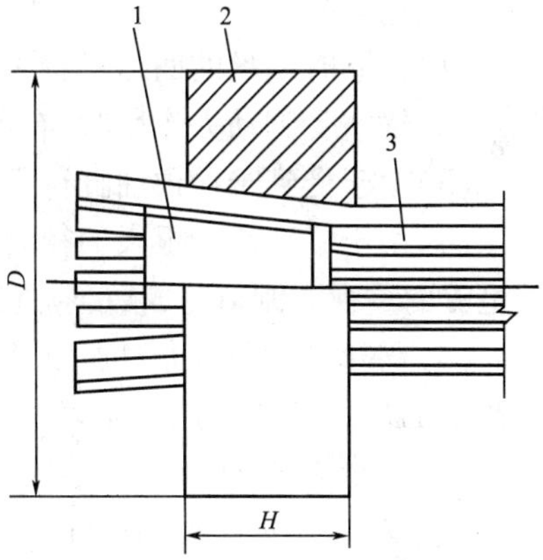

图 3-14 钢质锥形锚锚具构造
1-锚塞;2-锚环;3-钢丝

2. 张拉千斤顶

钢质锥形锚具的预应力张拉采用的千斤顶是一种双作用或三作用千斤顶，千斤顶与锚具安装示意图见图3-15，其主要技术参数见本书第四章第二节。

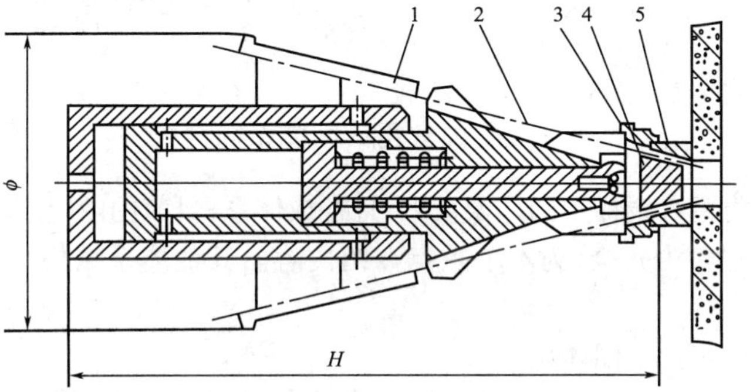

图 3-15 YZ 千斤顶安装示意图
1-楔块;2-钢丝;3-对中套;4-锚塞;5-锚环

3. 预应力的施加方法

钢质锥形锚具是一种后张预应力锚具，在结构物中必须预先留出孔道。过去常用的预留孔道方法是抽芯法，采用钢管或橡胶管成孔，其中又以橡胶管使用居多，因为它不但能用于直线管道，也能用于曲线管道，特别是高弹橡胶抽拔管的使用，使预应力管道成孔变得非常方便，但对于较长的曲线束及束距较小的地方，近年来也有采用预埋金属管成孔的。

预应力施加的主要步骤如下：

(1)按设计长度对钢丝下料，编制成束，并在两端编号，防止交错。然后采用机械或人工牵引法穿入预留孔道，对于较短的束可直接用人工穿入。

(2)把锚环套在钢束外边，再放入锚塞并打紧。

(3)安装对中套、千斤顶，用楔块将钢丝卡在千斤顶上的槽口内，摆正千斤顶并用锤敲紧楔块，即可开始预拉。

(4)预应力钢丝的张拉分为预拉及张拉两步。预拉的目的是为了调整钢丝的张紧度，使每根钢丝长度保持一致。预应力张拉的程序及要求详见《公桥规》及《公路桥涵施工技术规范》(JTJ 041—2000)的有关规定。

4. 主要特点

(1)锚具简单，使用成本低。

(2)锚环的直径较小，便于在构件上布置。

5. 注意事项

(1)锚固时钢丝的回缩量较大,因此应力损失也较大,束愈短影响愈大。

(2)锚塞受到动力作用时,有可能松动,使钢丝回缩,因此张拉完应及时灌浆。

(3)由于受到千斤顶油缸行程的限制,不能用于长束。

(4)由于锚环承受很大的径向张力(一般约等于张拉力的4倍),故对锚环的设计、制造应予足够的重视。制造完成后,应逐个进行探伤检验,无缺陷者方可使用。

(5)锚塞硬度不能低于所锚制丝的硬度,否则容易滑丝。锚塞硬度的一般要求:在顶锚后锚塞的齿纹能稍微压入钢丝表面,面获得可靠的锚固,因此,锚塞制作完成后,应按批抽取10%的试样,对每个试样实测3点硬度,该3点除应符合设计要求外,其硬度之差也不得大于3个单位。如试验有1个不合格,应加倍进行复试,如仍有1个不合格,则认为该批不合格。

第四节　预应力钢绞线张拉锚固体系

一、国内常用锚固体系简介

我国生产预应力钢绞线锚具的厂家众多,且各成体系,目前国内应用较为广泛的锚固体系是OVM体系,品种也较为齐全,为本节重点介绍内容。其他体系结构和操作方法大同小异,不作详细介绍。

1. XM型预应力张拉锚固体系

XM型预应力张拉锚固体系是一种以钢绞线及高强钢丝为预应力筋的后张体系,该体系是由中国建筑科学研究院结构所与河南省交通规划设计院、中原预应力工艺设备厂等单位合作研制的国产第一代楔片式锚具产品。

XM型锚固体系的锚具属于有顶压器顶压的锚固装置。该体系在中原预应力工艺设备厂生产已有多年历史,据称现在可锚固标准强度为1 860MPa级的ϕ15.2mm、ϕ15.7mm钢绞线和7ϕ5mm的高强钢丝束,其锚固回缩值最小可接近4mm。

2. HVM型预应力张拉锚固体系

HVM型预应力张拉锚固体系是由柳州海维姆建筑机械有限公司开发研制的一种后张体系。该型锚固体系具有良好的自锚性能,无需顶压器,适用于锚固2 000MPa及以下的预应力钢绞线。HVM于2003年与OVM合并,统称OVM。

3. OVM型预应力张拉锚固体系

OVM型预应力张拉锚固体系原是由柳州市建筑机械总厂、同济大学、东南大学、广东省公路工程处协同研制的一种后张体系。这种预应力体系是在广泛吸收用户意见,总结其他群锚锚具的生产、使用经验的基础上,综合其他锚具的优点,重新组合构造参数,通过多次优化设计和性能试验研制成功的。OVM型锚固体系具有良好的自锚性能,无需顶压器,适用于锚固国内外多种不同强度、不同规格的钢绞线或平行钢丝束。

OVM型体系于1990年9月通过省级科学技术成果鉴定,现由柳州市建筑机械总厂生产,该产品质量通过ISO 9001—1994质量保证体系及中国CQC和英国BSI的认证,经国内外权威检测机构的检验,主导产品技术性能指标符合中国GB标准、国际FIP标准、英国BS标准及日本JIS标准的要求。

4. VSL 型预应力张拉锚固体系

1997 年 VSL 国际有限公司与合肥四方交通机电有限责任公司在中国内地合资成立了"威胜利工程有限公司"。

VSL 后张体系比较完善,有多个系列和各种不同类型的锚具、连接器及配套的张拉设备,可以满足不同结构、不同场合的各种需要。

5. YM 型预应力张拉锚固体系

YM 型钢绞线预应力张拉锚固体系是原交通部"七五"、"八五"期间的重大科技项目——大吨位钢绞线成套张拉设备和大吨位锚具的研究成果,是由原交通部公路规划设计院和原交通部新津筑路机械厂负责,安徽省四方交通工程设备厂参加共同研制的。

该体系属于无顶压的锚固体系,现由交通运输部新津筑路机械厂与合肥四方交通工程设备厂生产。

6. XYM 型预应力张拉锚固体系

XYM 型预应力张拉锚固体系是由中原预应力工艺设备厂与原交通部公路规划设计院合作共同研制的一种钢绞线预应力体系。该体系结构形式介于 XM 型与 YM 型之间,兼有两者的特点。该体系于 1992 年在河南省开封市通过省级鉴定。

根据预应力筋形式的不同,可分为 XYM5、XYM7、XYM8 高强钢丝型和 XYM15、XYM13 钢绞线型。其性能指标和试验参数均达到《预应力筋用锚具、夹具和连接器》(GB/T 14370—2007)要求及满足国际预应力混凝土协会《关于后张预应力体系的验收建议》即 FIP(1991)标准要求。

7. B&S 型预应力张拉锚固体系

B&S 型预应力张拉锚固体系是北京市建筑工程研究院研制并开发的现代高效预应力体系,预应力筋采用钢绞线。该体系于 1992 年通过部级鉴定,符合国标《预应力筋用锚具、夹具和连接器》和国际预应力混凝土协会(FIP)《后张预应力体系的验收和应用建议》(1981 年)的要求。

该体系可锚固强度达 1 860MPa 级的钢绞线预应力筋,预应力的张拉锚固既可以采用自锚,也可以采用弹簧式或液压式顶压器顶压锚固。

8. TM 型预应力张拉锚固体系

TM 型预应力张拉锚固体系是由铁道部大桥局郑州预应力设备公司研制的一种后张法群锚体系。该体系从 1992 年 5 月开始研制,于 1994 年 1 月通过铁道部鉴定,鉴定认为该产品工艺先进,质量稳定,达到了设计要求的技术指标。

TM 型锚具适用于锚固标准强度为 1 570 ~ 1 860MPa 级的 $\phi15.0$mm ~ $\phi15.7$mm 的钢绞线。锚具可以自锚,也可以采用顶压器顶压锚固。

9. STM 型预应力张拉锚固体系

STM 型预应力张拉锚固体系是由上海铁道大学申铁预应力锚具厂研制的一种钢绞线群锚体系。STM 型锚具适用于锚固标准强度为 1 570 ~ 1 860MPa 级的 $\phi15.2$mm ~ $\phi15.7$mm 的高强度钢绞线及平行钢丝束。锚具可以自锚,也可以采用顶压器顶压锚固。

10. JM 型预应力张拉锚固体系

JM 型锚固体系采用的是一种传统式锚具,早期 JM 型锚具主要用于锚固粗钢筋和低强度的钢绞线。现在许多单位与工厂对这种锚具加以改进与完善,除仍可用于锚固粗钢筋之外,也可用于锚固高强度的钢绞线。交通部门对这类锚具使用较少,主要在建筑部门使用。

11. BUPC 无黏结预应力筋张拉锚固体系

BUPC 无黏结预应力体系是北京市建筑工程研究院的研究成果，该体系于 1981 年通过原建设部的技术鉴定，是原建设部 1991 年公布的首批科技成果推广项目之一。BUPC 建成了国内第一条自动化挤压成套无黏结预应力筋生产线，并形成了锚固产品加工体系，在国内首次进行了无黏结预应力长期耐久性的工程试验研究。

BUPC 的锚固体系是专为无黏结预应力筋配套而设计的，主要包括甲、乙两种类型。甲型锚固体系主要用于钢丝束；乙型锚固体系主要用于钢绞线。

二、国外预应力张拉锚固体系简介

1. 法国弗莱西奈体系（Freyssinet）

法国的弗莱西奈国际公司（Freyssinet International）是世界上最著名的预应力公司之一，在世界上首先使用高强度的钢筋给混凝土施加预应力，并将这一先进的技术应用于工业领域；该公司目前有多种系列产品，如锚固 12 根钢丝和 12 根钢绞线的锥形锚系列、锚固 12 根钢绞线的 V 系列、锚固多根钢绞线的群锚系列（K 系列）以及锚固单根钢绞线的单索锚系列。

2. 瑞士 VSL 体系

VSL 国际公司（VSL International）是一个预应力专业公司，该公司于 1956 年开始使用 VSL 后张系统（VSL post-tensioning systems），是世界上首先使用钢绞线群锚体系的公司，也是首先在受拉构件上应用钢绞线的制造商之一。1997 年 VSL 国际有限公司与合肥四方交通机电有限责任公司在中国内地合资成立了“威胜利工程有限公司”。

VSL 后张体系比较完善，有多个系列和各种不同类型的锚具、连接器及配套的张拉设备，可以满足不同结构、不同场合的各种需要。

3. 英国 CCL 体系

CCL 有限公司是世界上最大的预应力设备制造商之一，它大量生产和销售先张法及后张法用多种预应力设备与体系，广泛地应用于桥梁、建筑、贮槽等工程。

CCL 公司 1954 年首次使用单根钢绞线后张系列，称作 CCL multiforce system。其基本形式与 VSL 相似，它的锚杯为圆形平面，锚孔按同心圆排列并与锚杯的轴线平行。

4. 德国地伟达（DYWIDAG）体系

地伟达股份公司的英文全称为 Dyckerhoff and Widamnn Aktiengesellsckaft，简称 DYWIDAG，创立于 1865 年，是原德国最富经验和最大的建筑工程公司之一，该公司在国内有 44 家分公司，在世界上 33 个国家设有分公司施工处或代表处。

地伟达预应力混凝土施工法是地伟达公司开发的一种施工方法，该方法主要是采用高强粗钢筋作为预应力筋使用。这种预应力体系施工非常简便，可有效地对各种结构体系施加预应力，因此，自 1956 年以来，该方法已广泛用于世界各地的预应力施工。

地伟达体系的粗钢筋是一种热轧并有屈服点的合金钢，有光圆钢筋和精轧螺纹钢筋两种。光圆钢筋是采用机械在其两端冷轧出螺纹（其螺纹为非对称性螺纹，这一形状既可提高抗折强度，也可提高抗疲劳强度），再使用地伟达体系的锚具及连接器，就可以实现张拉锚固及钢筋的任意接长了。精轧螺纹钢筋是在钢筋的全长表面轧制出连续不断的螺纹形，这比机械加工的螺纹更耐久，可以容许在钢筋的任何一点进行锚固和螺纹连接，而且与混凝土之间有较好的握裹力。因此，精轧螺纹钢筋除了作为预应力筋使用外，还广泛应用于地锚、临时性结构，并可作为吊杆使用。

地伟达公司除著名的精轧螺纹钢筋预应力体系之外，近年来也推出了钢绞线预应力体系。

地伟达预应力体系的产品以精制、完美而著称。其辅具与众不同，具有自己的特色，从粗钢筋的张拉端预留穴到钢绞线锚的压浆管、压浆帽等细微之处都有定型设计。该公司为了保护自己的技术信誉，采用独家经营，尽量不单独出售锚具及张拉设备。

5. 瑞士 BBRV 体系

BBRV 公司是瑞士的一家预应力公司，该公司的钢丝束镦头锚具是 1945 年在瑞士开发研制出来的，后经发明人的不断改进，形成一个完整的系列。取锚具的发明者 M. Bikenmaier、A. Brandestini、M. R. Ros 及施工方法的发明者 K. Vogt 四人名字的开头字母，命名为 BBRV 体系，现在世界上 40 多个国家使用。

三、OVM 型预应力张拉锚固体系

OVM 型锚固体系分为圆锚（OVM）、扁锚（BM）、环锚（HM）、拉索群锚、吊杆锚、系杆锚及锚锭锚固系统等系列，品种齐全，可以满足各种不同预应力混凝土结构的需要。

（一）OVM 型锚固体系

1. 圆锚锚具

OVM 圆锚锚具除可锚固标准强度为 1 860 ~ 2 000MPa 及以下级别的 ϕ12.7mm、ϕ12.9mm、ϕ15.24mm、ϕ15.7mm 钢绞线外，还开发了锚固 ϕ17.78mm 钢绞线及 ϕ21.8mm、ϕ28.6mm 由 19 根钢丝组成的高强钢绞线的单孔锚。

（1）张拉端锚具

OVM 多根钢绞线张拉端锚固体系是 OVM 型预应力体系的主要元件，其组成和工作原理与其他夹片式张拉锚具基本相同，也可作为固定端锚具使用，夹片为两片四开式的；锚具的结构见图 3-16。

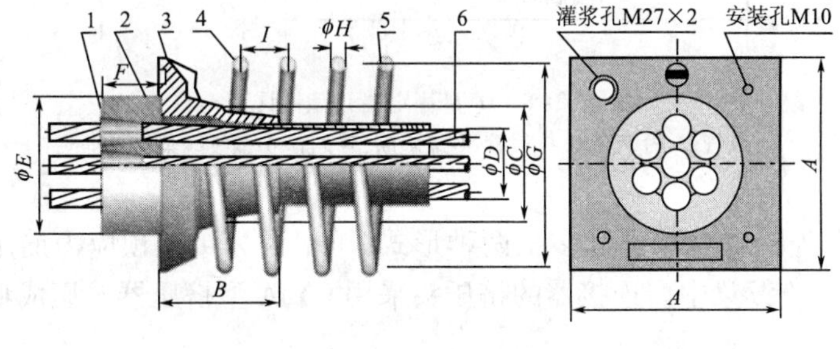

图 3-16 OVM 张拉端体系构造图

1-夹片；2-锚板；3-锚垫板；4-螺旋筋；5-波纹管；6-预应力筋

（2）固定端锚具

有扁 P 型锚具、圆 P 型锚具、H 型锚具三种。

①OVM 固定端扁 P 型锚具

适用于需要把后张力直接传至梁端时的情况。它包括挤压套（含三角形钢丝挤压簧）、螺旋筋、锚板、约束圈等。挤压套、挤压簧与钢绞线采用专业的 GYJA 型挤压器挤压锚固，也可采用 P 锚与 OVM 圆锚组合成固定端锚具。

②OVM 固定端圆 P 型锚具

采用 P 锚与 OVM 圆锚组合成固定端锚具，结构紧凑，适用于有空间要求的固定端，可有效增加预应力施加长度，避免在固定端预应力钢绞线与混凝土直接黏结，减少钢绞线腐蚀。圆P型锚具布置与普通圆锚相同。结构见图3-17。

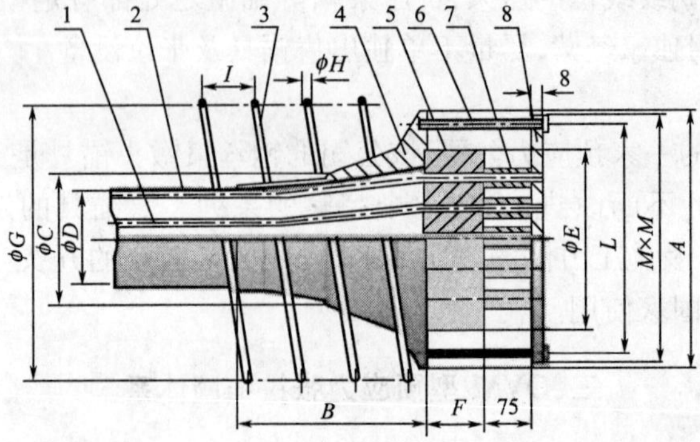

图3-17　圆P型锚具(尺寸单位:mm)

1-预应力筋;2-波纹管;3-螺旋筋;4-锚垫板;5-锚板;6-螺钉;7-挤压套;8-压板

③OVM固定端H型锚具

适用于需要把后张力传至混凝土时的情况。它包括带梨形自锚头的一段钢绞线、支托梨形自锚头用的钢筋支架、螺旋筋、约束圈、金属波纹管等。钢绞线梨形自锚头采用专用YH3型压花机挤压成形。锚具的结构见图3-18。

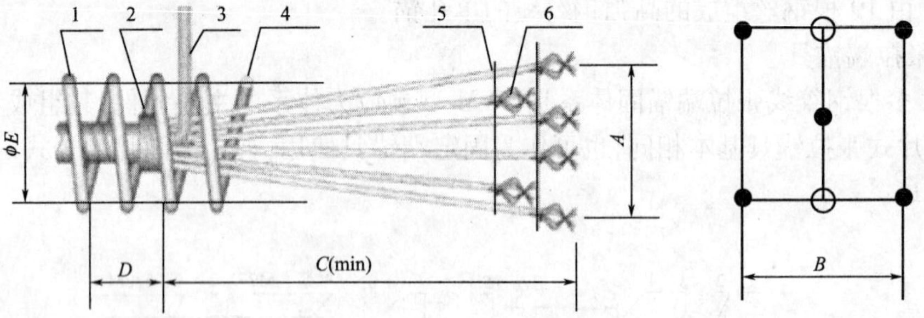

图3-18　OVM固定端H型锚具

1-波纹管;2-约束圈;3-排气管;4-螺旋筋;5-支架;6-钢绞线梨形自锚头

(3)连接器

OVM15(13)L连接器有单根和多根两种形式，单根作为接长预应力筋用，多根作为接长预应力束，通常用于连续梁中。连接器的挤压头采用GYJA型挤压器挤压成型，连接器的结构见图3-19。

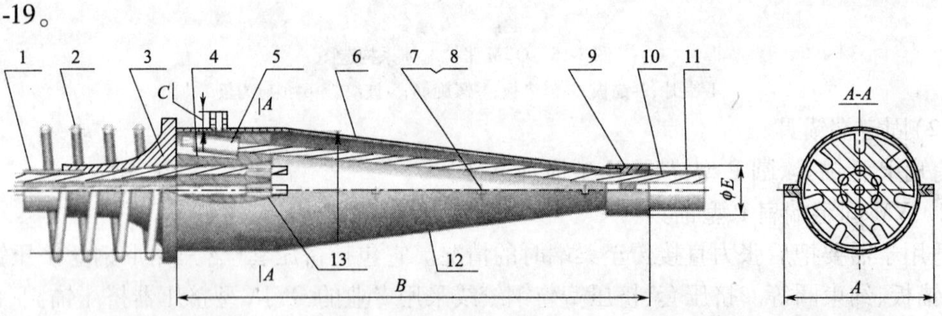

图3-19　连接器结构图

1-波纹管;2-螺旋筋;3-锚垫板;4-连接体;5-挤压头;6-保护罩I;7-六角螺栓;8-六角螺母;9-约束圈;10-钢绞线;11-波纹管;12-保护罩II;13-夹片

OVM18(张拉端锚具、固定端 P 型锚具)、OVM22、OVM28 型锚具:主要用于锚固 ϕ17.78mm 钢绞线与由 19 根钢丝组成的 ϕ21.8mm、ϕ28.6mm 高强钢绞线。

2. 扁锚

OVM15BM 扁锚主要使用于后张构件厚度较薄的部位,适用于 ϕ15.24mm、ϕ15.7mm、ϕ12.7mm、ϕ12.9mm 钢绞线。张拉端锚具、固定锚具、连接器的结构分别见图 3-20 ~ 图 3-22。

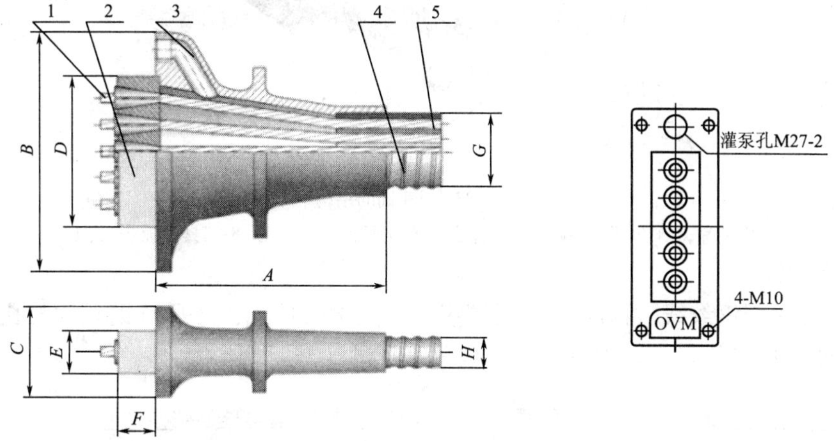

图 3-20 五孔 BM 张拉端锚具结构

1-夹片;2-锚板;3-锚垫板;4-波纹管;5-钢绞线

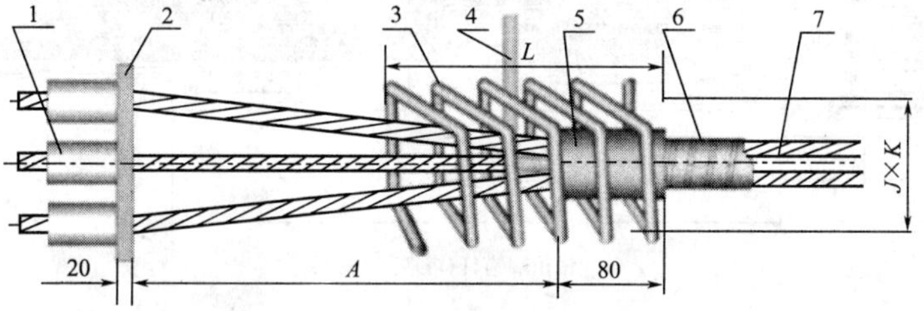

图 3-21 BM 固定端锚具结构图

1-挤压头;2-固定端锚板;3-螺旋筋;4-出浆管;5-约束圈;6-扁波纹管;7-钢绞线

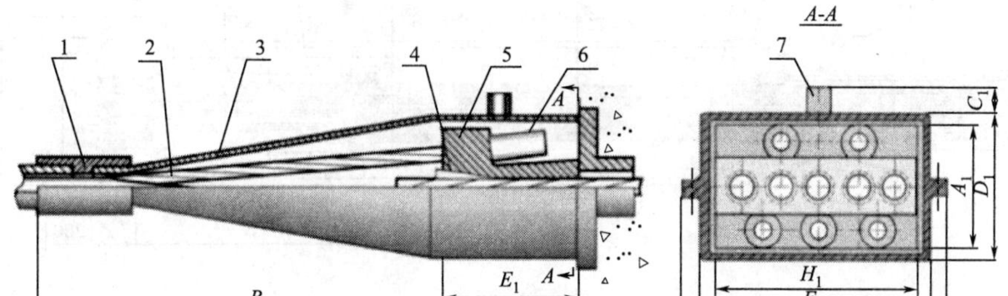

图 3-22 BM 连接器结构

1-约束圈;2-钢绞线;3-保护罩;4-工作夹片;5-连接体;6-挤压套(挤压簧);7-排气管

3. 环锚

OVM15HM 环锚锚具主要用于水电站压力水隧洞、排砂洞的预力混凝土衬砌结构和大型污水池等环形预应力结构,也可用做预应力筋连接器。环锚的结构见图 3-23。

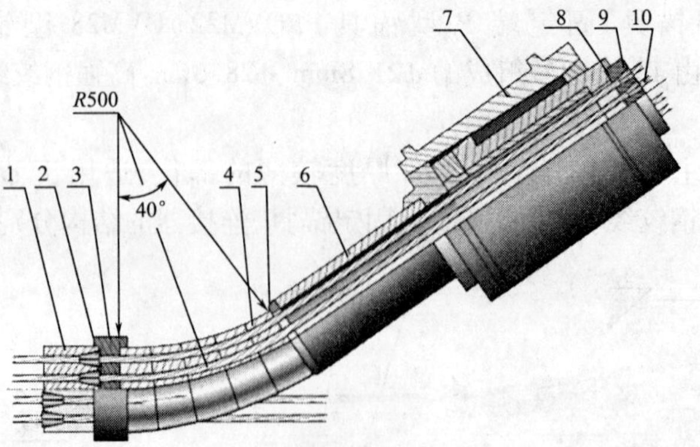

图 3-23 HM 锚的结构

1-HM 锚板;2-工作夹片;3-限位板;4-偏转器;5-过渡块;6-延长筒;7-千斤顶;8-工具锚板;9-工具夹片;10-钢绞线

4. 拉索群锚

拉索群锚采用钢绞线做预应力筋,主要用于斜拉桥的拉索,与平行钢丝索相比,具有施工重量轻,操作方便等优点。拉索群锚的结构分别见图 3-24 ~ 图 3-25。

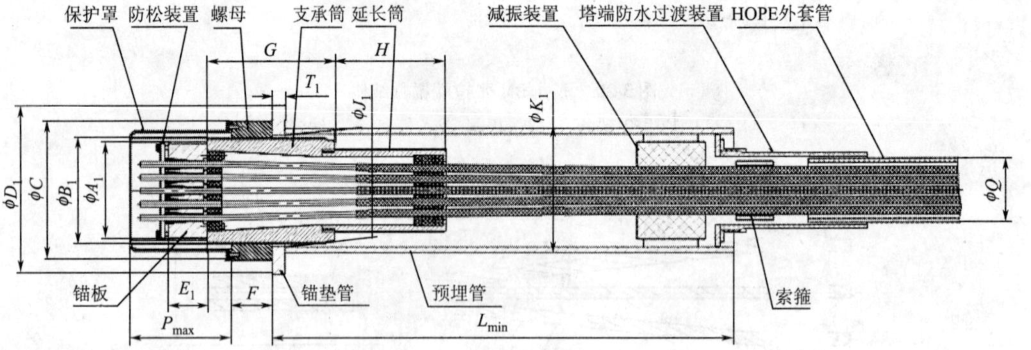

张拉端锚具(塔端)

图 3-24 张拉端锚具

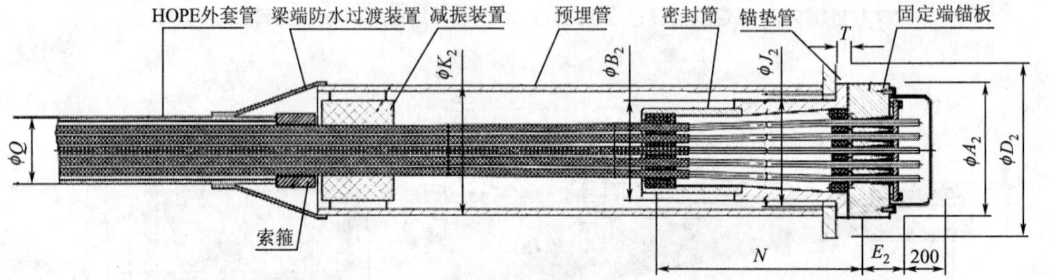

固定端锚具(梁端)

图 3-25 固定端锚具(尺寸单位:mm)

5. 吊杆锚

OVMDS(K)吊杆锚分为冷铸式及墩头式两种,镦头式吊杆锚的结构及成套设计参数见图 3-26。

6. 系杆锚

钢绞线系杆拉索是由钢绞线成品索或多根无黏结筋与 OVMXG 系杆锚具组成的受拉杆

件，应用于混凝土或钢结构中，如钢管拱结构中。系杆拉索中锚具的主要特性是：在低应力状态下具有可靠锚固性能和整体结构具有可靠防腐措施。锚固的结构形式分为永久式锚固结构和可换索式锚固结构两种。系杆锚的结构见图 3-27。

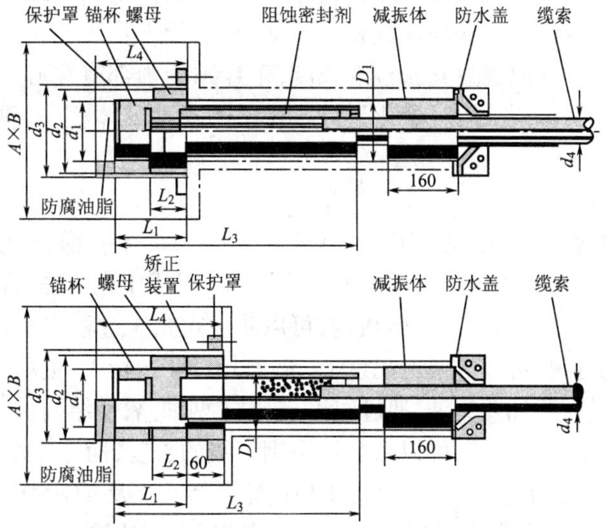

图 3-26　镦头式吊杆锚的结构

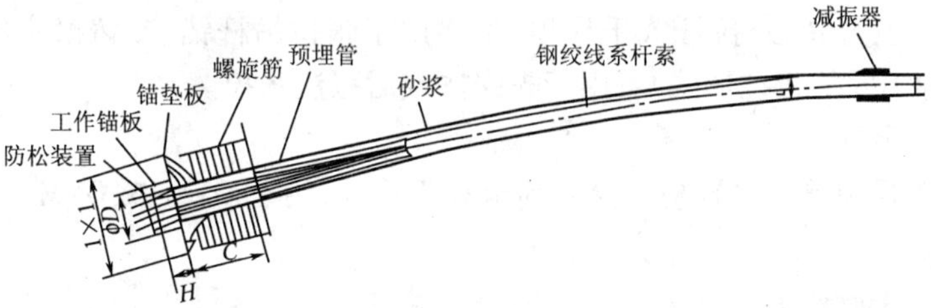

图 3-27　永久式系杆锚结构图

（二）张拉千斤顶

OVM 型预应力体系配有多个系列千斤顶，可以满足各种不同的需要。

1．YCWA 系列千斤顶

YCWA 通用型预应力穿心式千斤顶是一种通用性较强的张拉机具，以主机为主，当配用不同的附件时，可适用于张拉 OVM 夹片群锚、DM 型镦头锚和 LZM 型冷铸锚，用于先张、后张法的预应力施工。

2．YCWB 系列千斤顶

YCWB 系列轻量化千斤顶是在原 YCWA 系列千斤顶的基础上，为了更好地满足用户及工程的需要，保持与发展该机型技术先进，质量上乘的优势，采用计算机分析与优化设计相结合，特别是千斤顶油缸采用预应力处理的先进工艺，通过反复试验，多处试用和专家评审，于 1998 年开发成功的新型轻量化千斤顶。它不仅体积小、重量轻，而且强度高、密封性能好、可靠性高。它是原 YCWA 系列千斤顶的换代产品。该产品获得国家发明专利及实用新型专利各一项。YCWB 系列轻型千斤顶和原 YCWA 系列千斤顶一样可广泛应用于先张法及后张法的预应力施工。它是一种通用性较强的张拉机具设备，配用不同的附件，分别张拉 OVM 夹片群锚、DM 镦头锚和 LZM 冷铸锚。

3. YCW 变形系列千斤顶

YCW400-250DY 和 YCW550-250DY 型千斤顶是专门张拉 19 孔和 27 孔特殊锚具的 ϕ15.2mm喷涂 PC 钢绞线的专用千斤顶。YCW400-250T 型千斤顶是专门张拉 ϕ15.2mm 喷涂 PC 钢绞线的专用千斤顶,该产品已获得国家实用新型专利。其具有如下特点:千斤顶带有止转机构,防止其在张拉过程中活塞与油缸相对转动,有利于千斤顶与工作锚板的对位;千斤顶的导向块上带有标尺,可方便观察其张拉的长度;千斤顶的内部有穿心导向管,钢绞线可一次顺利地穿入工具锚板;千斤顶采用轻量化设计。这些千斤顶的体积小,重量轻,预应力张拉便利快捷。

4. YCQ 型千斤顶

YC50Q 和 YC75Q 型千斤顶是专门用于 OVM22 及 OVM28 单孔锚及对应的 ϕ22 和 ϕ28 钢绞线的单根张拉千斤顶,是一种带顶压器的前卡式千斤顶。可用于先张法、后张法的预应力混凝土结构、桥梁等的施工中。它们均带有止转机构,可以防止在张拉过程中活塞、油缸及穿心套之间产生相对转动;自带的标尺,可以方便地观察张拉过程中的张拉行程,更利于安全施工;千斤顶前部的顶压器通过主顶的回程油路进油,通过回程,减少了两油路,使结构得到极大简化,便于施工现场及设备的维护;前卡式的设计,可以减少预留钢绞线的长度,而穿心套中包含锚杯的一体式设计,极大地方便了夹片的更换及维护,可用于替代原 YC50DY 及 YC75DY 千斤顶,使用更安全、更方便,结构更简明。YC50Q 和 YC75Q 型千斤顶已获得国家实用新型专利。

5. YC(L)系列千斤顶

YC(L)型千斤顶为穿心、拉杆式千斤顶,主要用于张拉吊杆锚、冷铸镦头等,配置不同的附件还可组成几种不同的张拉形式,可用于先张法或后张法张拉。

6. YDCQ 型千斤顶

YDC240Q 型千斤顶是一种预应力穿心前卡式千斤顶,用于 OVM15、OVM13 有黏结筋和无黏结筋的单根张拉。

(三)预应力的施加方法

OVM 型体系预应力的施加采用自锚式千斤顶,千斤顶的后部采用自动工具锚,前部采用限位板,见图 3-28。

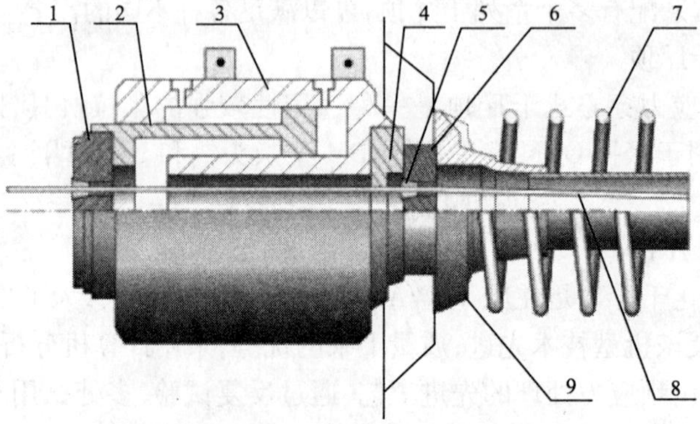

图 3-28 张拉端锚具与千斤顶安装示意图

1-工具锚;2-活塞;3-油缸;4-限位板;5-工作夹片;6-工作锚板;7-螺旋筋;8-钢绞线;9-锚垫板

1. 主要特点

OVM 型体系的基本特点是:

(1)OVM 型锚具的夹片为两片四开式。

(2)OVM 型体系的产品种类较多,可以满足不同的结构需要。

(3)夹片采用锯齿形螺纹,对钢绞线损伤小,自锚能力强。

2. 注意事项

(1)工具夹片为三片式,工作夹片为两片式,二者不能混用。工作锚具也不能多次重复使用。

(2)锚具要妥善保管,使用时不应有锈、水及其他污物。安装锚具时,去掉夹片包装纸(不放有退锚灵)即可安装,注意保持夹片表面、锚板锥孔面干净,但当预应力束较长,需反复张拉锚固时,建议在锚板锥孔内涂少量润滑剂(如退锚灵),这样既有利于工作夹片的跟进和退锚,又有利于锚具的多次锚固;工具夹片外表面和工具锚板锥孔内表面使用前亦涂上润滑剂,并经常清除夹片表面杂物,可使退锚灵活。当夹片开裂或牙面破坏时一定要更换,不得再使用。

(3)张拉时应有安全措施,张拉千斤顶后面不能站人。

(4)钢束在锚固时的回缩值,在设计时推荐按 6mm 计算。

(5)在预应力张拉时,锚具部分的摩阻损失推荐按 2.5% 考虑。

(6)构件端部锚座的布置见图 3-29 所示;锚具如需布置在槽口锚穴内,见图 3-30 所示。

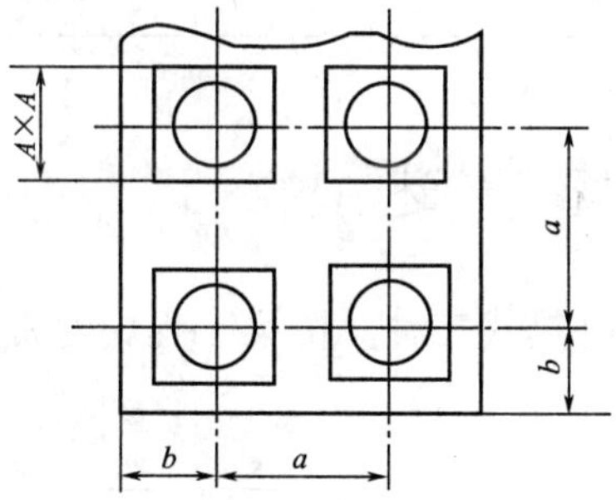

图 3-29　锚垫板布置最小间距

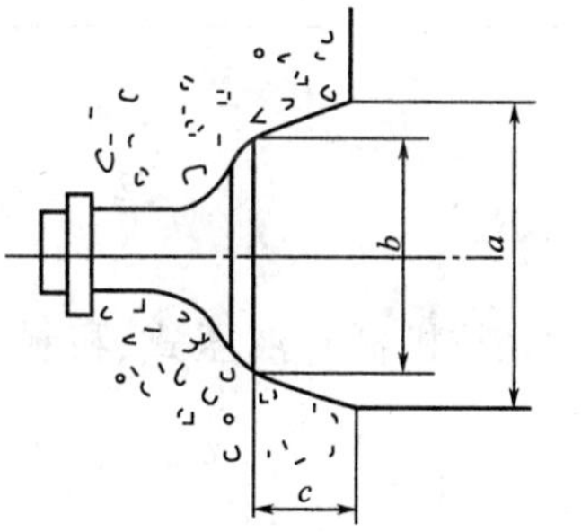

图 3-30　锚束的槽口尺寸

思考题

1. 后张锚固体系由哪几部分组成?
2. 根据锚固原理,锚具分为哪几类?
3. 预应力粗钢筋锚固体系有哪些? 常用的是哪种? 与何种千斤顶配套使用?
4. 预应力钢丝锚固体系有哪些?
5. 国内预应力钢绞线锚固体系有哪些?
6. 国外著名的锚固体系有哪些?
7. 简述 OVM 圆锚和扁锚的张拉端、固定端、连接器的构成。

第四章　预应力设备

学习目标

1. 了解预应力张拉设备的种类，熟悉YCW型千斤顶构造，掌握YCW型千斤顶操作程序；熟悉液压千斤顶常见故障和排除方法，掌握液压式张拉机的使用注意事项；
2. 熟悉ZB4—500型电动油泵构造，掌握操作程序和注意事项；
3. 熟悉镦头器、压花机操作方法，掌握挤压锚的制作方法；
4. 熟悉压浆设备，掌握操作方法及注意事项；
5. 熟悉预应力筋切断设备，了解制管设备、穿索机。

第一节　概　述

预应力筋的张拉机械有液压式、机械式和电热式三种。桥梁工程中通常采用液压式张拉机。

1. 液压式张拉机

先张法张拉预应力粗钢筋和后张法张拉预应力筋时，用液压式张拉机张拉。液压式张拉机由千斤顶、高压油泵、油压表、油管和各种附件组成，工作原理如图4-1所示。

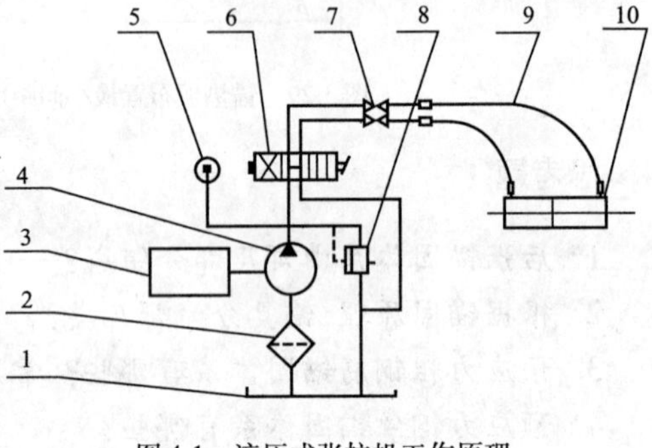

图4-1　液压式张拉机工作原理

1-油箱；2-滤油器；3-电动机或内燃机；4-油泵；5-油压表；6-换向阀；7-截止阀；8-溢流阀；9-高压软管；10-千斤顶

2. 机械式张拉机

机械式张拉机是采用机械传动的方法张拉预应力筋，主要用于小吨位、长行程的直线、折线和环向预应力工艺中。用于直线配筋的机械式张拉机包括张拉、夹持和测力三部分。

机械式张拉机按张拉的预应力筋类型分为钢丝张拉机（图4-2）和钢筋张拉装置（图4-3）。

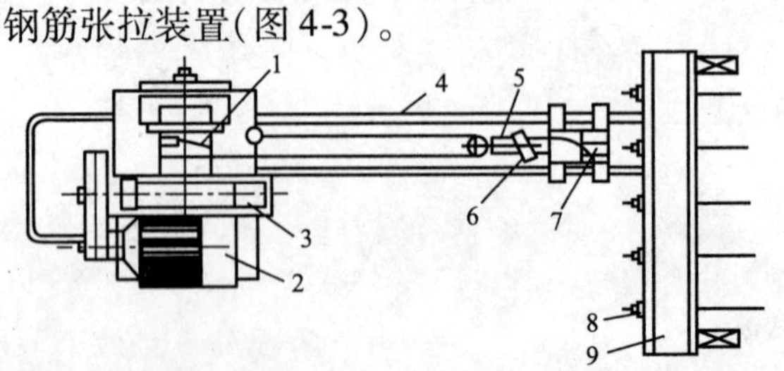

图4-2　千斤顶测力电动卷扬张拉机

1-卷筒；2-电动机；3-变速器；4-顶杆；5-千斤顶；6-压力表；7-表具；8-锚具；9-台座

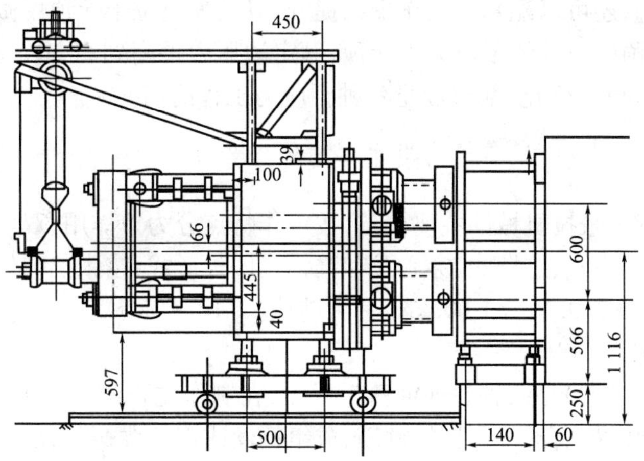

图 4-3　先张法整体张拉装置(尺寸单位:mm)

3. 变压器电热张拉装置

电热张拉可用于后张法,也可用于先张法。但是对于长线台座上的预应力钢筋,因长度较大、散热快、耗电量大,而不宜采用。

(1)采用三相电热变压器张拉钢筋时,其接线方法如图 4-4 所示

电热张拉要求在安全低压(不超过 65V)下通过强大电流,在较短时间内完成,因此最好选用三相低压变压器,其容量应大于 75kVA,一次电压为 220V 或 380V,二次电压为 30 ~ 65V,二次额定电流为 120 ~ 400A_y(A_y 为电热钢筋截面面积,单位是 cm^2)。变压器应装有可变电阻,以便在张拉不同长度和不同直径的钢筋时,调节其电流,同时应带有冷却设备,以便持续使用。

(2)电弧焊机电热张拉装置

电热张拉也可利用电弧焊机,容量应在 75kVA 以上,如所需电流不能满足时,可将 2 ~ 3 台同规格、同型号的电弧焊机并联使用,一次可电热张拉数根串联钢筋,其接线方法如图 4-5 所示。

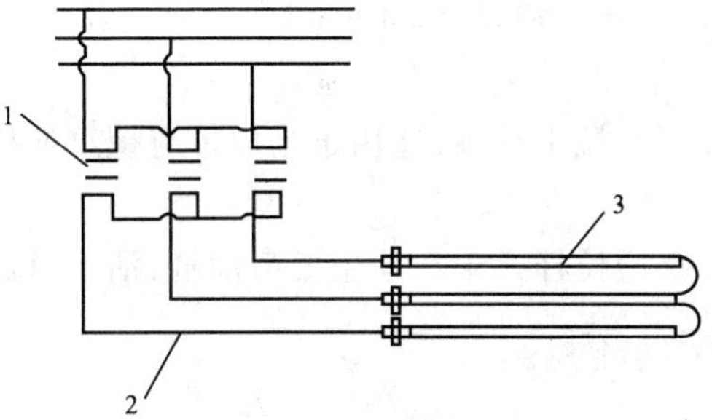

图 4-4　三相电热变压器接线方法

1-变压器;2-二次导线;3-预应力筋

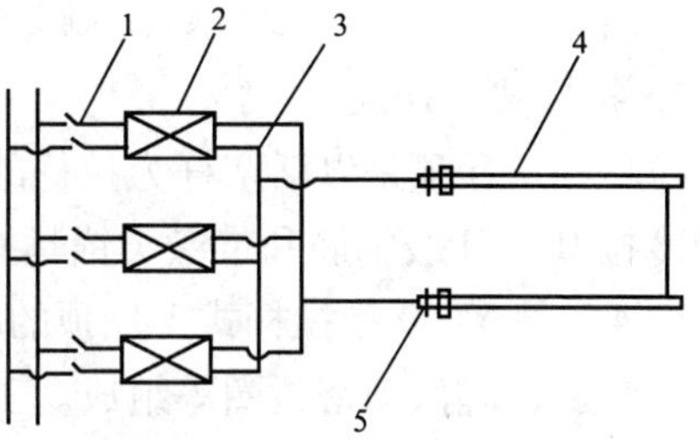

图 4-5　电弧焊机并联接线方法

1-一次导线;2-电弧焊机;3-二次导线;4-预应力筋;5-夹具

第二节　液压千斤顶

由电动高压油泵提供动力,推动千斤顶完成对预应力筋的张拉、锚固作业。此类千斤顶除

供预应力张拉使用外，还可以配套卡具作重物提升，以及大吨位千斤顶用做预应力混凝土桥梁顶推施工等。目前，国内设计的预应力千斤顶，额定油压力提高到50MPa及63MPa，张拉吨位在180～12 000kN，并已系列化，能够满足各种预应力工程的需要。

一、千斤顶的分类

液压千斤顶是液压张拉机械的主要设备，按工作特点分为单作用、双作用和三作用三种形式；按构造特点分为台座式、拉杆式、穿心式和锥锚式四种形式：按张拉吨位大小可分为小吨位（<250kN）、中吨位（>250kN、<1 000kN）和大吨位（>1 000 kN）。

1. 台座式千斤顶

台座式千斤顶（YT型）是一种普通油压千斤顶，在制作先张法预应力混凝土构件时，与台座、横梁或张拉架等装置配合，可张拉粗钢筋、成组钢丝或钢绞线；普通油压千斤顶与张拉架配合，可张拉预应力粗钢筋；其他还可用于桥梁的顶推、顶举和转体施工中。图4-6为YPD型千斤顶。

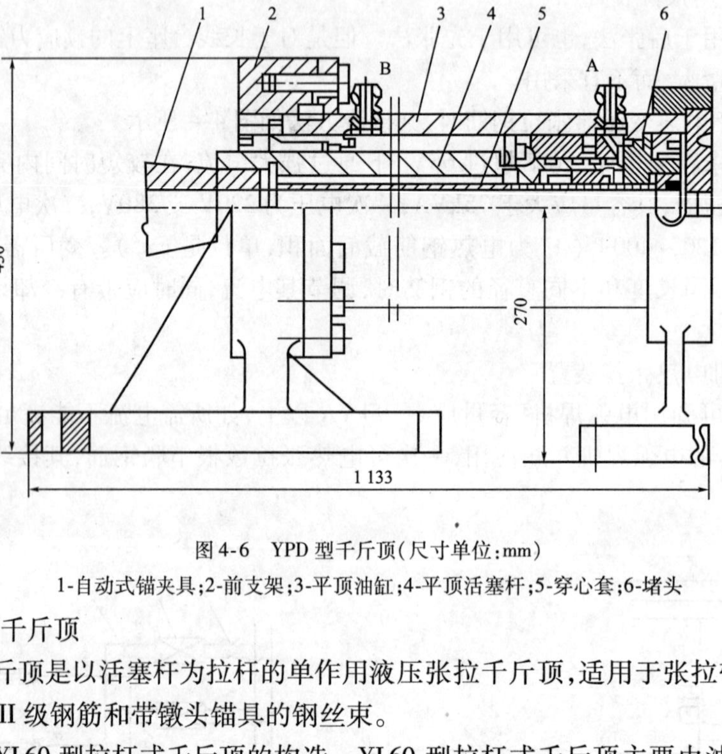

图4-6 YPD型千斤顶（尺寸单位：mm）

1-自动式锚夹具；2-前支架；3-平顶油缸；4-平顶活塞杆；5-穿心套；6-堵头

2. 拉杆式千斤顶

拉杆式千斤顶是以活塞杆为拉杆的单作用液压张拉千斤顶，适用于张拉带有螺纹端杆锚具的冷拉II～III级钢筋和带镦头锚具的钢丝束。

图4-7是YL60型拉杆式千斤顶的构造。YL60型拉杆式千斤顶主要由油缸，活塞，拉杆，撑脚，连接头和静、动密封圈等组成。工作原理是：

（1）张拉预应力筋

A油嘴进油，B油嘴回油，差动阀的小活塞杆弹簧回程，锥阀关闭，A、B油腔隔断活塞拉杆左移。

（2）回程复位

千斤顶回程有三种控制方法：

①单路进油时差动回程：A油嘴关闭、B油嘴进油，小活塞杆在差压作用下向右移动，接触并推开锥阀，A、B腔连通，在差压作用下活塞杆右移回程。

②双路进油时差动回程：A、B 油嘴同时进油，工作原理和单路进油时相同，但由于 A 路流量也进入 B 腔，故回程速度比单路进油时快一倍。

③负荷时差动回程：张拉锚固后，A 腔不卸荷，使 A、B 油嘴同时进油回程。使用中应注意，如回程开始出现预应力筋超张、锚固松动现象，应检查油腔是否混入空气、进油量是否足够或泄漏。

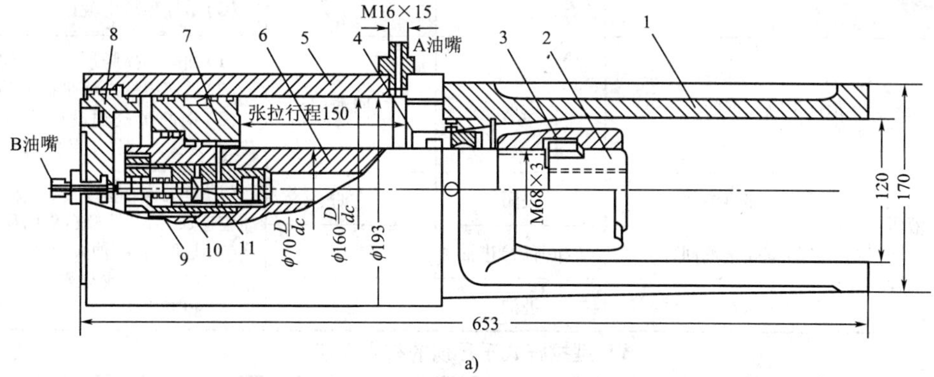

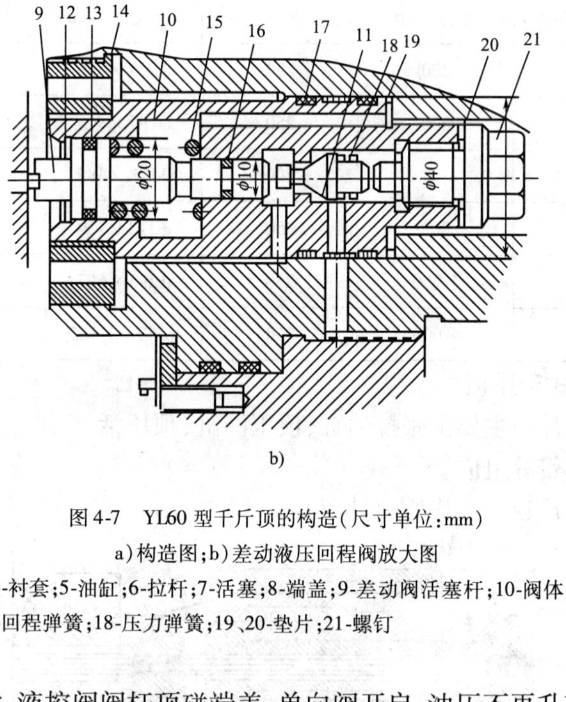

图 4-7　YL60 型千斤顶的构造(尺寸单位:mm)

a)构造图;b)差动液压回程阀放大图

1-撑脚;2-张拉头;3-连接头;4-衬套;5-油缸;6-拉杆;7-活塞;8-端盖;9-差动阀活塞杆;10-阀体;11-锥阀;12-弹簧挡圈;13、16、17-密封圈;14-圆螺母;15-回程弹簧;18-压力弹簧;19、20-垫片;21-螺钉

(3)张拉保护

当张拉至全行程时，液控阀阀杆顶碰端盖，单向阀开启，油压不再升高，但由于无回程保护装置，操作时应防止回程超压，或调整油泵上安全阀的控制压力。

YL60 型拉杆式千斤顶的操作程序见表 4-1。

YL 型拉杆式千斤顶的技术性能见表 4-2。

3. 穿心式千斤顶

穿心式千斤顶的构造特点是沿千斤顶轴线有一穿心孔道供穿入预应力筋用，是利用双液压缸张拉预应力筋和顶压锚具的双作用千斤顶。YC60 型穿心式千斤顶适用于张拉带 JM 型锚具的钢筋束或钢绞线束，配上撑脚与拉杆后，也可作为拉杆式穿心千斤顶；YG70 型适用于张拉预应力粗钢筋和精轧螺纹钢。穿心式千斤顶是一种通用性强，应用较广的张拉设备。

YL60 型拉杆式千斤顶的操作程序 表 4-1

顺序	工序名称		进、回油情况		动作情况
			A 油嘴	B 油嘴	
1	张拉前准备		回油	回油	(1)油泵停车或空载运转； (2)连接头拧入螺丝端杆； (3)千斤顶对中就位
2	张拉预应力钢筋		进油	回油	(1)油缸和撑脚顶住构件端面； (2)活塞拉杆左移张拉钢筋； (3)钢筋张拉到设计张拉力后持荷,拧紧螺丝端杆上的螺母
3	液压差动回程	(1)单路进油回程	关闭	进油	(1)差动阀活塞杆顶开锥阀,A、B油腔连通,活塞拉杆右移回程； (2)复位后,打油泵上的控制阀； (3)油泵停车或空载运转； (4)卸下连接头
		(2)双路进油回程	(卸荷后)进油	进油	
		(3)带压双路进油回程	进油	进油	

YL 型拉杆式千斤顶的技术性能 表 4-2

型号	额定油压(MPa)	张拉力(kN)	张拉行程(mm)	外形尺寸(mm)	质量(kg)	配套油泵型号
YL20A	25	200	150	φ155×635	78.7	ZB3—630
YL60	40	600	250	φ195×845	93	
YL60A	40	600	200	φ198×485	90	
YL80	40	800	250	φ218×930	174.6	
YL120	37.5	1 200	250	φ295×667	170	
YL400	40	4 000	250	φ510×1 165	1200	

(1)YC60 型穿心式千斤顶

YC60 型穿心式千斤顶主要由张拉油缸、顶压油缸、顶压活塞、穿心套、保护套、端盖堵头、连接套、撑套和回程弹簧等组成。

YC60 型穿心式千斤顶的工作原理见图 4-8。

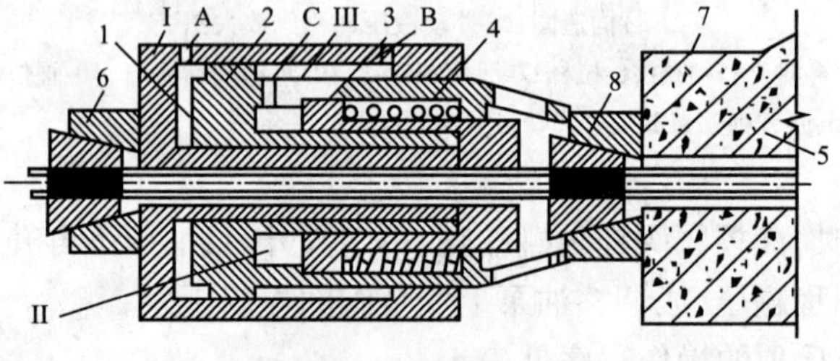

图 4-8 YC60 型千斤顶工作原理

1-张拉缸；2-顶压油缸；3-顶压活塞；4-回程弹簧；5-钢筋束或钢绞线束；6-工具锚；7-混凝土构件；8-工作锚

I-张拉工作油室；II-顶压工作油室；III-张拉回程油室；A-张拉缸油嘴；B-顶压缸油嘴；C-油孔

张拉预应力筋时,A 油嘴进油、B 油嘴回油,顶压油缸、连接套和撑套成一体右移顶住锚环；张拉油缸、端盖螺母及堵头和穿心套联成一体带动工具锚左移张拉预应力筋。

顶压锚固时,在保持张拉力稳定的条件下,B 油嘴进油,顶压活塞、保护套和顶压头联成一体右移将夹片强力顶入锚环内。

张拉缸采用液压回程，此时 A 油嘴回油、B 油嘴进油。

顶压活塞采用弹簧回程，此时 A、B 油嘴同时回油，顶压活塞在弹簧力作用下回程复位。

YC60 型穿心式千斤顶的操作程序见表 4-3；YC 系列穿心式千斤顶的技术性能见表 4-4。

YC60 型穿心式千斤顶的操作程序 表 4-3

顺序	工作名称	进、回油情况		动作情况
		A 油嘴	B 油嘴	
1	张拉前准备	回油	回油	(1)油泵停车或空载运行； (2)安装锚具、穿筋后安装工具锚； (3)千斤顶对中就位
2	张拉预应力筋	进油	回油	(1)顶压缸和撑套右移顶住锚环； (2)张拉缸左移张拉预应力筋
3	顶压锚固	关闭	进油	(1)张拉缸持荷，稳定在设计的张拉力； (2)顶压活塞右移，将夹片强力顶入锚环内； (3)顶压活塞回程弹簧压缩
4	张拉缸液压回程	回油	进油	张拉缸（或顶压缸）右移（或左移）复位，工具锚松脱
5	顶压活塞弹簧回程	回油	回油	(1)油泵停车或空载运行； (2)在弹簧力作用下，顶压活塞左移复位； (3)卸下工具锚和千斤顶

YC 型穿心式千斤顶的技术性能 表 4-4

型号	额定油压(MPa)	张拉力(kN)	工作行程(mm)	质量(kg)	外形尺寸(mm)	配套油泵型号
YC18	50	180	250	17	$\phi 110 \times 425$	ZB3—630
YC60	40	600	150	70	$\phi 195 \times 760$	
YC100	52.4	1 000	100	74	$\phi 220 \times 380$	
YC120	50	1 200	300	196	$\phi 250 \times 910$	ZB4—500
YC180	50.3	1 800	100	167	$\phi 305 \times 393$	ZB3—630
YC300	42.5	3 000	100	317	$\phi 400 \times 424$	
YC500	49.8	5 000	100	556	$\phi 508 \times 452$	
YC200D	50	255	200	19	$\phi 226 \times 387$	

YC 型拉杆式千斤顶配上撑脚和拉杆后，其型号为 YCL 型。图 4-9 是 YCL 型穿心拉杆式千斤顶的结构示意图。

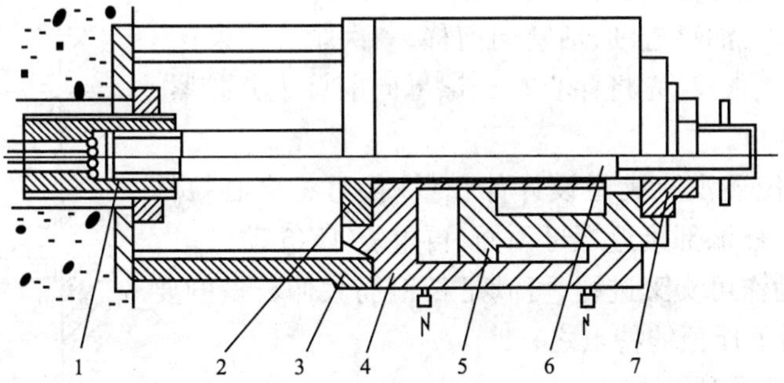

图 4-9 YCL 型穿心拉杆式千斤顶

1-锚具；2-支承环；3-撑脚；4-油缸；5-活塞；6-张拉杆；7-张拉杆螺母

(2)YG70 型穿心式单作用千斤顶

YG70 型穿心式单作用千斤顶是预应力粗钢筋和精轧螺纹钢的专用设备，其构造示意图见图 4-10，主要技术性能见表 4-5。

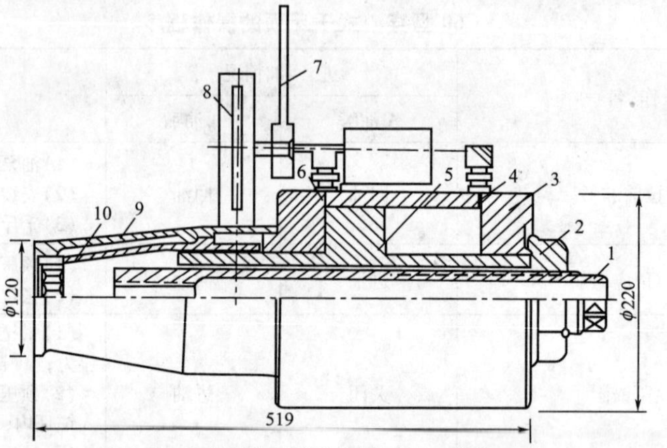

图 4-10　YG70 型千斤顶示意图(尺寸单位:mm)

1-穿心拉杆;2-穿心拉杆螺母;3-油缸;4-后油嘴;5-活塞;6-前油嘴;7-反正棘轮扳手;8-链轮;9-撑套;10-链轮套管

YG70 型穿心式单作用千斤顶技术性能　　表 4-5

额定油压(MPa)	40	外形尺寸(长×宽×高)(mm)		519×270×333
活塞面积(cm^2)	190.85	质量	拧紧装置(kg)	8.5
张拉力(t)	72.5		千斤顶(kg)	76.5
张拉行程(mm)	100		总质量(kg)	85.0
穿心拉杆直径(mm)	64	配套高压胶管		
用油品种	建议:夏季用 30 号机械油、冬季用 20 号机械油			

YG70 型穿心式单作用千斤顶操作步骤见图 4-11 所示。

施加预应力时采取边张拉、边拧紧锚具的方法：

①安装锚具——螺母及垫板，用扳手拧紧；

②将穿心拉杆旋戴在预应力高强精轧螺纹粗钢筋上至少 6 扣螺纹；

③千斤顶就位，套在穿心拉杆上，撑套脚抵压垫板，链轮套管套上螺母，带上并拧紧穿心拉杆螺母；

④前油嘴进油，后油嘴回油，活塞向后移动张拉预应力钢筋，并随张拉不断转动拧紧装置，直至设计要求；

⑤前油嘴回油，后油嘴进油，活塞向前移，一次张拉结束；

⑥若需进行二次张拉，先将穿心螺杆螺母向前旋进并拧紧，重复第④、⑤动作即可；

⑦经过二次张拉还没有满足设计伸长量时，可将穿心拉杆向前旋进，使穿心拉杆端部接近螺母顶面，再重复④、⑤动作；

⑧第⑥、⑦项动作可交叉进行，可满足长钢筋大伸长量的要求，这也是 YG70 型千斤顶的特点之一。

4. 群锚(QM)千斤顶

群锚(QM)千斤顶为具有一个大口径穿心孔，利用单液压缸张拉预应力筋的单作用千斤顶。这种千斤顶广泛用于张拉大吨

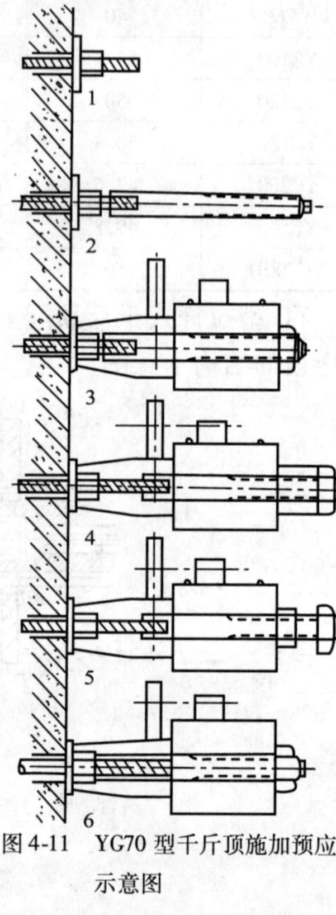

图 4-11　YG70 型千斤顶施加预应力示意图

位钢绞线束,配上撑脚与拉杆后也可作为拉杆式穿心千斤顶。根据千斤顶构造上的差异与生产厂不同,可分为三大系列产品,即 YCD 型、YCQ 型、YCW 型千斤顶,每一系列产品又有多种规格。

(1)YCD 型千斤顶

YCD 型千斤顶的构造见图 4-12。YCD 型千斤顶具有大口径穿心孔,其前端安装顶压器,后端安装工具锚。张拉时活塞带动工具锚与钢绞线向左移。锚固时,采用液压顶压器或弹性顶压器。

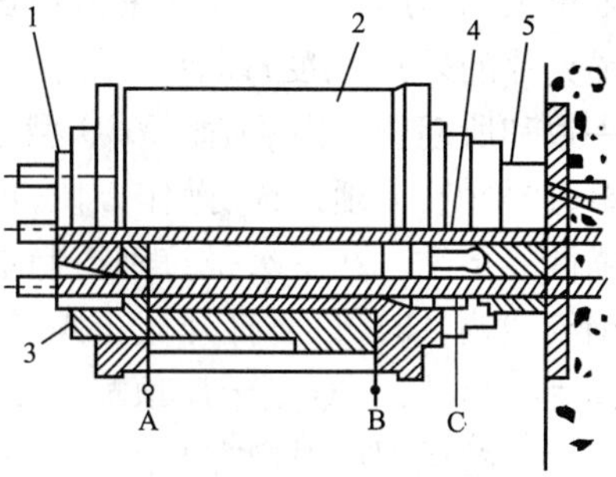

图 4-12　YCD 型千斤顶

1-工具锚;2-缸体;3-活塞;4-顶压器;5-工作锚

①液压顶压器

采用多孔式(其孔数与锚具孔数同)、多油缸并联。顶压器的每个穿心式顶压活塞对准锚具的一组夹片。钢绞线从活塞的穿心孔中穿过。锚固时,穿心活塞同时外伸,分别顶压锚具的每组夹片。每组顶压力为 25kN。这种顶压器的优点在于能够向外露长度不同的夹片分别进行等荷载的强力顶压锚固。这种做法,可降低锚具加工的尺寸精度,增加锚固的可靠性,减少夹片滑移回缩损失。

顶压器的构造见图 4-13 所示,主要由缸体、活塞、密封件、端盖、螺钉等组成,预应力筋张拉力达到要求后,使其持荷,再向顶压油缸供压力油,使顶压活塞伸出将锚具夹片顶入锚孔,夹紧预应力筋,然后使千斤顶卸荷并回程,完成一个张拉作业循环。

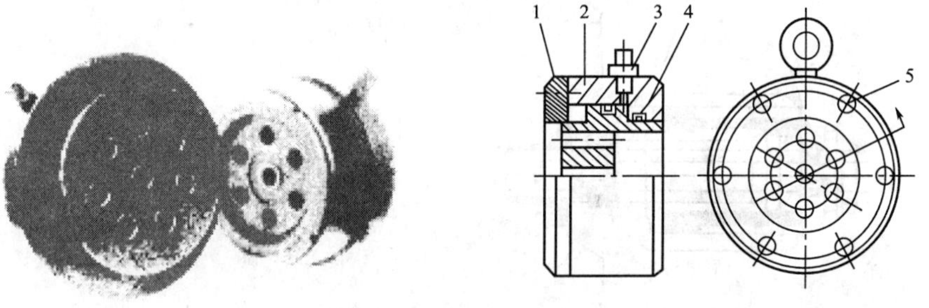

图 4-13　顶压器构造

1-端盖;2-缸体;3-螺母;4-密封件;5-螺钉

②弹性顶压器

采用橡胶制筒形弹性元件,每一弹性元件对准一组夹片,钢绞线从弹性元件的孔中穿过。张拉时,弹性顶压器的壳体把弹性元件压紧在夹片上。由于弹性元件与夹片之间有弹性,钢绞线能正常地拉出来。张拉后无顶锚工序,利用钢绞线内缩将夹片带进锚固。这种做法,可使千斤顶的构造简化、操作方便,但夹片滑移回缩损失较大。

YCD 型千斤顶的技术性能见表 4-6。

YCD 型千斤顶的技术性能　　表 4-6

型号	额定油压(MPa)	张拉力(kN)	工作行程(mm)	质量(kg)	外形尺寸(mm)	配用千斤顶型号
YCD120	50	1 450	180	200	ϕ315×550	
YCD200	50	2 450	180	250	ϕ370×550	ZB4—500
YCD350	50	3 830	250	—	ϕ480×671	

(2) YCQ 型千斤顶

YCQ 型千斤顶的构造见图 4-14 所示。YCQ 型千斤顶的特点是不顶锚，用限位板代替顶压器。限位板的作用是在钢绞线束张拉过程中限制工作锚夹片的外伸长度，以保证在锚固时夹片有均匀一致和所期望的内缩值。YCQ 型千斤顶的构造简单、造价低，无须预锚、操作方便，但要求锚具的自锚性能可靠。在每次张拉到控制油压值或需要将钢绞线锚住时，只要打开截止阀，钢绞线即随之被锚固。另外，YCQ 型千斤顶配有专门的工具锚，以保证张拉锚固后退楔方便。

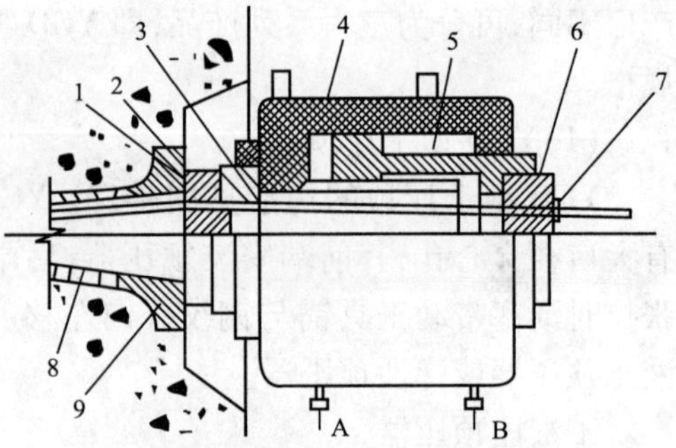

图 4-14　YCQ 型千斤顶

1-工作锚板；2-夹片；3-限位板；4-缸体；5-活塞；6-工具锚板；7-工具夹片；8-钢绞线；9-喇叭形铁垫板
A-张拉时进油嘴；B-回缩时进油嘴

YCQ 型千斤顶的操作程序见图 4-15 所示。

YCQ 型千斤顶的技术性能见表 4-7。

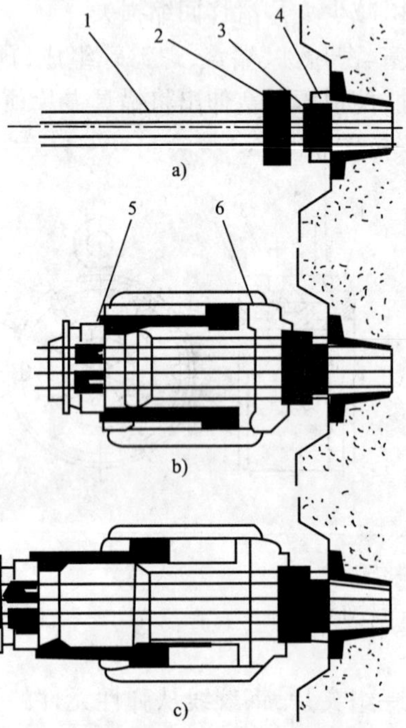

a) 张拉前的准备(一)
(1) 清理垫板及钢绞线表面的灰浆；
(2) 安装锚板

b) 张拉前的准备(二)
(1) 千斤顶就位；
(2) 工具锚夹片用挡板推紧

c) 张拉
(1) 向张拉缸供油，直至设计油压值；
(2) 测量伸长值

d) 锚固
(1) 打开截止阀将张拉缸油压降至零；
(2) 千斤顶活塞回程；
(3) 拆去工具锚与夹片

图 4-15　YCQ 型千斤顶的操作程序

1-钢绞线；2-限位板；3-夹片；4-锚板；5-工具锚；6-千斤顶

YCQ 型千斤顶的技术性能　　表 4-7

项　　目	单　　位	YCQ100	YCQ200	YCQ350	YCQ500
额定油压	N/mm^2	63	63	63	63
张拉缸活塞面积	cm^2	219	330	550	788
理论张拉力	kN	138	208	346	496
张拉行程	mm	150	150	150	200
回程缸活塞面积	cm^2	113	185	273	427
回程油压	N/mm^2	30	30	30	30
穿心孔直径	mm	90	130	140	185
外形尺寸	mm	258	340	420	510
质量	kg	110	190	320	580

(3) YCW 型千斤顶

YCW 型千斤顶是在 YCQ 型千斤顶的基础上发展起来的，其通用性强。YCW 型千斤顶的构造见图 4-16 所示。YCW 型千斤顶主要由三大部分组成：一是出油缸、穿心套、定位螺母、堵头、密封板、压紧环及其密封件组成的“不动体”，二是由活塞及其密封件组成的“运动体”，三是便于吊运的提手。

YCW 型千斤顶的操作程序如下。

张拉多孔夹片锚具：

①工作锚具、千斤顶、工具锚按图 4-17 所示安装即可开始张拉。

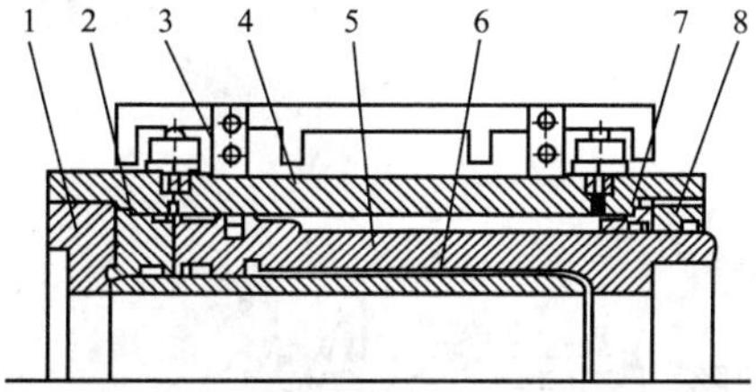

图 4-16　YCW 型千斤顶

1-定位螺母；2-堵头；3-提手；4-油缸；5-活塞；6-密封板；7-压紧环；8-穿心套

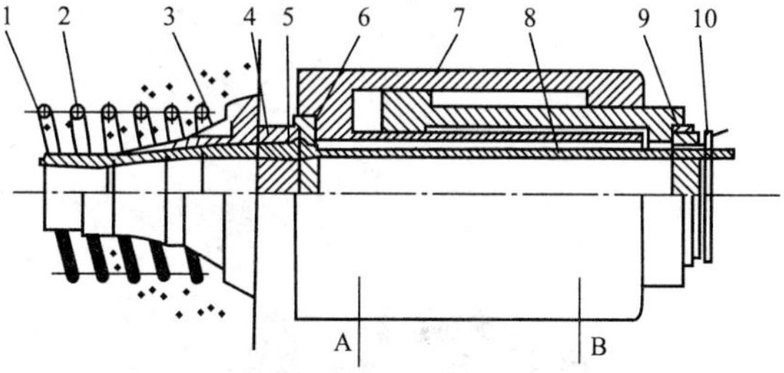

图 4-17　YCW 型千斤顶用于多孔夹片锚具的安装

1-波纹管；2-螺旋筋；3-锚垫板；4-工作锚板；5-工作夹片；6-限位板；7-千斤顶；8-钢绞线；9-垫环；10-自动工具锚(组件)

②向千斤顶 A 路(张拉缸)供油，进行张拉。调节油泵节流阀，以控制油压高低和张拉速度。

③在活塞外伸时，工具锚夹片自行夹紧钢绞线。工作锚夹片因受限位板的支托，被稍微带出，但不会退出工作锚。

④在活塞行程还余约 10mm，应停止向 A 路供油，此时可将节流阀回旋，同时旋回截止阀，A 路压力降至零点。由于钢绞线束的回缩，活塞将被拉回 1 ~ 5mm，这时工作锚夹片被带入工作锚板内而自行夹紧。

⑤向千斤顶 B 路(回程缸)供油、活塞回程，活塞留约 10mm 行程即可停止供油。至此，已完成一次张拉循环。如果钢绞线束被张拉长度较短，一次就可达到张拉控制应力。如果钢绞线束较长，一次张拉应力、伸长值达不到要求，则须二次张拉。

⑥此时，自动工具锚夹片与锚板自行脱离，因此二次张拉前需将工具锚夹片重新推入工具锚板锥孔中，重复上述①、②、③、④、⑤的步骤，如此连续张拉，直至达到设计要求的张拉应力

或伸长值为止。

YCW 安装张拉杆后可张拉 LZH 冷铸锚和 DM 镦头锚。

主要张拉流程示意图见图 4-18 所示，流程概括如下：

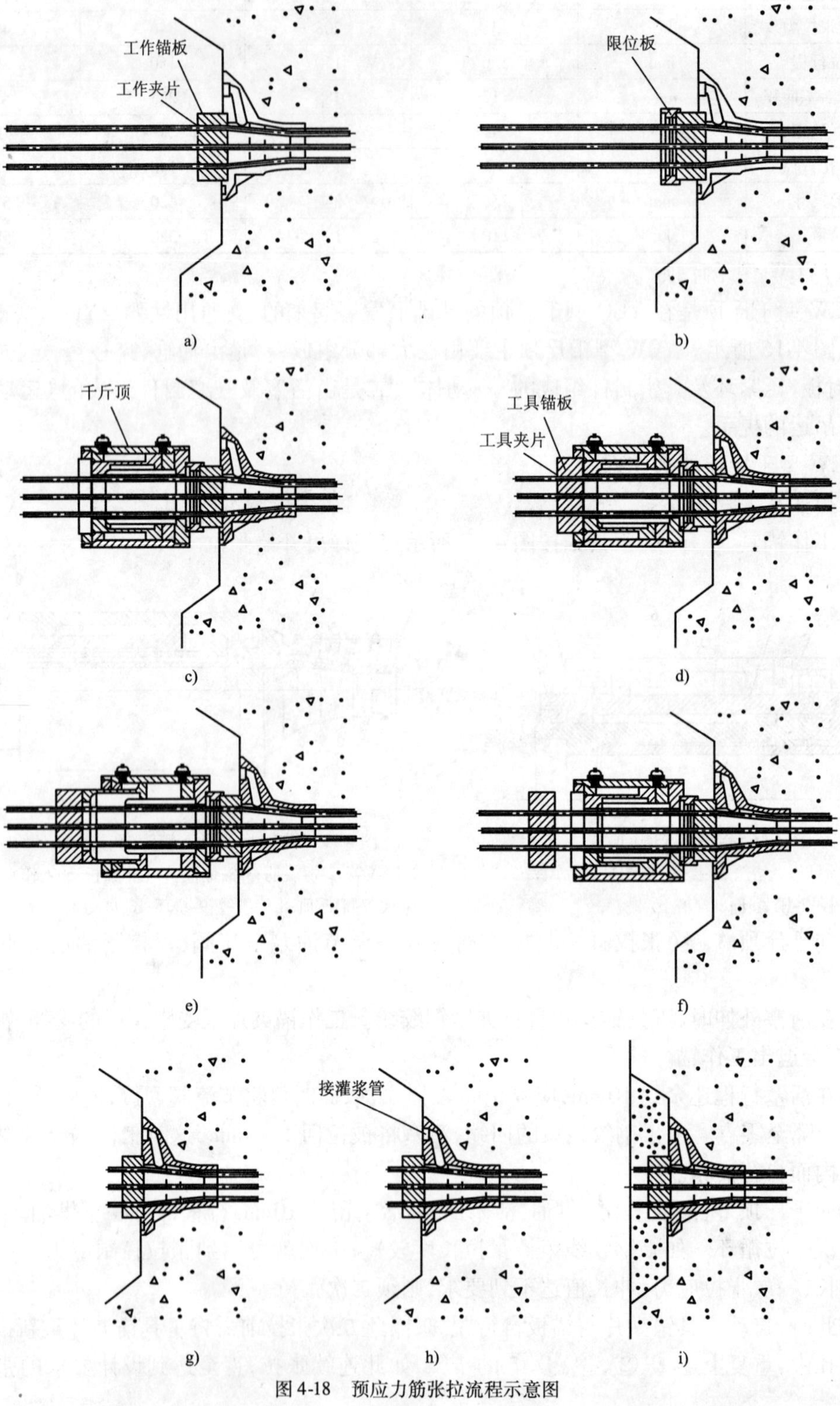

图 4-18　预应力筋张拉流程示意图

①准备工作[图4-18a)]

a. 编束

按设计要求进行编束。

b. 穿束或布束

c. 安装工作锚板

工作锚板与锚垫板要尽可能同轴。

d. 安装工作夹片

OVM锚具的夹片为两片式,后端有O形圈连接。安装好后用工具把夹片打紧,注意同一副夹片的两片要平整。

②安装限位板[图4-18b)]

限位板有正反两面,可适用于15.2mm和15.7mm两种规格的钢绞线。将限位板端面打有"157"印记的一面扣装在工作锚板上。

③安装千斤顶[图4-18c)]

千斤顶前端止口应对正限位板。

④安装工具锚[图4-18d)]

工具锚应与前端工作锚板的孔位一一对应,不应使工具锚与工作锚之间的钢绞线扭绞。

⑤张拉程序[图4-18e)]

a. 预张拉,按现行施工规范给定的初张拉吨位预张拉,并记录伸长值初读数;

b. 继续向千斤顶加油至设计油压值;

c. 测量伸长值并做好张拉记录。

⑥锚固[图4-18f)]

打开高压油泵截止阀,缓慢将千斤顶的油压降到零,活塞回程,工作夹片即自动跟进锚固钢绞线。

⑦拆除设备[图4-18g)]

a. 卸下工具锚、千斤顶、限位板;

b. 切除多余钢绞线。

⑧灌浆[图4-18h)]

⑨封锚[图4-18i)]

用混凝土将锚头部位封平。

YCWA型千斤顶的技术性能见表4-8。

YCWA型千斤顶的技术性能 表4-8

项目 型号	公称张拉力(kN)	公称油压(MPa)	张拉活塞面积(m^2)	回程活塞面积(m^2)	穿心孔径(mm)	张拉行程(mm)	主机质量(kg)	主机外形尺寸 $L \times D$(mm)	最小工作空间 $B \times C$(mm)	钢绞线预留长度 A(mm)
YCW100A	980	51	1.94×10^{-2}	1.31×10^{-2}	ϕ90	200	115	480×ϕ250	1 300×200	650
YCW150A	1 470	51	2.90×10^{-2}	1.11×10^{-2}	ϕ128	200	193	510×ϕ310	1 350×200	680
YCW250A	2 450	54	4.52×10^{-2}	2.16×10^{-2}	ϕ136	200	273	491×ϕ380	1 400×250	680
YCW350A	3 430	54	6.37×10^{-2}	4.02×10^{-2}	ϕ190	200	340	520×ϕ430	1 450×280	700
YCW400A	3 920	52	7.53×10^{-2}	5.18×10^{-2}	ϕ190	200	366	510×ϕ450	1 500×300	700

续上表

项目 型号	公称张拉力(kN)	公称油压(MPa)	张拉活塞面积(m^2)	回程活塞面积(m^2)	穿心孔径(mm)	张拉行程(mm)	主机质量(kg)	主机外形尺寸 $L \times D$(mm)	最小工作空间 $B \times C$(mm)	钢绞线预留长度 A(mm)
YCW500A	4 900	49	1.0×10^{-2}	4.78×10^{-2}	$\phi196$	200	648	$609 \times \phi510$	$2\ 000 \times 310$	750
YCW650A	6 500	49	1.35×10^{-1}	7.07×10^{-2}	$\phi240$	200	960	$640 \times \phi610$	$2\ 000 \times 330$	850
YCW900A	8 952	54	16.57×10^{-1}	8.72×10^{-2}	$\phi280$	200	1 325	$600 \times \phi670$	$2\ 200 \times 450$	1 000
YCW1200A	11 790	51	23.12×10^{-2}	11.53×10^{-2}	$\phi275$	200	1 700	$600 \times \phi790$	$2\ 400 \times 500$	1 200

注：摘自柳州建筑机械总厂产品资料。

YCWB 型轻量化千斤顶是在 YCW 型千斤顶的基础上发展起来的，YCW 型轻量化千斤顶不仅体积小、重量轻，而且强度高、密封性能好、可靠性高。

YCWB 型轻量化千斤顶的技术性能见表 4-9。

YCWB 型轻量化千斤顶的技术性能 表 4-9

项目 型号	公称张拉力(kN)	公称油压(MPa)	张拉活塞面积(m^2)	回程活塞面积(m^2)	回程油压(MPa)	穿心孔径(mm)	张拉行程(mm)	主机质量(kg)	主机外形尺寸 $L \times D$(mm)	最小工作空间 $B \times C$(mm)	钢绞线预留长度 A(mm)
YCW60B	600	52	1.15×10^{-2}	0.212×10^{-2}	<25	$\phi60$	200	31	$345 \times \phi170$	$1\ 103 \times 128$	553
YCW100B	973	51	1.908×10^{-2}	0.777×10^{-2}	<25	$\phi78$	200	65	$370 \times \phi214$	$1\ 200 \times 150$	570
YCW150B	1 492	50	2.98×10^{-2}	1.38×10^{-2}	<25	$\phi120$	200	108	$370 \times \phi285$	$1\ 250 \times 190$	570
YCW250B	2 480	54	4.592×10^{-2}	2.802×10^{-2}	<25	$\phi140$	200	164	$380 \times \phi344$	$1\ 270 \times 220$	590
YCW400B	3 956	52	7.607×10^{-2}	4.592×10^{-2}	<25	$\phi175$	200	270	$400 \times \phi432$	$1\ 320 \times 265$	620

注：摘自柳州建筑机械总厂产品资料。

5. 锥锚式千斤顶

锥锚式千斤顶是具有张拉、顶锚和退楔功能的三作用千斤顶，仅用于带钢质锥形锚具的钢丝束，锥锚式千斤顶的构造如图 4-19 所示。

锥锚式千斤顶由张拉油缸、顶压油缸、退楔油缸、锥形卡环和退楔翼片等组成。

锥锚式千斤顶的张拉油缸和活塞用于张拉钢丝束，缸体前端有锥形卡环及楔块，用于将张拉的钢丝束固定在张拉缸上。顶压油缸和活塞用于推顶锥形锚具中的锚塞，将钢丝束锚固在构件上。

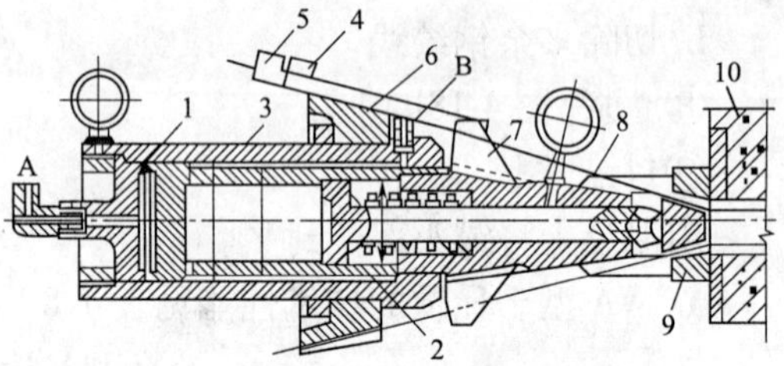

图 4-19 锥锚式千斤顶

1-张拉油缸；2-顶压油缸；3-退楔油缸；4-楔块(张拉时位置)；5-楔块(退出时位置)；6-锥形卡环；7-退楔卡环；8-钢丝束；9-锥形锚具；10-构件

A、B-进油嘴

张拉钢丝束时，液压油通过进油嘴 A 进入张拉油缸，张拉油缸移动，带动锥形卡环，钢丝束即被张拉。张拉到要求拉力时，张拉油缸控制阀关闭，顶压油缸通过进油嘴 B 进油，顶压活塞顶压锚塞，使钢丝束锚固。锚固结束后，张拉油缸回油，退楔油缸进油，将张拉油缸拉回张拉前的位置，同时顶压油缸也回油，利用复位弹簧的作用，使顶压活塞复位。

锥锚式千斤顶的技术性能见表 4-10，操作程序见表 4-11。

锥锚式千斤顶的技术性能 表 4-10

型　　号	额定油压(MPa)	张拉力(kN)	工作行程(mm)	质量(kg)	外形尺寸(mm)
YZ—85	50	800	250	117.8	350×796
YZ—250	46	850	250	170	326×840
YZ—400	46	850	400	190	326×990
YZ—600	46	850	600	230	326×1 190
YZ—300	46	1 500	300	198	363×1 005

锥锚式千斤顶操作程序 表 4-11

工序	工 序 名 称	进、回油情况		动 作 情 况
		A 油嘴	B 油嘴	
1	张拉前准备	回油	进油	(1)油泵停车或空载运转; (2)安装锚环、对中套、千斤顶; (3)开泵后将顶压油缸伸出一定长度,供退楔用; (4)将钢丝按顺序嵌入卡环槽内,用楔块夹紧
2	张拉预应力筋	进油	回油	(1)顶压缸右移顶住对中套、锚环; (2)张拉缸带动卡环左移张拉钢丝束
3	顶压锚塞	关闭	进油	(1)张拉缸持荷,稳定在设计的张拉力; (2)顶压活塞杆右移,将锚塞强力顶入锚环内; (3)弹簧压缩

6. 前置内卡式千斤顶

前置内卡式千斤顶是将工具锚安装在千斤顶前部的一种穿心式千斤顶,这种千斤顶的优点是节约预应力钢材,使用方便、效率高。前置内卡式千斤顶广泛应用于张拉单根钢绞线或 $7\phi^{s}5$ 钢丝束。

前置内卡式千斤顶由外缸、活塞、内缸、工具锚、顶压器等组成。结构如图 4-20,在高压油作用下,顶压器与活塞杆不动,油缸后退,从而工具锚夹片夹紧钢绞线。随着高压油不断作用,油缸继续后退,夹持钢绞线后退完成张拉工作。千斤顶张拉后,回油到底时工具锚夹片被顶开,千斤顶与工具锚一次退出。前置内卡式千斤顶的技术性能见表 4-12。

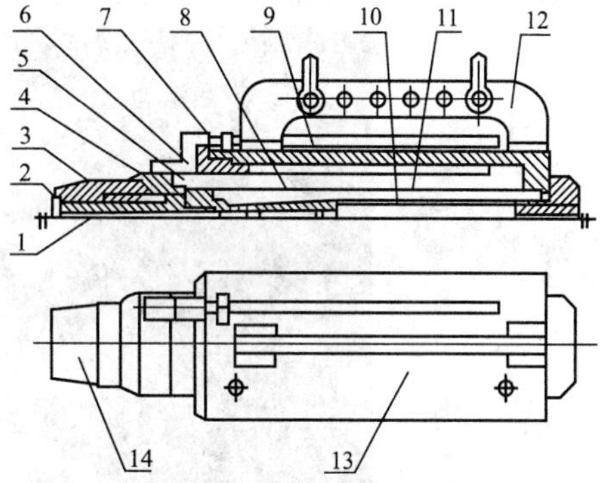

图 4-20 前置内卡式千斤顶

1-回程弹簧;2-顶压活塞;3-顶压头;4-顶压油缸;5-活塞;6-止转体;7-油缸;8-工具夹片;9-标尺;10-预紧弹簧;11-穿心套;12-提手;13-主千斤顶;14-顶压器

前置内卡式千斤顶技术性能 表 4-12

项　　目	单　　位	YCN—18	YCN—25	YC50Q	YC75Q	YD240Q
公称张拉力	kN	180	250	500	750	240
公称油压	MPa	45	45	63.7	63.7	50
张拉活塞面积	m^2			7.85×10^{-3}	11.78×10^{-3}	
回程活塞面积				2.77×10^{-3}	4.55×10^{-3}	

续上表

项目	单位		YCN—18	YCN—25	YC50Q	YC75Q	YD240Q
张拉行程	mm		160	160	300	300	200
公称预拉力	kN			75	110		
顶压油压	MPa			30	30		
顶压活塞面积	m^2			2.51×10^{-3}	3.77×10^{-3}		
顶压行程	mm			20	20		
穿心孔径	mm			24	30		
质量	kg		18	25	75	100	18.2
外形尺寸	D	mm			190	160	108
	L	mm			678	678	580
最小工作空间	B	mm			1 100	1 100	
	C	mm			160	145	
钢绞线预留长度	A	mm			500	500	

注：摘自北京市建筑工程研究院、柳州建筑机械总厂产品资料。

7. 开口式双缸千斤顶

开口式双缸千斤顶是利用一对倒置的单活塞杆缸体将预应力筋卡在其间开口处的一种千斤顶，这种千斤顶主要用于单根超长钢绞线分段张拉。

8. 双缸同步千斤顶（图4-21）

扁锚张拉一般为单根张拉，此千斤顶可达到群张的目的。

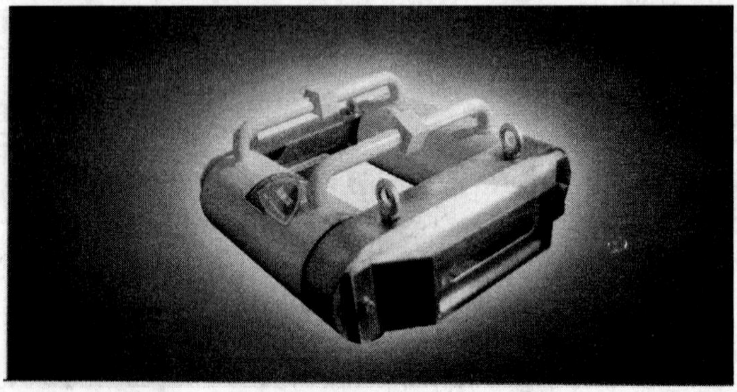

图4-21　双缸同步千斤顶

二、液压千斤顶技术要求

（1）预应力液压千斤顶对所采用的油品质有严格要求，油液50℃运动黏度为12～60N/mm²，杂质直径不大于137μm，具有一定防锈能力（通常用20号机械油，冬季气温降低或工作用油压较低时用10号机械油，夏季酷暑或使用油压较高时用30号机械油，或相应的液压用油）。油液应注意清洁，防止在安装油管时把污垢、泥砂、棉丝带入油缸，造成缸体拉毛、摩阻增加，甚至损坏油缸。通常在半年或使用500h后更换一次油液。

（2）使用聚氯酯制造的防尘圈和密封圈时，应注意防水、防潮，以延长使用寿命。

(3)结构设计中应注意保证千斤顶张拉操作用的空间。一般情况下,直径方向应有 10 ~ 20mm 宽间隙,长度方向上应长于张拉活塞完全伸出后的千斤顶总长度和完成张拉后外露的预应力索长度之和。

三、张拉设备校验

由于每台千斤顶液压配合面实际尺寸和表面粗糙度不同,密封圈和防尘圈松紧程度不同,造成千斤顶内摩擦阻力不同,而且,摩阻力随油压高低、使用时间的变化而改变,所以,千斤顶要和工程中使用的油压表、油管等一起进行配套标定。在下列情况之一时应该进行标定:

(1)新千斤顶初次使用前;

(2)油压表指针不能退回零点,更换新表后;

(3)千斤顶、油压表和油管进行过更换或维修后;

(4)张拉时出现断筋而又找不到原因时;

(5)停放三个月不用后、重新使用之前;

(6)油表受到摔碰等大的冲击时。

校验应在经主管部门授权的法定计量技术机构进行。校验时,应将千斤顶、油泵及油压表一起配套进行。校验用的标准仪器可选用材料试验机或压力(拉力)传感器。该标准仪器的精度不得低于1%,压力表的精度不宜低于 1.5 级,最大量程不宜小于设备额定张拉力的 1.3 倍。校验时,千斤顶活塞的运行方向应与实际张拉工作状态一致。

1. 用长柱压力试验机校验

校验时,应采取被动校验法,即在校验时用千斤顶顶试验机,这样活塞运行方向、摩阻力的方向与实际工作时相同,校验比较准确。

在进行被动校验时,压力试验机本身也有摩阻力,且与正常使用时相反,故试验机表盘读数反映的也不是千斤顶的实际作用力,因此,用被动法校验千斤顶时,必须事先用具有足够吨位的标准测力计对试验机进行被动标定,以确定试验机的度盘读数值。标定后在校验千斤顶时,就可以从试验机度盘上直接读出千斤顶的实际作用力以及相应的油压表的准确读数。用压力试验机校验的步骤如下。

(1)千斤顶就位

当校验穿心式千斤顶时,将千斤顶放在试验机台面上,千斤顶活塞面或撑套与试验机压板紧密接触,并使千斤顶与试验机的受力中心线重合。

当校验拉杆式千斤顶时,先把千斤顶的活塞杆推出,取下封尾板,在缸体内放入一根厚壁无缝钢管,然后将千斤顶两脚向下立于试验机的中心线部位。放好后,调整试验机,使钢管的上端与试验机上压板接紧,下端与缸体内活塞面接紧,并对准缸体中心线。

(2)校验千斤顶

开动油泵,千斤顶进油,使活塞杆上升,顶试验机上压板。在千斤顶顶试验机且使荷载平缓增加的过程中(此时不得用试验机压千斤顶),自零位到最大吨位,将试验机被动标定的结果逐点标记到千斤顶的油压表上。标定点应均匀地分布在整个测量范围内,且不少于 5 点。当采用最小二乘法回归分析千斤顶的标定经验公式时需 10 ~ 20 点。各标定点重复标定 3 次,取平均值,并且只测读进程,不得读回程。

(3)对千斤顶校验数值记录,并可根据校验结果绘千斤顶校验曲线供预应力筋钢材张拉时使用,亦可采用最小二乘法求出千斤顶校验的经验公式,供预应力筋张拉时使用。

2. 用标准测力计校验

用水银压力计、测力环、弹簧拉力计等标准测力计校验千斤顶，是一种简单可靠的方法。

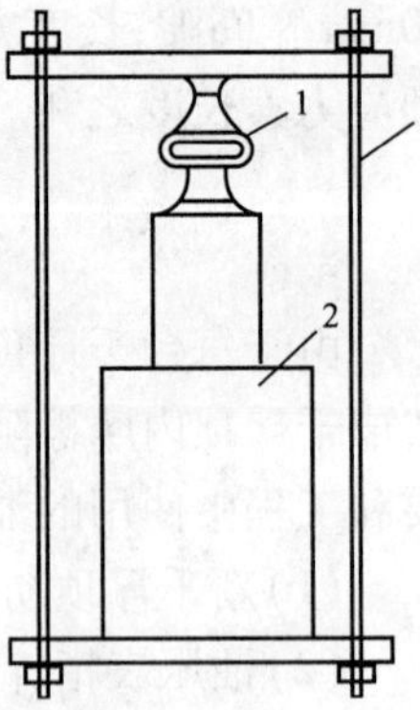

图 4-22　标准测力计校验
1-标准测力计；2-千斤顶；3-框架

校验穿心式千斤顶时的装置见图 4-22 所示（校验拉杆式千斤顶的附加装置与压力试验机校验时相同）。校验时，开动油泵，千斤顶进油，活塞杆推出，顶压测力计。当测力计达到一定吨位 T_1 时，立即读出千斤顶油压表相应读数 P_1，同样方法可得 T_2、P_2，T_3、P_3……此时 T_1、T_2、T_3……即为相应于油压表读数为 P_1、P_2、P_3……时的实际作用力。将测得的各值绘成曲线，实际使用时，即可由此曲线找出要求的 T 值和相应的 P 值。

3. 校验结果的回归计算

千斤顶的作用力 T 和油缸的油压 P 的关系是线性关系，考虑活塞和油缸之间的摩阻力后，它们的关系可以表示为：

$$T = AP + B \tag{4-1}$$

可以利用千斤顶检验测得的作用力和油压（T_1,P_1）、（T_2,P_2）、（T_3,P_3）……（T_n,P_n），对式(4-2)进行线性回归，利用最小二乘原理求式(4-2)的回归值。

$$\hat{T} = \hat{A}P + B \tag{4-2}$$

$$\hat{A} = L_{PT}/L_{PP} \tag{4-3}$$

$$\hat{B} = \overline{T} - \hat{A}\overline{P} \tag{4-4}$$

$$\overline{P} = \frac{1}{n}\sum_{i=1}^{n} P_i \tag{4-5}$$

$$\overline{T} = \frac{1}{n}\sum_{i=1}^{n} T_i \tag{4-6}$$

$$L_{PP} = \sum_{i=1}^{n} P_i^2 - \frac{1}{n}\left(\sum_{i=1}^{n} P_\mathrm{i}\right)^2 \tag{4-7}$$

$$L_{PT} = \sum_{i=1}^{n} P_i T_i - \frac{1}{n}\left(\sum_{i=1}^{n} P_i\right)\left(\sum_{i=1}^{n} T_i\right) \tag{4-8}$$

四、进 场 验 收

液压千斤顶在张拉使用前进行试验及验收，避免在正式使用时发生故障影响工作。试验及验收工作参照《预应力用液压千斤顶》（JG/T 5028—93）行业标准中部分出厂检验项目进行。

1. 空载运行

按液压系统要求，连接好高压油泵和千斤顶。启动油泵电机，当油泵回油管无气泡、排油正常后，操作控制阀使千斤顶空载往复运动，检查油路系统，不得有渗漏；千斤顶空载启动油压应小于额定油压的 4%；各操作阀灵活自如；千斤顶在空载运行中没有爬行、跳动等不正常现象；观察行程是否符合要求。

2. 满载检验

在有条件时进行满载和满载运行检验，如果无条件时也可以结合千斤顶标定时进行满载检验。

一般采用压降法或沉降法来检验内泄漏性能，使用压降法检验内泄漏性能时，将千斤顶置于刚性框架内，让千斤顶活塞杆伸出2/3行程、顶紧框架，油压升至公称油压后关闭截止阀和电动机，5min内油压降值不应大于公称油压的5%。

使用沉降法检验内泄漏性能时，将千斤顶放在试验机内，活塞（或活塞杆）伸出2/3行程，用试验机加荷至预应力用液压千斤顶公称油压，然后持荷5min，用百分表观测千斤顶活塞的回缩，回缩量不得大于0～5mm。

3．千斤顶的负载效率检验

在《预应力用液压千斤顶》（JG/T 5028—93）标准中规定了预应力液压千斤顶试验方法，负载效率表示为：

$$\eta = \frac{W}{PA} \times 100 \tag{4-9}$$

式中：η——负载效率，%；

W——预应力用液压千斤顶输出力，kN；

P——工作油缸油压，MPa；

A——工作油缸面积，mm^2。

穿心式液压千斤顶$\eta > 90\%$，拉杆式、锥锚式、台式预应力千斤顶$\eta > 93\%$。一般液压千斤顶的负荷效率系数都高于规定值，负载效率系数越高，损失越小。对于η低于95%的千斤顶，张拉时应注意预应力筋的伸长值，否则η变化后会造成拉断事故。

预应力千斤顶标定后，在使用过程中，负载效率系数的变化必须小于2%。有异常现象应及时检查原因，重新标定。

五、液压千斤顶使用注意事项

（1）张拉设备的张拉力不小于预应力筋张拉力的1.5倍；张拉行程不小于预应力筋张拉伸长值的1.1～1.3倍；

（2）开机前，应对设备的传动机构和电气系统进行检查，试运行后方可作业；

（3）张拉时设备两侧及夹具、锚具后面严禁站人；

（4）千斤顶使用时，应保证活塞外露部分清洁，清除灰尘和杂物，使用后，应将油缸回程到底，保证油的进出口处清洁，加封盖；

（5）千斤顶张拉计压时，应观察千斤顶位置是否偏斜，必要时应回油调整；进油升压必须缓慢、均匀、平稳，回油降压时应缓慢松开回油阀，使各油缸回程到底；

（6）双作用千斤顶在张拉过程中，应使顶压油缸全部回油，在顶压过程中，张拉油缸应予持荷，以保证恒定的张拉力，待顶压锚固完成时，张拉缸再回油；

（7）出现紧急情况应立即停机，检查并排除故障后再行使用；设备工作时不得检修、调整；

（8）施加预应力所用的张拉设备及仪表应由专人使用和管理，并应定期维护和校验，以提高施加预应力时张拉力的控制精度；

（9）千斤顶与压力表应配套校验、配套使用，即在使用时严格按照标定报告上注明的油泵号、油表号和千斤顶号配套安装成张拉系统使用。

六、液压千斤顶常见故障和排除方法

液压千斤顶常见故障和排除方法见表4-13。

液压千斤顶常见故障和排除方法 表 4-13

故障	原因	排除方法
千斤顶张拉活塞不动或运动困难	(1)操作阀用错; (2)回程油缸没有回油; (3)张拉缸漏油; (4)油量不足; (5)活塞密封圈胀得太紧	(1)正确使用操作阀; (2)使回程回油; (3)根据漏油原因排除; (4)加足油量; (5)检查密封圈规格,选择正确的更换
活塞不回程或回程困难	(1)操作阀用错; (2)张拉缸没有回油; (3)回程缸漏油; (4)回程进油量不足	(1)正确使用操作阀; (2)使张拉缸回油; (3)根据漏油原因排除; (4)加足油量
千斤顶活塞运行不平稳或爬行	油缸中存有空气	空载往复运行几次排除空气
千斤顶缸体或活塞刮伤	(1)密封圈损坏; (2)密封圈上混有铁屑或砂粒; (3)缸体变形	(1)更换密封圈; (2)清除杂物,修复缸体或活塞; (3)检查缸体修复或更换
漏油	(1)油封失灵; (2)油嘴连接部位密封不严	(1)更换密封圈; (2)修理连接油嘴或更换垫片
千斤顶连接油管爆裂	(1)油管拆卸次数过多,使用过久; (2)压力过高; (3)焊接不良	(1)注意拆卸,避免弯折,不易修复时应更换油管; (2)检查油压表是否失灵,压力是否超过规定压力; (3)焊接牢固

第三节 油 泵

预应力高压油泵是预应力液压机具的动力源。油泵的额定油压和流量,必须满足配套机具的要求。大部分预应力液压千斤顶等液压机具,都要求油压在 50MPa 以上,流量较小,能够连续供高压油,供油稳定,操作方便。

一、油泵的分类及构造

高压油泵按驱动方式分为手动和电动两种。目前国内生产油泵大部分为电动式高压油泵,电动油泵又分为轴向式、径向式两种,能与各种机具配套,完成预应力筋张拉、钢筋冷拉、冷镦和重物提升、起重以及进行钢筋压接、冷弯、切断等工作,减轻劳动强度,提高工作效率。

1. 手动高压油泵

手动高压油泵由油箱、油泵、换向阀、压力表及管路等组成,如图 4-23 所示。

手动高压油泵工作时,摇动手柄即可输出高压油,高压油经过四通接头进入压力表及换向阀,换向阀有四个接头,进油接头、回油接头和两个工作接头,工作接头分别按千斤顶。换向阀可以更换其极限位置,使油进入千斤顶的一个缸,而把另一个缸的油压回油箱。在四通接头上安有放油阀,工作时放油阀关闭,张拉完成后,先打开放油阀,油压降低。打开放油阀要缓慢进行,使油压逐渐降低,以免油压降低太快而损害压力表。

2. 电动油泵

常用的预应力用电动油泵是由电动机带动、阀式配流的一种轴向柱塞泵。油泵的额定压力等于或大于千斤顶的额定压力。

ZB 型高压油泵技术参数见表 4-14。

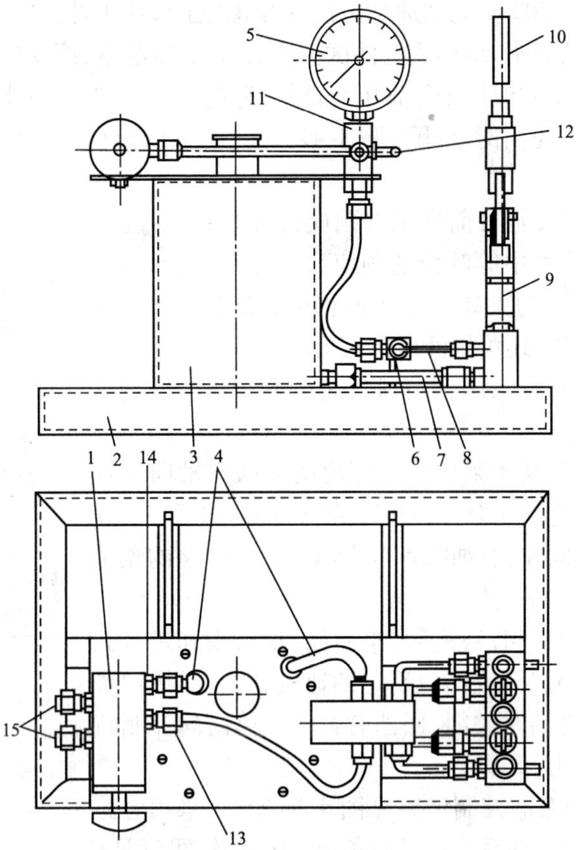

图 4-23　手动高压油泵

1-换向阀；2-底架；3-油箱；4-回油管；5-压力表；6-三通接头；7-进油管；8-高压油管；9-油泵；10-手柄；11-四通接头；12-放油阀塞；13-进油接头；14-回油接头；15-工作接头

ZB 型高压油泵技术参数　　表 4-14

型号	额定压力（MPa）	额定流量（L/min）	质量（kg）	外形尺寸（mm）	特点及适用范围
ZB4—500	50	2×2	120	745×494×1 025	常用于 YCW 系列、YZ85 系列、YC60 系列千斤顶、挤压器及镦头器等
ZB4—500S	50	2×2	130	745×494×1 025	在 ZB4—500 型基础上增加一个三位四通换向阀形成三路供油，专为带独立顶压器的千斤顶配套，同时也满足 ZB4—500 应用的所有场合
ZB1/630A	63	1	55	501×306×575	体积小，重量轻，流量小，适用于狭小空间及高空场合使用，常与 200kN 以下千斤顶配套
ZB10—500	50 32 80	10 10 4	200	1 090×590×1 120	超高压，大流量，专为大墩位长行程及要求快速动作的千斤顶配套，常与额定张拉力大于5 000kN 以及行程大于 500mm 的 YD、YDT、YPDS 等类型千斤顶配套，ZB10/320—ZB4/800B 为二级变量泵
ZB10/320—ZB4/800B			270	1 090×590×1 120	
ZB20/32—8/63	32 63	21.48 7.8	434	1 000×732×1 040	为二级变量泵，常与超高压、大吨位、长行程的顶举、顶推等千斤顶及超高压机具配套
ZB618	80	6/1	70	520×350×745	压力高、体积小、质量轻、效率高、功耗低、耐用等，先进的换向自动包压转阀使操作更为方便快捷

注：摘自柳州建筑机械总厂产品资料。

ZB1/630 型和 ZB4—500 型电动油泵是预应力混凝土行业用得最多的油泵，主要用于预应力筋的张拉、预应力筋的镦头、结构或构件试验的加荷、液压起重、液压顶推和液压提升等的动力源。其优点是性能稳定和液压千斤顶配套性好、适应范围广、加工性能好、价格低廉，存在吊运不便和大千斤顶配套使用时油箱容积不够，配套小千斤顶在高空作业时，推动不方便等缺点。

ZB4—500 型电动油泵是目前通用的预应力油泵，主要与额定压力不大于 50N/mm^2 的中等吨位的预应力千斤顶配套使用，也可供对流量无特殊要求的大吨位千斤顶和对油泵自重无特殊要求的小吨位千斤顶使用，还可供液压镦头用。

ZB—500 型电动油泵由泵体、控制阀、油箱小车和电气设备等组成，见图 4-24 所示。

ZB—500 型电动油泵泵体采用阀式配流的双联式轴向定量泵结构形式。双联式即将同一泵体的柱塞分成两组，共用一台发动机，由公共的油嘴进油，左、右油嘴各自出油，左、右两路的流量和压力互不干扰。

控制阀由节流阀，截止阀，溢流阀，单向阀，压力表和进、出、回油嘴等组成，见图 4-25。节流阀控制进油速度，关闭时进油最快。截止阀控制卸荷，进油时关闭，回油时打开。单向阀控制持荷。溢流阀控制最高压力，保护设备。

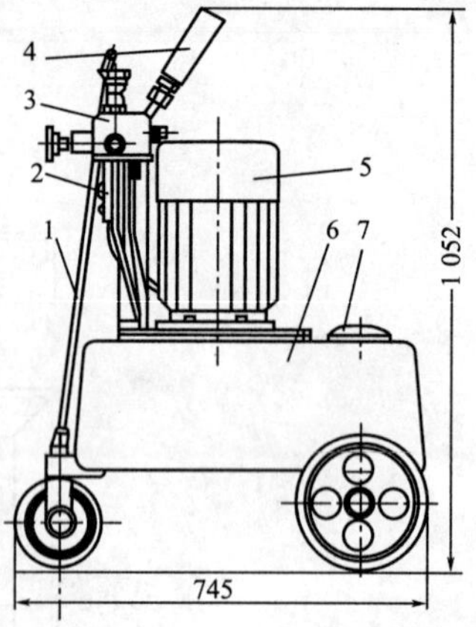

图 4-24　ZB4—500 型电动泵

1-拉手；2-电器开关；3-组合控制阀；4-压力表；5-电动机及泵体；6-油箱小车；7-加油口

ZB4—500 型电动油泵的控制油路见图 4-26 所示，采用旁路节流、单向阀持荷的控制油路系统。有两条独立的油路，可满足预应力千斤顶的张拉、顶压、回程、持荷、调压、调速和有关液压机具加压进油和卸压回油等施工操作要求。ZB—500 型电动油泵的操作程序见表 4-15。

ZB—500 型电动油泵的操作程序　　表 4-15

阀门操作 / 工作过程	节流阀		截止阀		应用举例
	左	右	左	右	
空载运转	开	开	开或关	开或关	初运转，排气，中间空运转
左(右)路进油 右(左)路回油	关(开)	开(关)	关(开)	开(关)	千斤顶张拉，液压回程
左、右路同时进油 (限压 40N/mm^2)	关	关	关	关	千斤顶顶压锚固，张拉缸持荷
卸荷回程	开	开	开	开	千斤顶卸荷、弹簧回程
左(右)路单路进油	关(开)	开(关)	关	关	LD10 型镦头器镦头及卸荷，其他单路液压机具加荷及卸荷
右(左)路单路回油	开	开	开	开	

注：①保持油路系统压力不降、油缸作用力稳定的持荷的方法有三种：

a. 停车持荷 在截止阀关闭的情况下，由单向阀截止油路；

b. 开车持荷 此时应全开节流阀，油泵空载运转；

c. 补压持荷 即将节流阀适当右旋，保持一定的进油量和恒定的压力值。

前两种适用于油缸密封装置及油泵单向阀、截止阀等密封性能良好的情况，后一种适用于油路系统密封性能不良，用 a、b 两法不能保持压力稳定的情况。

②系统降压的方法是：将截止阀适当左旋，降压至所要求的数值后再关闭。

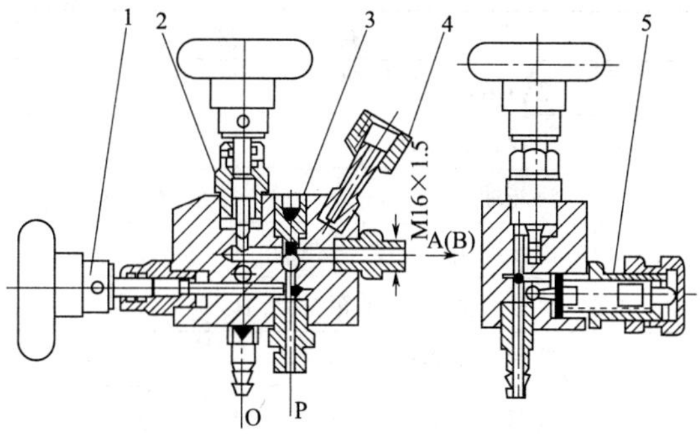

图 4-25　ZB4—500 型电动油泵控制阀

1-节流阀;2-截止阀;3-单向阀;4-压力表座;5-安全阀

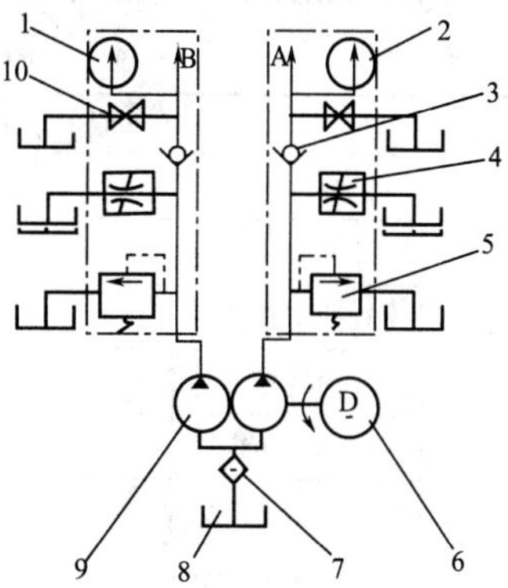

图 4-26　ZB4—500 型电动油泵控制油路

1、2-压力表;3-单向阀;4-节流阀;5-溢流阀; 6-电动机;7-滤油器;8-油箱;9-双联式油泵;10-截止阀

二、高压油泵要求

(1)电源必须用三相四线:380V 交流电源,零线必须可靠连接。电路绝缘好,严防触电。

(2)油管及其接头应按规定制造。推荐用三层钢丝纺织橡胶软管,内径为 6mm,配用快装接头。建议进油管与回油管采用不同的颜色区分,以便操作。

(3)油压表在下列情况之一时,应和对应千斤顶一起进行校验:

①使用新的或刚修复的油压表时;

②使用新的或刚修复的千斤顶时;

③经常使用,使用两个月时;

④张拉过程中预应力筋突然断裂而查不到原因时;

⑤长期停用,重新启用时。

校验的测力设备可选用材料试验机、测力计或压力传感器,这些设备的误差范围应不大于 1%。

三、油泵的使用注意事项

(1)油泵宜采用 10 号或 20 号机械油,在加入油箱前,油液应过滤;对于经常使用的油泵,液压油应每月过滤一次,间断使用的每三个月过滤一次;油箱应定期清洗,油箱内一般要保持 85% 左右的油位,添加油的强度等级应与存油相同;

(2)启动电机时,应注意检查各阀门手轮位置,保证空载启动;

(3)油路有压力后,不得拆卸接头及油压表,以免油液喷出伤人;

(4)油泵不宜在超负荷下工作,安全阀须按设备额定油压调整,严禁任意调整;

(5)高压油泵运转前,应将各油路调节阀松开,然后开动油泵,待空载运转正常后,再紧闭回油阀,逐渐旋拧进油阀杆,增大载荷,并注意压力表指针是否正常;不能同时关上回油阀,以防千斤顶油压过大而爆缸;

(6)油泵停止工作时,应先将回油阀缓缓松开,待压力表慢慢退回零位后,方可卸开千斤顶的油管接头螺母,严禁在有载荷时,拆换油管和压力表;

(7)经常注意油箱中油液液面,及时添油。

高压油泵常见故障和排除方法见表4-16。

高压油泵常见故障和排除方法 表4-16

故　障	原　因	排除方法
排量不足	1. 泵内存气	空转运行排气
	2. 外漏	查找,处理漏点
	3. 油箱缺油	添新油
	4. 油液黏度超常	添新油调整黏度
	5. 油液污染	排放脏油,清理油箱,换新油
	6. 泵体油网堵塞	清洗干净换新油
	7. 柱塞簧损坏	更换
	8. 柱塞与柱塞套磨损	更换组件
	9. 吸、排油阀失效	更换组件
压力不足	1. 泵内存气	空转运行排气
	2. 外漏	查找,处理漏点
	3. 安全阀调定压力低	重新调定安全阀控制压力
	4. 安全阀,节流阀,吸、排油阀,柱塞与柱塞套损坏	更换新件
持压时油压回降	1. 外漏	查找,处理漏点
	2. 单向阀失灵或卸荷阀失效	更换新件
泄漏	1. 螺纹松动	拧紧
	2. 密封垫圈、垫片失效	更换新件
	3. 焊缝或管路破裂	补焊或更换新件
	4. 吸、排油阀或柱塞与柱塞套磨损	更换新件

第四节　固定端锚具制作设备

预应力筋固定端,即不需在此端进行预应力张拉,所以设计者把此端埋入混凝土中,也可称为埋入端;也有的固定端放在构件外部,最后再进行防护处理,进行二次浇筑混凝土。放在构件外的固定端形式,也可以选用张拉端锚具作固定端,如钢绞线或钢丝束用的夹片式锚具。本节主要介绍预应力筋固定端的制作设备。

一、挤 压 机

挤压式固定端的锚具制作原理是套在预应力筋上的异形钢丝衬套和挤压元件,按图4-27

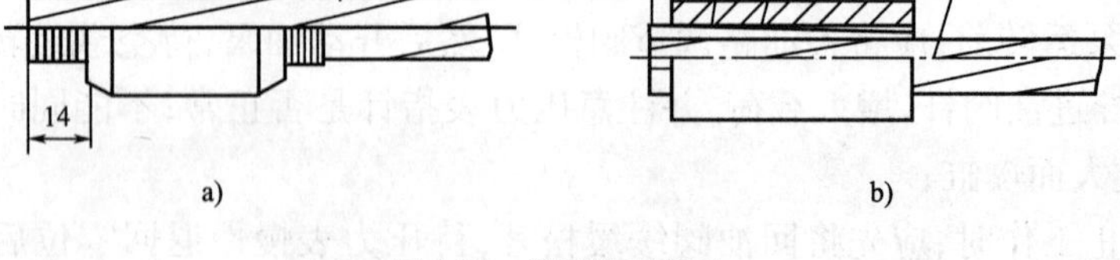

图4-27　挤压锚示意图

a) 挤压前;b) 挤压后

1-挤压元件;2-异形钢丝衬套;3-预应力筋

所示顺序安装，向油缸供高压油后，顶杆将挤压元件、钢绞线一起推入挤压模锥孔中，由于模孔小端直径小于挤压元件外径尺寸，使挤压元件牢牢地压缩在预应力筋上的异形钢丝衬套，内侧锋利刃卡住预应力筋，外侧刃嵌入挤压元件，制成锚固性能非常可靠的挤压式锚具。此挤压形式也用于预应力筋连接器中锚固头的制作。

JY—45型挤压机构造见图4-28，为QM预应力体系、QMJ型挤锚和QML型连接器配套的专用设备，适用于制作预应力钢绞线和钢丝束的挤压锚，主要由油缸、活塞、顶杆、挤压模等件组成。

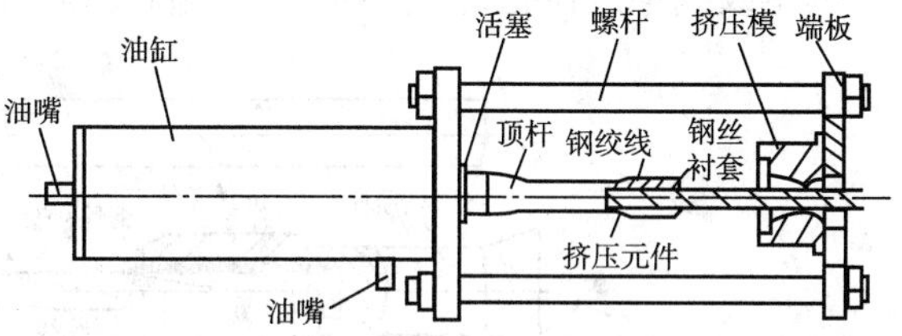

图4-28　JY—45型挤压机

1. 挤压机的检验

挤压机主要由液压千斤顶和挤压模等组成，对于挤压机的试验及验收，参照千斤顶标准进行。

(1)空载运行试验

挤压机与配套油泵连接后，首先空载启动油泵转动2～3min，冬季气温低时，时间还应加长，然后，操作控制阀，使千斤顶空载往返3次，观察油路系统有无渗漏，活塞运行是否均匀，有无爬行现象，空载运行压力不得超过额定油压4%。一切正常时，再进行负荷试验。

(2)满载检验

利用挤压机本身的螺杆、端板作为反力架。取下顶杆，在挤压模与活塞之间加装大于5cm厚度的钢垫块，使挤压机活塞伸出顶住垫块加荷，油压升至63MPa，达到满负荷，观察油路系统有无渗漏等不正常现象。通过了满载检验后，就可以在实际工程中应用。

2. 挤压机的操作

下面以钢绞线挤压锚为例介绍用挤压机制作挤压锚的操作过程。

(1)挤压前检查

①按液压系统图连接各设备，然后开动油泵，使挤压机活塞载空运行2～3次，无异常时，方能进行挤压。

②挤压用的钢绞线在切断时，断面齐整，不得歪斜。

③检查钢绞线、钢丝衬套、挤压元件、挤压模、挤压顶杆是否配套，不得与其他厂家产品混用。

④挤压元件涂有防锈油，挤压模内应涂黄油，在挤压时起润滑作用。如果表面有泥土、灰沙，必须用柴油清洗后再用，否则易损坏挤压模。

⑤将油泵的溢流阀(或安全阀)调整到最大工作压力，国产JY—45型挤压机调整到60MPa。

⑥检查油泵与挤压机油管连接是否正确，在连接油管时，接头脏物一定得清除干净再连接。

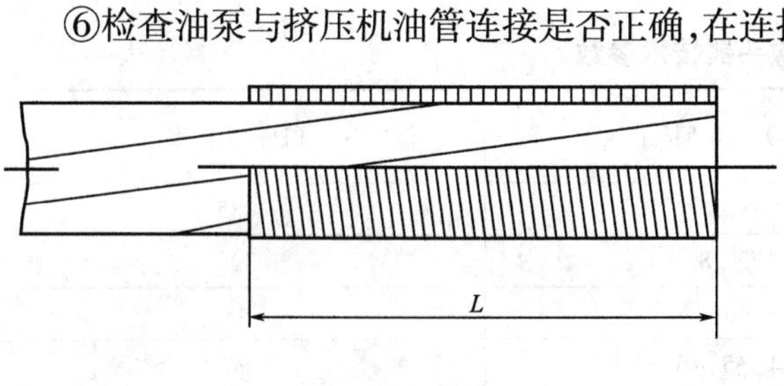

图4-29　安装位置

⑦应选用额定压力为60MPa、流量为1～4L/min的高压油泵与其配套。

(2)挤压

①将钢丝衬套慢慢地旋入钢绞线端部，用双手使其并紧同时旋紧，紧紧地裹在钢绞线上，钢丝衬套可由两条拼成。安装位置及长度如图4-29和表4-17所示。

安 装 长 度　　表 4-17

安 装 长 度	12、13 系列	15、17 系列
L	56mm	70mm

②挤压元件的安装见图 4-30，首先清除挤压机顶杆凹槽内的残留钢丝套，再把带有钢丝衬套的钢绞线穿过模孔，套上挤压元件，插入顶杆凹槽内。

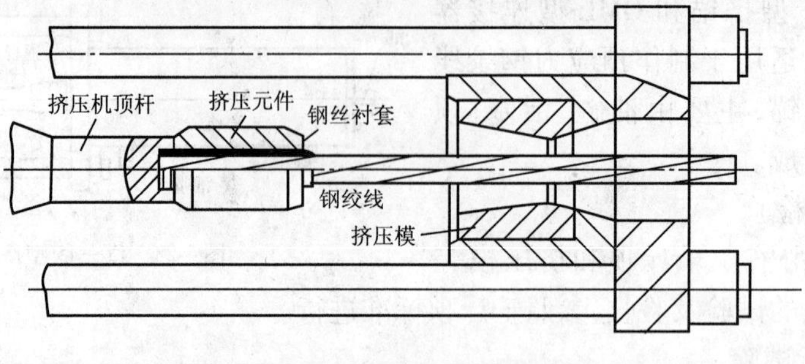

图 4-30　挤压元件的安装

③挤压过程不得中间停顿，应一次完成。

④挤压时，观察压力表的最大数值。压力过小，锚固性能不足；压力过大，易损坏设备。过大或过小都是压力表损坏或挤压元件与挤压模不配套，应查明原因并整改。

⑤压力降低后、顶压到位后操纵阀杆，使千斤顶回程，完成挤压工序。

3. 挤压后锚固头的检查

(1)挤压后的锚固头，钢丝衬套在其两端都可见到，外端应露 2 ~ 5mm。

(2)清除尾端钢丝衬套。

(3)检查锚固头外径尺寸。

锚固头能通过卡规，产品合格。锚固头通不过卡规，说明因为模具孔磨损造成挤压后的锚固头直径增大，所以立即更换挤压模，或用千分尺测量挤压后锚固头外径尺寸。

二、镦　头　器

镦头锚具是锚固高强钢丝束的锚具形式之一，其固定端锚具见图 4-31，在每根钢丝端部用液压镦头器，将其镦粗成大半圆形，钢丝的拉力由承压板承担，形成钢丝束为预应力筋的镦头锚固定端。

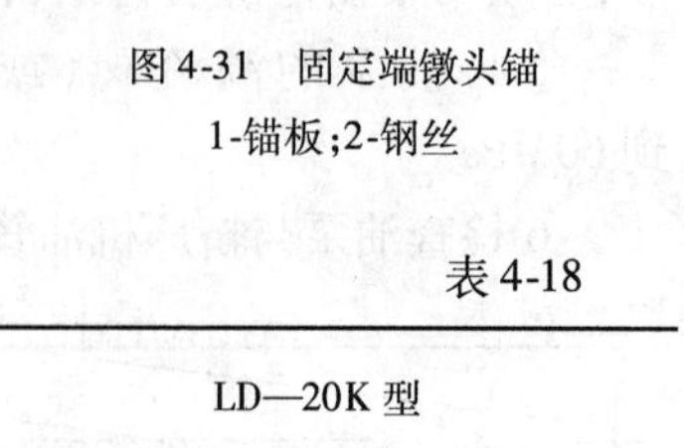

图 4-31　固定端镦头锚
1-锚板；2-钢丝

高强钢丝镦头器根据工作状态分为液压式镦头器和机械式镦头器。液压式镦头器，体积小、重量轻、操作方便、镦头质量稳定。液压式镦头器技术参数见表 4-18。

液压式镦头器技术参数　　表 4-18

项　目 \ 型　号	LD—10 型	LD—20K 型
最大镦头力(kN)	88.2	185
最大切断力(kN)	172.8	320
额定压力(MPa)	40	43
可镦钢丝规格(mm)	$\phi4,\phi5,\phi6$	$\phi7$
可切钢丝规格(mm)	$\phi4\sim\phi12$	$\phi7\sim\phi16$

1. 镦头器的构造及工作原理

镦头器的构造见图 4-32。

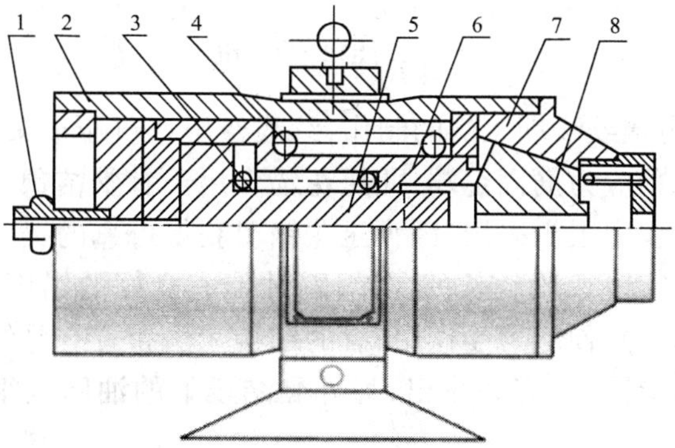

图 4-32　LD300 型钢丝液压镦头器

1-油嘴；2-壳体；3-镦头活塞回程弹簧；4-夹紧活塞回程弹簧；5-镦头活塞；6-夹紧活塞；7-锚杯；8-夹片

当需镦头的钢丝插入后，开启油泵向夹紧油缸供油，夹紧活塞伸出时使带有锥面的夹片夹紧钢丝，油压继续升高时打开顺序阀，镦头油缸过油，镦头活塞伸出，将钢丝镦出半圆形头，然后停止供油，回程弹簧使镦头活塞、夹紧缸活塞回程，夹紧夹片松开，取出镦好头的钢丝，再重复上述过程，进行钢丝镦头作业。

对镦好的头形状尺寸要严格检验，如果出现不符合规范要求时，及时调整压力或查找原因，完全调整好后才能正式进行钢丝镦头作业，如将镦头器的镦头模拆下换上切刀总成，可进行切筋作业。

2. 镦头锚的质量控制

镦头锚具的质量在进场后需按施工规范的规定严格执行检验控制，此节主要介绍对钢丝选材、下料、镦头的要求及检验。

(1)镦头用的钢丝应选用具有可镦性的符合国标要求的钢丝，使用钢丝束镦头锚具前，首先应确认该批预应力钢丝的可镦性，即其物理力学性能应能满足镦头锚的全部要求。钢丝镦头尺寸不应小于规定值，头形应圆整端正。钢丝墩头的圆弧形周边出现纵向微小裂纹时，其裂纹长度不得延伸至钢丝母材，不得出现斜裂纹或水平裂纹。

(2)下料后的钢丝截面应与钢丝垂直，过分倾斜时，难保证镦头质量。

(3)先进行试镦，镦头形状尺寸应符合要求后，再正式进行作业。

钢丝镦头的头形有蘑菇形与平台形两种，见图 4-33 所示。镦头要求头形圆整，不偏斜，强度不低于钢丝标准强度的 98%，头颈处母材不得受削弱，颈部母材不受损伤，但允许有纵向不贯通的钢丝镦头裂纹。

钢丝镦头压力与头形尺寸见表 4-19。

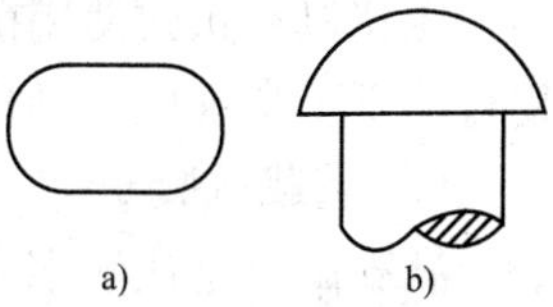

图 4-33　镦头形状

a)平台形；b)蘑菇形

钢丝镦头压力与头形尺寸　　表 4-19

钢丝直径 ϕ(mm)	镦头压力(MPa)	头形尺寸(mm)		
		直径 D	高度 H	
ϕP5	32～36	7～7.5	4.7～5.2	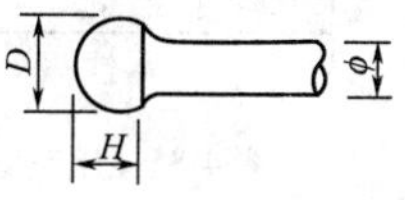
ϕP7	40～45	10～11	6.7～7.3	

（4）在镦头作业中经常进行外观检验和形状尺寸检验，如发现不正常现象，认真调整及查找原因，排除后方可再进行作业。

三、压　花　机

压花机用于预应力钢绞线埋入端的制作，绞线经压花机压成梨状，埋入混凝土中，并需要一段黏结长度，构成预应力筋固定端，此压花锚多用于有黏结预应力筋，如预应力桥梁工程中常用，在无黏结工程中很少采用，因为压花锚要获得可靠的锚固，不但要严格地控制压花后的各部尺寸，而且需要一段较长的黏结段，才能有良好的锚固效果。这样就无形中浪费了一大段钢绞线，起不到预应力筋作用，有的结构无法布置有黏结段，如高层建筑预应力楼板，没有足够长的黏结段，就容易拔出，另外黏结段上的油脂也很难擦净，也就与混凝土无法黏牢。

1．压花机构造与工作原理

压花机的构造见图4-34所示，主要有油缸、活塞杆、机架以及夹紧钢绞的夹具等组成。将要压花的钢绞线，插入活塞杆端部孔内，操作夹紧把手将钢绞线夹紧后，向油缸中供压力油使活塞杆伸出，当压力足够大时，把钢绞线压成梨状。

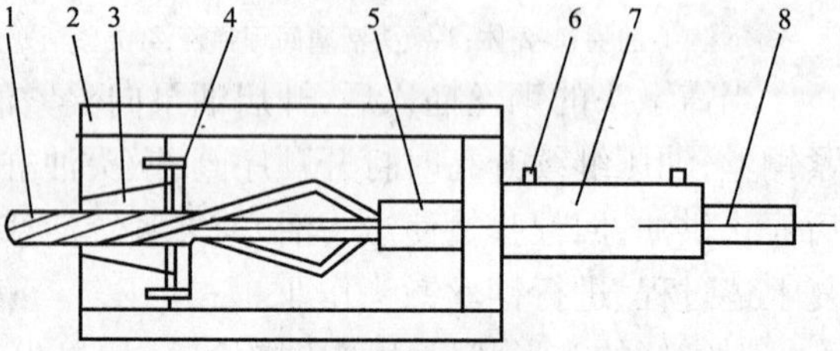

图4-34　压花机构造

1-钢绞线；2-机架；3-夹具；4-夹紧把手；5-活塞杆；6-油嘴；7-油缸；8-扶把

2．压花机技术参数（表4-20）

压花机技术参数　　表4-20

型　号	最大顶压力	最 大 油 压	油 缸 面 积	最 大 行 程	适 用 范 围
YH3	30	20	16	120	ϕ12，ϕ12.7
YH20	20	16	12.6	120	ϕ12.9，ϕ15
YH30	25	30	9.6	100	ϕ15.24，ϕ15.7

3．压花机的检验

（1）空载运行

压花机在正式使用前，首先接好油路、电路，启动油泵，使压花机空载运行，检查有无漏油、爬行等不正常现象。操作夹紧把手，看是否灵活。一切正常后可进行满载试验。

（2）满载试验

满载试验是让活塞杆全部伸出后继续使油压升高，升至40MPa，观察油路等有无漏油、缸体有无变形等不正常现象。

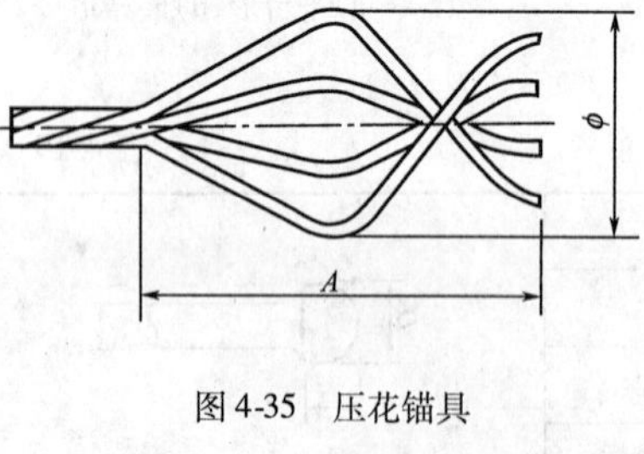

图4-35　压花锚具

（3）压花锚检验

为保证压花后几何尺寸符合要求，在正式投入压花作业前，必须进行压花试件检验，就是用工程实际应用的预应力钢绞线，在压花机上进行操作。对压好的梨形固定端，进行尺寸检查，尺寸应符合表4-21规定。压花锚具见图4-35所示。

尺寸检验表　　表4-21

钢绞线	ϕ(mm)	A(mm)
S12	70~80	130
S12.9	70~80	130
S15	85~95	150
S15.7	85~95	150

第五节　预应力筋切断设备

预应力筋主要有：钢绞线、高强钢丝、精轧螺纹钢及预应力热处理钢筋等。钢丝、小直径圆钢及螺纹钢可用手工剪断，常用剪线钳适用于6mm以下钢丝或钢筋的切断，劳动强度大，工作效率低。

目前预应力筋切断，大部分用圆盘砂轮切割机，能适用各种预应力筋的切割，还有采用液压式和机械式进行钢筋的切断。将镦头器的镦头模拆下换上切刀总成，可进行切筋作业。

一、电动圆盘砂轮切割机

电动圆盘砂轮切割机是当前工作中常用的一种切割机具，能适用于切割各种预应力筋：钢绞线、钢丝、小直径的圆钢、螺纹钢，还可用于切割管材及其他黑色、有色型材以及塑料型材。具有切割速度快、效率高、操作方便以及切割的截面整齐等特点，另外，对硬度较高的、无法用一般有齿锯切断的材料，圆盘砂轮机也能进行切割。圆盘砂轮机分为台式和手提式。

台式圆盘砂轮机。圆盘砂轮机（见图4-36），是由能高速旋转的砂轮片直接安装在电机轴上，固定座上装有可水平转一定角度的夹钳，电机安装在活动架上与座铰接，旋转手柄用夹钳将工件夹紧，按下电机按钮，砂轮片旋转后，再慢慢按下手柄，进行工件切割。操作时用力不能过猛、过大，过轻切割效率又太低，应根据不同材料而用力适当。在快要切断时，用力轻些，否则容易损坏砂轮片。操作者应站在侧面，砂轮旋转方向严禁站人和过人，以免砂轮破碎飞出伤人。

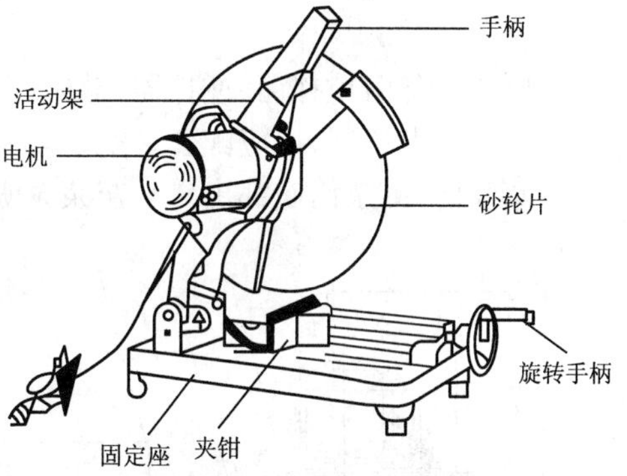

图4-36　台式圆盘砂轮机

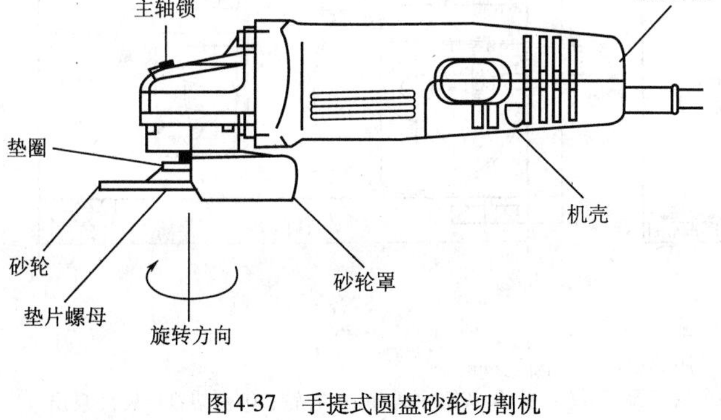

图4-37　手提式圆盘砂轮切割机

二、手提式圆盘砂轮切割机

手提砂轮切割机是一种可提式轻便砂轮机，见图4-37所示，常用于使用圆盘砂轮不方便的地方，如张拉后预应力钢绞线、钢丝束的切割，台式圆盘砂轮切割机无法操作的地方。用于切割时，选用平盘式砂轮片；用于角向磨光时，选用碟形片。

第六节　压浆设备

一、分类及用途

压浆设备是在桥梁等构件经过张拉施加预应力后，立即进行灌压水泥的专用设备，以使钢筋束（钢绞线）在孔道中与混凝土结为一体，防止钢筋受到气蚀。压浆机应具有水灰比级配准确、拌和均匀、泵送水泥速度快等特点。目前国内压浆设备种类复杂，尚无统一标准，有的设备是搅拌设备和压浆设备是分开的，有的是一体机，如图 4-38 所示。

图 4-38　VSL 的 YJJ1 型压浆机

压浆即可根据其搅拌机、水泥灰浆泵、搅拌方式及泵送压力等进行分类。

根据气泵送工作压力大小可分为小型（工作压力小于 0.6～1.5MPa）、中型（工作压力 1.5～2MPa）、大型（工作压力 2～6MPa）三种。

按泵的行式分为柱塞泵和螺杆泵两种。

根据水泥浆搅拌筒与储浆筒的布局可分为水平式（搅拌筒与出浆筒布局在同一水平面）、立式（搅拌筒与出浆筒上下垂直布局）两种。按搅拌筒底的形式又可分为锥形和碟形两种。

根据搅拌器叶片的形式可分为涡轮式、推进式、浆液式、锚框式。

二、主要结构与工作原理

压浆设备由搅拌筒、搅拌器、储浆筒、灰浆泵、供水系统、泄浆机构等组成，如图 4-39 所示，如需真空辅助压浆，还应配套真空泵。水泥浆由搅拌器搅拌好后，提升泄浆机构使水泥浆自动流入储浆筒，出浆筒底部出口与灰浆泵吸入口相连，形成连续不断的搅拌和压浆作业。

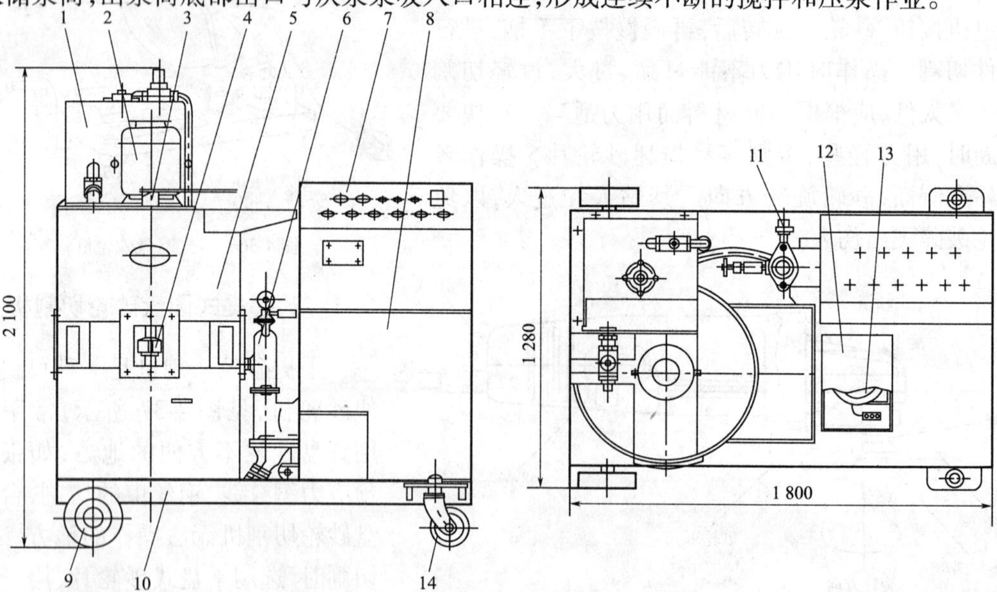

图 4-39　压浆机（尺寸单位：mm）

1-水箱；2-泄浆机构；3、4-链条轴边器；5-搅拌筒；6-灰浆泵；7-仪表盘；8-灰浆泵外罩；9-后轮；10-机架；11-灰浆泵出口；12-工具箱；13-控制线架；14-前轮

1. 搅拌筒及储浆筒

搅拌筒有进料口、出料口和进水口，搅拌筒和出浆筒的构造对水泥浆的搅拌质量起很大作用，通常都是圆筒形，其筒底有的是锥形、有的是碟形，见图4-40a)、b)所示。有些根据搅拌器的不同，在筒底壁上加设挡板(图4-41)，以改变水泥浆在筒内的流动状态，见图4-40c)所示。为泄浆方便，搅拌筒与储浆筒的布置多为上下垂直布置，或上下错落布置。

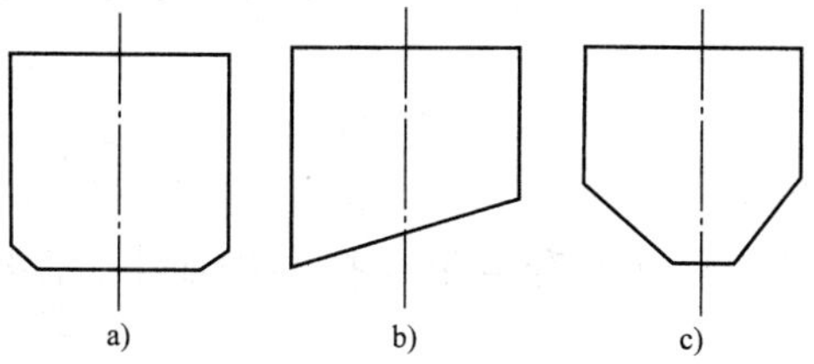

图4-40　搅拌筒形式

a)锥形;b)碟形;c)加设挡板

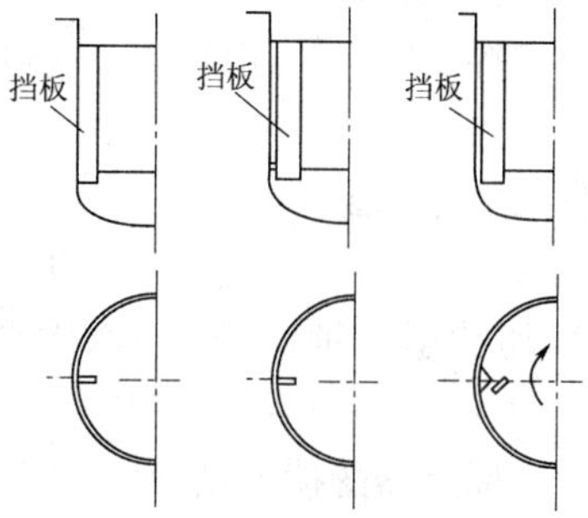

图4-41　挡板安装

2. 搅拌器

搅拌器是压浆机的关键部分，主要由搅拌轴、搅拌叶片座、搅拌桨叶、轴承及驱动传动系统等组成。当水与水泥分别加入搅拌筒，在搅拌叶片的作用下，水泥灰浆产生轴向上、下循环，快速形成搅拌均匀的水泥浆。常见的搅拌器有五种形式，以涡轮式搅拌器、推进式搅拌器、桨叶式搅拌器三种结构形式最为常用，见图4-42所示。一般转速大于1 000r/min的搅拌机称为高速搅拌机，在高速水流的冲击下，水泥浆搅拌得更均匀，沉淀少，流动度小，压浆效果比低速搅拌机好。

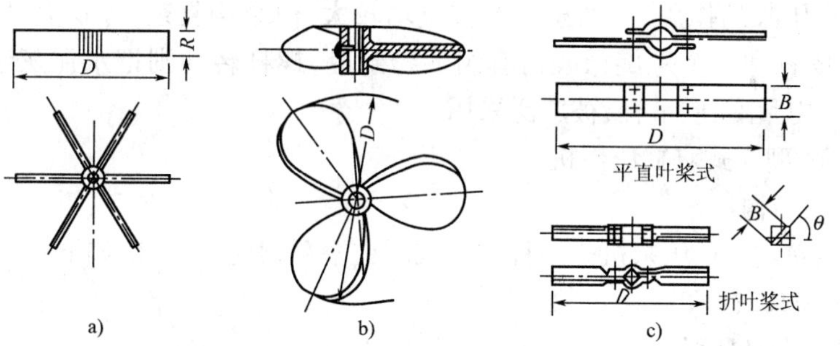

图4-42　搅拌器的形式

a)涡轮式;b)推进式;c)桨叶式

(1)涡轮式搅拌器

涡轮式搅拌器的运转速度为1 000～1 500r/min，搅拌叶片多设计为3～6个。搅拌式水泥浆的流动状态为径向涡流，在搅拌筒中由很深的旋涡产生。当搅拌筒壁内缘设有挡板时，旋涡消失，水泥浆可自搅拌桨叶片为界形成上下两个循环流。

(2)推进式搅拌器

推进式搅拌器的运转速度为1 000～3 000r/min，搅拌桨叶设计为3个。搅拌时水泥浆的流动状态为轴向推动水泥浆循环。循环速率高，剪切作用小。在湍流区内无挡板时水泥浆生成旋涡，当搅拌筒内缘设有挡板或在搅拌器叶片外设导流筒时，则消除了旋涡，水泥浆在搅拌筒内上下翻腾,使轴向循环更好。

(3)桨叶式搅拌器

桨叶式搅拌器运转速度不大于100r/min,桨叶式搅拌器多用于高黏度低速搅拌介质。其搅拌时灰浆的流动状态为低速时水平环流为主,速度高时为径流型,有挡板时为上下循环流。

(4)锚框式搅拌器

锚框式搅拌器的运转速度为10~80r/min。搅拌时水泥浆的流动状态为水平环向流,即水平层流状态。

(5)螺带式搅拌器

螺带式搅拌器的运转速度为10~50r/min。搅拌时水泥浆的流动状态为轴流型,即水泥浆的流动状态为轴流型,即水泥浆沿筒壁螺旋上升再沿搅拌器轴而下,呈纵向层流状态。

上述五种搅拌器的搅拌轴通常均为方形和圆形钢材制成(以圆形为多)。搅拌座用销子与搅拌轴连接,桨叶片采用螺栓固定在搅拌桨座上,叶片形状为矩形、箭头形等。

搅拌器的传动系统结构形式多样,有如下几种:

电机→搅拌轴;

电机→减速器→搅拌轴;

发动机(电机)→液压泵→液压马达→搅拌轴;

发动机(电机)→摆线齿轮减速器→搅拌轴;

发动机(电机)→涡轮涡杆机构→搅拌轴。

3. 灰浆泵

灰浆泵的泵送压力要达到0.6~6MPa,常用的有螺杆泵和柱塞泵两种。柱塞泵是靠活塞的往复运动,达到压浆的作用,它的压力及排量均较大,但结构复杂,体积大,所以很少采用。螺杆泵是靠一根螺杆和一个螺旋橡胶衬套组成密封腔,螺杆转动则把水泥灰浆推向压出端。这种泵体积小、结构紧凑、质量轻,被广泛采用。

(1)ZNB6—32型立式双缸压浆机

①技术参数及结构

ZNB6—32型立式双缸压浆机是一种往复式的柱塞泵,其技术规格如下:

压力:3.2MPa;

电动机功率:11kW;

流量:$6m^3/h$;

电动机转速:1 400r/min;

进浆管内径:51mm;

排浆管内径:32mm;

外形尺寸(长×宽×高):2 820mm×850mm×1 381mm。

②ZNB6—32立式压浆机由泵体和搅拌筒两大部分组成,分别用螺栓安装在底架上。泵体由传动机构、连杆活塞、阀门、安全阀和压力表等组成。搅拌筒分上筒、下筒,主要由传动机构、上筒支承和刮板等组成。

(2)SNS系列卧式高压压浆泵

SNS系列高压注浆泵技术规格见表4-22。

SNS 系列高压注浆泵的技术规格 表 4-22

项　目	型号、单位		SNS200/10	2SNS	2SNS
动力机	Y		Y180L—4	Y160M—4	Y180S—4
功率	kW		22	11	18.5
转速	r/min		102/145/170/240	91/193	65/192
理论排量	L/min		86/122/143/204	63/13	54/161
N/S 压力	MPa	水泥浆	10/9/8/6	8/4	10/5
		砂浆	5	4/2	4/2
N/S 介质比	kg	水灰	0.5∶1		
		水灰砂	0.5∶1∶1.5		
整机质量	kg		1 000	612	730
整机外形	mm	$L \times B \times H$	2 260 × 765 × 955	1 800 × 945 × 705	

SNS 高压注浆泵可以压水泥浆，也可压砂浆。它与 YJ—340 搅拌筒配套使用。YJ—340 搅拌筒参数如下：搅拌轴转速 15r/min；小出浆口直径 64mm；电机功率 4kW；外形尺寸为 1 035mm × 1 035mm × 2 100mm。

(3)减压分配器

上面所介绍的两种压浆泵，其压力都比较高。它是为适合其他工程压浆的需要而设计的。而对于预应力孔道压浆则压力太高，但是只要配用一个减压分配器，便可把压浆机的浆液压力降到预应力所需任何压力值，且可以同时向 3 个孔道压浆。减压分配器是一个压力容器，上方装有压力表座和压力表，背面有一个进浆口，前面装有 3 个出浆口，每个口上都有一个阀，可选择同时向几个孔道压浆。

4. 真空泵

对于超长管道，压浆较为困难，可采用真空辅助压浆，其抽真空的设备为真空泵，真空辅助压浆见第六章第六节。

5. 供水系统

供水系统的一个关键问题，就是控制供水量。供水系统设置水箱时，水箱中要安装一个水量计量器；没有设置水箱，而是采用管道直接供水时，则要安装数字式水表来计量，确保水灰比准确。

三、压浆机的操作程序

(1)压浆机尽量安装在压浆孔道旁边，以减小管道损失。

(2)将搅拌柄的皮带拨叉拨到空转位置。

(3)启动电机，皮带轮应与指示箭头方向一致；电机皮带轮逆时针方向转动，便于拨叉拨动皮带。

(4)电动机启动后，应空转片刻，待运转正常平稳后，按动水泥称量系统和供水系统控制开关，按预先给定的配合比将水、外加剂、水泥依次投至搅拌筒；拌匀后，打开上搅拌筒放浆闸阀，把上筒水泥浆通过过滤网流到下搅拌筒，通过压浆泵体压出。

(5)上筒水泥浆放完后，关闭放浆闸阀。在上筒内按配合比加水和水泥，再搅拌一筒水泥浆待用，这样就能连续不断地向压浆泵体供浆。

(6)每次压浆完毕,压清水冲洗管道。必须把泵体各盖板打开,用清水冲洗干净,阀座部分要上防锈油。

(7)冬季停泵时,必须将泵体及管路中的积水放净,防止冻裂。

四、维 护 保 养

(1)按说明书在机器的各润滑点加注润滑油脂;

(2)保持操纵系统清洁干燥,防止电路电器受潮;

(3)所有泥浆接触部件,特别是泵、阀、管路,使用过后要注水冲洗。若较长时间闲置不用,还应加防锈油。

第七节 制 管 设 备

后张法预应力混凝土构件,必须留有穿过钢丝束或钢绞线的预留孔道,20 世纪 80 年代以前国内工程施工中采用橡胶抽胶拔管和人工白铁管,既费时又费力。现在都采用接缝质量好、耐压、抗渗、生产效率高的壁厚在 0.25 ~ 0.5mm 范围内的波纹管,而这种波纹管可以在施工现场,采用专门的卷管机来卷制。

卷管机根据波纹管成形的不同进行分类。目前国内大致有两种:一种是心轴式,另一种是环圈式。前者用螺旋导向,环绕在心轴上的波纹带随主轴转动,经接缝工具压花,压紧而使波纹管成形;后者是波纹带径环圈内圈与接缝工具成形,接缝不经压花而只是压紧。心轴式卷管机较多,在其压波纹装置中改变滚轮的形状,可以卷制单波、双波和多波形式的波纹管。单波、双波纹圆形管应用广泛,扁形管用于薄壁预应力工程。

大体工作程序是,将钢带盘装在钢带盘支架上,通过导向润滑装置,经压波纹装置碾压成形,再将成形的钢带环绕于成管机构的心轴上,调整折边,滚花及压紧轮,启动电机带动心轴和滚花,压紧轮转动,钢带边转边成管,并在支承槽内向前移动,按照所需长度进行切割。

一、卷管机的主要结构

卷管机主要由钢带盘支架、导向润滑装置、压波纹装置、成管装置、切割装置、传动系统、冷却系统、电器控制系统、机体和辅助装置(波纹管支架、点焊机)等部件所组成,如图 4-43 所示。

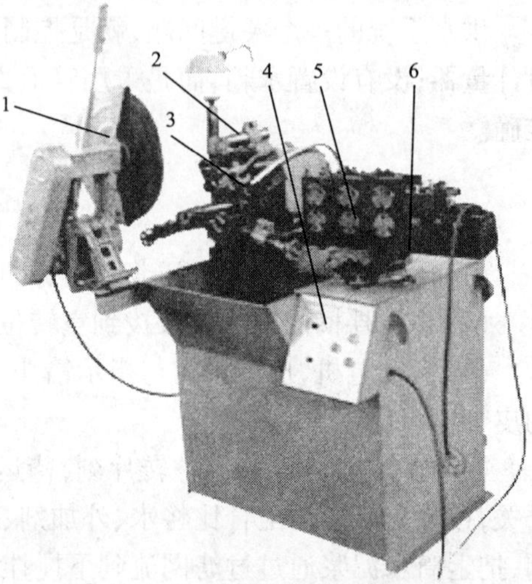

图 4-43 卷管机构成示意图

1-切割装置;2-传动装置;3-成管装置;4-电器控制系统;5-压纹装置;6-机体

二、卷管机的使用

1. 调整

(1)钢带的送进

在钢带送进之前,先把钢带装好放在钢带盘内后,将钢带盘放在钢带盘支架上,并能自由转动,谨防生锈和弄脏,如钢带表面有锈,应放入润滑油中浸泡,直到脱锈为止。

钢带送进按以下步骤进行:①用手推钢带穿过润滑油槽和侧边导向;②用送进手把拉钢带穿过整

个压波纹装置;③控制波纹的形状;④调整侧边导向上的螺钉以得到正确的间隙;⑤通过调整螺钉调整每对滚轮之间的距离,并使每对滚轮的4个调整螺钉的紧固力相同。

(2)钢带方向的调整

由于每种管径波纹管的螺旋角不同,因而卷管之前,都应对钢带方向进行调整。具体做法是:先查出相应的管螺旋角后,对压波纹装置做前后移动和转动,只要钢带方向与波纹钢带导向一致即可。

(3)接缝工具的调整

拆边装置在钢带绕卷心模后进行调整,为得到正确的位置,拆边轮须用榔头慢慢敲入,直到拆边轮与钢带接触成40°为止。调整角与波纹钢带导向的方向一致。顶针装置在钢带绕卷后进行调整,顶针拆边角应在1°~4°范围内,防止顶针和钢带的波纹接触,以免波纹管表面划伤。滚花装置与压紧装置,其调整角度和调整要求类似。齿轮之间要有自由啮合间隙,滚花轮与心模之间有接触间隙,以保证齿轮能自由啮合,相互之间有冲击力,防止小轴弯曲和可能发生的折断,同时使得波纹管接缝处有足够深的花纹,确保接缝的可靠性。

(4)螺距的调整

每次调整后,启动卷管机试卷400mm左右长波纹的管后,停机进行测量,如果螺距达不到要求,应进行调整:螺距变大,将滚花装置朝着立板方向往里拉;若是过小,则往离开立板方向往外推。

2. 操作

操作前须对整机的装配、成管中心部分的选配、电路的连接、润滑油液面、冷却润滑液面及齿轮减速器的润滑油进行检查。检查主心轴的旋转方向,正确的方向是:朝着立板看时主心轴按反时针转动,电机按顺时针转动。操作步骤如下:

(1)安装所需要的成管中心部分器件;

(2)将钢带送入压波纹装置;

(3)调整钢带方向,确定压波纹装置的位置;

(4)调整顶针装置;

(5)调整拆边装置;

(6)调整滚花装置和压紧装置,用调整手把拧紧滚花轮和压紧轮,使滚花轮靠着心模推压接缝,并有花纹,用压紧轮压紧,然后拧紧滚花轮和压紧轮手把螺杆上的锁紧螺母;

(7)按下电动油泵开关;

(8)启动卷筒机,卷到400mm长管子停机;

(9)启动切割机,切下这段管子;

(10)测量螺距并按(3)、(6)条调整;

(11)启动卷管机,分别取1 000mm、5 000mm长的管子后停机、切割、调整;

(12)管子符合要求后,继续启动卷筒机,卷到所需长度的管,再停机、切割;

(13)当钢带用完时,应及时停机,将新换上来的钢带与原钢带点焊连接,启动卷筒机继续工作。

3. 检查

波纹管按照有关标准须进行各项检查。一般应符合以下条件。

(1)目视检查;在接缝上有滚花纹,没有顶针的划伤,与套管能旋接。

(2)接缝检查;当两人各持管的一端往外拉时,听不见杂音,接缝处的材料不应发生折断

(接缝必须拉开)。

4. 维护和维修

本设备常在野外施工现场工作,条件恶劣,因此,应特别加强清洁维护工作。压波纹装置中的滚轮、齿轮成管中心部分的齿轮,应适时去除污垢,防止锈蚀。对于运动件,如齿轮轴承等应及时加注润滑油、润滑脂;保持减速箱、冷却润滑油箱和钢带润滑油槽中的冷却润滑液不冻结,在冬季加防冻剂;对于易损件,如滚花轮、滚轮,一旦磨损,应及时更换;定期对油路和电路进行检查,出现故障及时排除;各紧固件如有松动,应及时紧固;对于外购件,如主电机、切割电机、电动油泵、减速箱,维护和维修见有关产品说明书。

三、塑料波纹管焊接机

塑料焊接机,适用于各种 PE 塑料管的热融对接焊,带有横断面切削功能,温度可调,焊接迅速牢靠,使用方便,不需任何焊接料,其接口强度与塑料管本体同等强度和性能。

第八节 穿 索 机

一、概述与分类

1. 概述

穿索机是为在后张法预应力混凝土施工中将单根预应力钢绞线穿入混凝土构件预留孔道,再按设计要求将钢绞线截断成适当长度的设备。预应力构件往往根据不同的受力需要而有不同的结构形式,预留孔道的大小和长短也多种多样,孔道还常常有平弯和竖弯,孔道的成孔可能是金属波纹管,也可能是橡胶抽拔管,施工现场的环境和条件一般都比较恶劣。因此,人工穿索往往会遇到诸多困难和麻烦,有时甚至无法完成。采用穿索机穿引钢绞线效率高,可大大提高施工进度、施工质量,并减轻劳动强度。

2. 分类

(1)按驱动方式分类

穿索机根据其驱动方式的不同,可分为液压式穿索机和机械式穿索机。

(2)按动力传动及工作装置分类

穿索机也可根据动力传动部分与工作装置部分的不同配置分为分体式穿索机和整体式穿索机。

(3)按对钢绞线传递方式分类

穿索机根据对钢绞线的不同传递方式可分为双滚轮直接挤压推进式和双滚轮—链条传递式。

二、主要结构及工作原理

1. 液压穿索机

液压穿索机配备液压泵驱动液压马达,带动主动链轮,通过链条完成穿索工作,见图 4-44 所示。托链轮起支撑链条和平衡压紧轮压力的作用。链条上的每只链节都装有弧槽钢板,钢绞线由机器端头的后导管穿入,经过弧槽钢板由前导管穿出进入导向管和连接架,或不需导向管直接进入连接架,再穿入预紧力构件的预留孔道中。

液压换向阀控制马达的正、反转或停止，实现钢绞线的前进、倒退或停止运动。调速阀可以控制马达的回转速度，从而可以改变钢绞线的推进速度而实现速度的无级调节。

四只压紧轮以每两只为一组，用销轴装到一个三角支架上，再把两个相同的三角支架以同样的方法与一个大三角架铰接，大三角架又铰接在压杆上，使四个压紧轮处于浮动状态，当自压杆施加压紧力时，四只压紧轮同时向下均匀地压在钢绞线上。

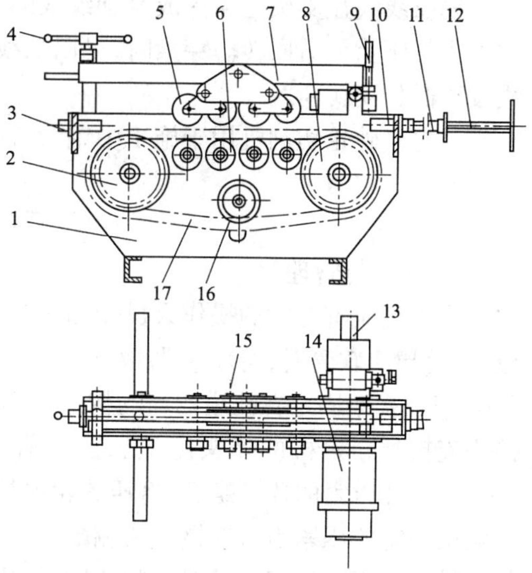

图4-44　穿索机

1-底架；2-导向轮组；3-后导管；4-手柄；5-压紧轮；6-托链轮；7-压杆；8-主动链轮；9-换向手柄；10-前导管；11-导向管；12-连接架；13-调速阀旋钮；14-液压马达；15-油杯；16-张紧轮；17-链条

2. 机械式穿索机

机械式穿索机由电动机驱动，通过联轴器，减速箱驱动主动齿轮和主动滚轮轴，主动齿轮又通过中间齿轮带动从动齿轮和滚轮轴，从而使最终齿轮和滚轮可同步转动(图4-45)。

与滚轮的安装部位相对应的上方安装有两只压紧轮，两只压紧轮的安装方式与液压穿索机相类似。整台机器两组滚轮同时工作(图4-46)。

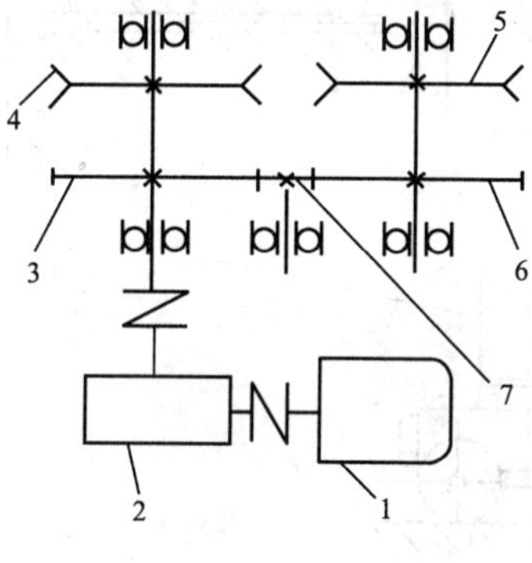

图4-45　机械式穿索机传动示意图

1-电动机；2-减速器；3、4-主动齿轮；5、6-从动齿轮；7-中间齿轮

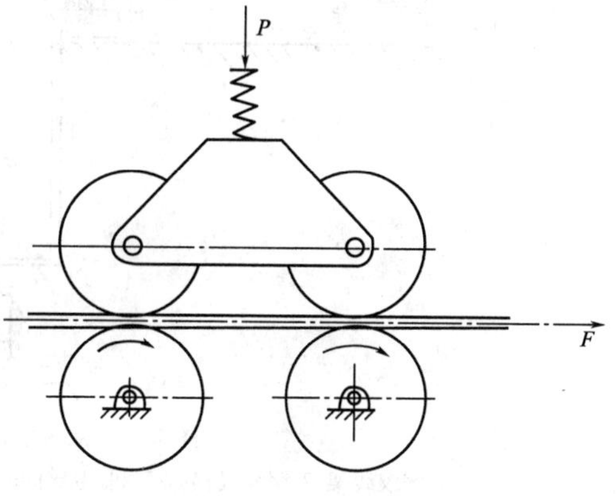

图4-46　滚轮与压紧轮安装示意图

上下滚轮都有弧形槽，钢绞线从槽中通过。钢绞线在机器上的进出部位以及两组滚轮之间的部位都有导向管为钢绞线导向。

钢绞线的前进、倒退和停止都由电动机直接控制。

3. 附加部件

导向管、连接架、钢绞线盘支架、手提式砂轮切割机是穿索机工作时所应配备的主要附件。导向管为金属软管，软管一端与机器的端部相接，另一端与连接架相接。穿索机工作时若机器端部与所需穿钢绞线的混凝土构件端部不能直接对中或相距一段距离时，用导向管将两者连接起来，对钢绞线起导向作用。

连接架是一个轻型钢构件。穿钢绞线时无论是否需要导向管都可以将连接架直接捆扎在孔道中，因此，连接架实际上也是一个导向装置。

钢绞线线盘支架是支撑成盘钢绞线的专用支架。钢绞线线盘直接放在支架上，支架又可以在支架座上灵活回转。穿索时，可以从线盘中连续不断地拉出钢绞线，不需预先把整盘钢绞线按所需长度切断。

手提式砂轮切割机用于施工中钢绞线的切断。

三、使用技术

1. 使用与管理

穿索机应有专门的操作人员使用、维护和管理。机器使用前，先固定在预应力梁端部相应位置；有导向软管时，可将机器放在预应力梁附近的位置固定，导向软管的长度一般不大于6m。将连接架固定在孔道四周的构造钢筋上。对于液压穿索机，应将液压泵的高压软管快速接头连接到穿索机的接头座上。工作前，先启动电机，液压泵和液压马达无负荷运转2～3min。松开压紧的顶紧螺杆，将压紧轮组抬高，将钢绞线顺链上凹槽穿出，再放回压紧轮组，给压紧梁一定的压紧力。在钢绞线端戴一个钢制子弹头状的钢绞线帽，以减少穿索时钢绞线端部的散乱。当一根细钢绞线穿够长度后，用手提砂轮机切断，即可进行下一根穿索工作。液压穿索机工作示意图见图4-47所示。

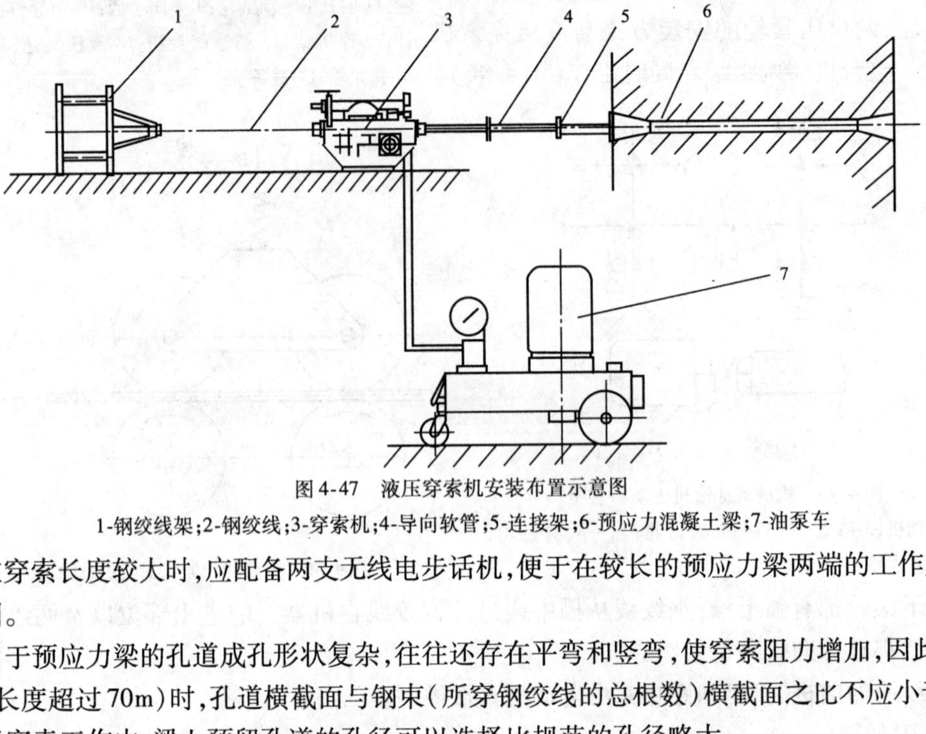

图4-47　液压穿索机安装布置示意图

1-钢绞线架；2-钢绞线；3-穿索机；4-导向软管；5-连接架；6-预应力混凝土梁；7-油泵车

在穿索长度较大时，应配备两支无线电步话机，便于在较长的预应力梁两端的工作人员联系使用。

由于预应力梁的孔道成孔形状复杂，往往还存在平弯和竖弯，使穿索阻力增加，因此，孔道较长（长度超过70m）时，孔道横截面与钢束（所穿钢绞线的总根数）横截面之比不应小于2.5。在实际穿索工作中，梁上预留孔道的孔径可以选择比规范的孔径略大。

2. 维护

（1）穿索机为露天作业，每班应检查、清除上滚轮、链板上的油垢或污物，防止其工作时污染钢绞线。

（2）检查液压系统有无渗漏现象。

（3）按照说明书在机器的各润滑点加注润滑脂。上滚轮的加脂量应适当，以免油脂过多时漏出。

思考题

1. 预应力张拉设备分为哪三类？目前桥梁施工中常用的是哪类？
2. 群锚千斤顶有哪几类？各自的特点是什么？
3. 简述 YCW 型千斤顶构造和操作程序。
4. 简述前置内卡式千斤顶的特点和应用。
5. 千斤顶为什么要进行标定？什么情况下需要进行标定？
6. 液压式张拉机的使用注意事项有哪些？
7. 液压千斤顶常见故障和排除方法有哪些？
8. 简述 ZB4—500 型电动油泵构造。
9. ZB4—500 型电动油泵掌握操作程序有哪些？
10. ZB4—500 型电动油泵注意事项有哪些？
11. 简述高压油泵常见故障和排除方法。
12. 固定端的设备有哪些？
13. 简述挤压锚的制作方法。
14. 压浆设备由哪些设备构成？
15. 压浆机使用注意事项有哪些？

第五章　先张法预应力混凝土施工

学习目标

1. 掌握预应力体系的组成，熟悉预应力筋及非预应力筋的布置原则；

2. 熟悉张拉台座的种类，张拉台座的计算；

3. 掌握先张法施工工艺流程、张拉、养护、放张及张拉操作要点。

预应力混凝土工程中先张拉预应力筋、后浇筑混凝土的施工方法，称为先张法施工。先张预应力体系一般用于工厂或有一定规模的预制场成批生产的、外形较小的混凝土构件，其中包括小跨径的桥跨结构构件和一些结构的基本组成构件，不适合用于现场制造的大型预应力混凝土构件。

第一节　结构及设计要求

一、预应力体系和基本组成

先张法预应力体系，由预应力筋和黏结锚固系统组成，用于先张法预应力混凝土结构（图5-1）。

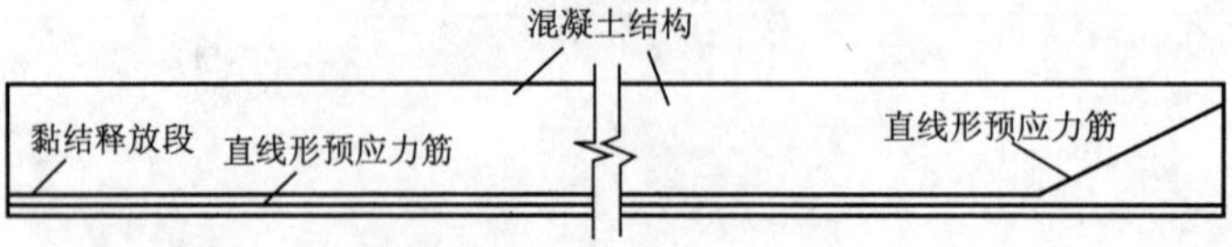

图5-1　先张法预应力体系和结构基本组成

先张预应力体系所采用的预应力筋，一般为高强粗钢筋、钢丝、钢绞线等，按直线或折线线形布置。预应力筋的锚固主要是靠其端段与混凝土之间的黏结力实现的，其锚固长度大小与混凝土强度和预应力筋的种类有关：

（1）与混凝土强度等级有关。强度等级越高，黏结力越大。

（2）与钢筋表面形状有关。一般经刻痕、扭结处理的钢筋黏结力大，光面钢筋黏结力小。

（3）与混凝土的密实度有关。混凝土越密实，黏结力越大。

先张预应力筋与混凝土的直接黏结作用，预应力筋对混凝土结构的力的作用及其作为构件截面受力组成部分的作用，都是在预应力筋放张的同时形成的。这种直接黏结作用，更有利于发挥预应力筋的抗拉能力，限制混凝土裂缝发展。

二、预应力筋布置

先张预应力筋有直线和折线两种。先张预应力主要用于一些在工厂或预制场成批制造的小跨构件，采用直线布筋更适合长线预制施工，也能满足构件的基本受力要求；对于跨径较大的先张法预制构件，采用折线布筋虽然有利于受力，但后张法预应力设计将有更合理、灵活的布筋方式。

(1)先张法预应力钢丝按单根方式配筋困难时，可采用相同直径钢丝并筋方式。并筋的等效直径，对双并筋应取为单筋直径的1.4倍，对三并筋应取为单筋直径的1.7倍。并筋的保护层厚度、锚固长度及预应力传递长度等均应按等效直径考虑。

(2)先张法预应力筋的混凝土保护层最小厚度应符合表5-1的规定。

(3)先张法应力筋的净间距不应小于其公称直径或等效直径的1.5倍，且应符合下列规定：对单根钢丝，不应小于15mm；对三股钢绞线，不应小于20mm；对七股钢绞线，不应小于25mm。

先张法预应力筋的混凝土保护层最小厚度(单位:mm) 表5-1

环境条件	构件类型	混凝土强度等级	
		C30～C45	≥C50
室内正常环境	板	15	15
	梁	25	25
露天或室内高湿环境	板	25	20
	梁	35	30
滨海室外环境	板	30	25
	梁	40	35

(4)先张预应力筋端部周围的混凝土应采取下列加强措施：

①对单根配置的预应力筋，其端部宜设置长度不小于150mm、且不少于4圈的螺旋筋；当有可靠经验时，也可利用支座垫板上的插筋代替螺旋筋，但插筋数量不应小于4根，其长度不宜小于120mm；

②对分散布置的多根预应力筋，在构件端部$10d$(d为预应力筋直径)范围内应设置3～5片与预应力筋垂直的钢筋网；

③对采用预应力钢丝配筋的薄板，在板端100mm范围内应适当加密横向钢筋。

(5)采用先张长线法生产有端横肋的预应力肋形板时，应在设计和制作上采取防止放张预应力筋时端横肋产生裂缝的有效措施。

(6)先张法空心板梁等构件底部的预应力筋，根据弯矩图不需要全部伸到端部时，可将多余部分采取失效措施。

为了避免直线配筋对构件某些部位产生过大预加力，通常在一定长度内将部分预应力筋包裹或套管以释放相应的预应力(图5-2)，但这种措施将使预应力钢材的利用率下降。由于直线布筋时无预剪力作用，非预应力筋对截面抗剪强度的影响较大；当构件跨径、剪力较大时，因主拉应力不能有效克服而产生不利影响。

图 5-2　先张法预应力空心板布筋图

三、非预应力筋的布置

先张预应力的黏结锚固段,预应力筋从外端无应力逐渐过渡到设计拉应力,与之黏结的混凝土受力很复杂。为了防止锚固段预应力筋回缩时与周围的混凝土黏结破坏、横向胀裂,预应力筋外应套以其端部设置长度不小于 150mm 的螺旋筋,以加强锚固段(图 5-2),对于多根预应力钢筋,在构件端部 10 倍预应力钢筋直径范围内,应设置 3 ~5 片钢筋网。

在采用直线布筋的先张预应力锚固段,往往无法避免在截面顶缘出现拉应力,故在构件受拉区段截面的顶缘应设置加强钢筋(图 5-2)。

第二节　张拉台座设计

预制场内的布置应安全、紧凑、通畅。根据施工现场地形、施工顺序及方法,对场内的制梁台座、加工车间、运输道路、机械安装位置、材料堆放场地、临时工棚等做全面合理的布局。使各道工序紧密衔接又不互相干扰,从而形成一条通畅的施工流水线。图 5-3 为先张法台座布置图。

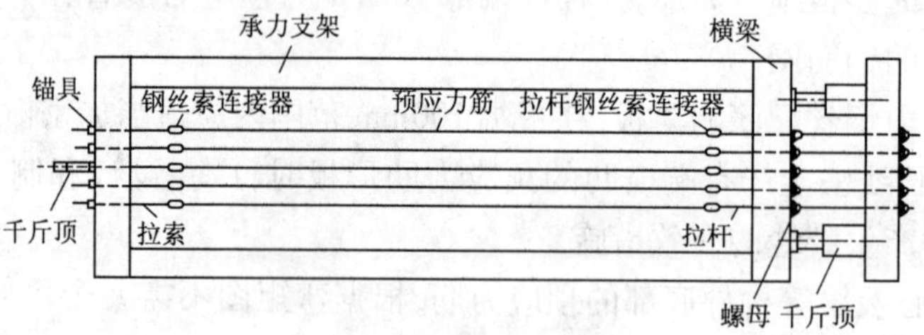

图 5-3　先张法台座布置图

一、台座的种类及要求

台座按构造类型不同,可分为墩式台座、槽式台座、构架式台座和换埋式台座。四种类型中,其中墩式台座和槽式台座较为常用。对构件台面要求高的还应设计滑动台面。

1. 墩式台座

墩式台座由承力台墩、台面与横梁组成，其长度宜为 100 ~ 150m。台座的承载力应根据构件的张拉力大小，可设计成 200 ~ 500kN/m。

墩式台座由传力墩、台座板、台面板和横梁组成（图 5-4），其构造通常采用传力墩与台座板、台面共同受力形式，依靠自重平衡张力并可减少台墩自重和埋深。台座长度和宽度由场地大小、构件类型和产量等因素确定，一般长不大于 150m，每组宽不大于 2.0m，张拉力可达到 1 000 ~ 2 000kN，适于生产中小型构件或多层重叠浇筑的预应力构件。

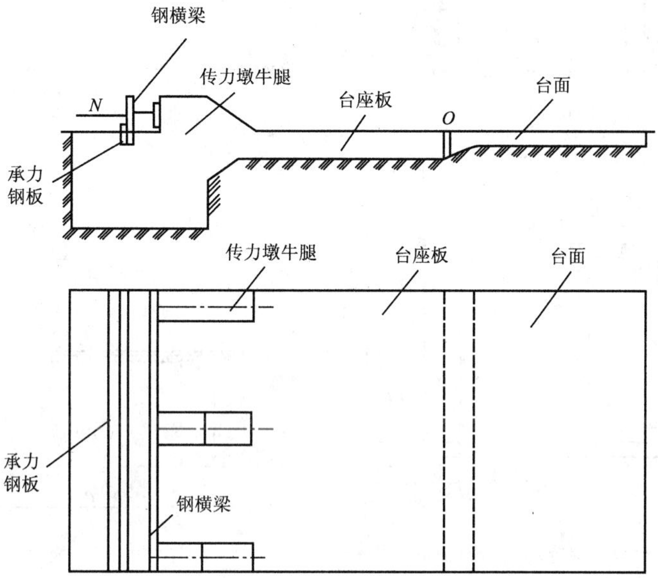

图 5-4 墩式台座的构造

2. 槽式台座

槽式台座（又称压杆式台座）由钢筋混凝土压杆、传力架及台面组成。槽式台座能承受的张拉力较大（1 000 ~ 4 000kN），台座变形较小，但建造时较墩式台座材料消耗多，需用时间长。为便于混凝土运输和蒸汽养护，槽式台座多低于地面。在施工现场还可利用已预制好的柱、桩等构件装配成简易槽式台座。

槽式台座由锚固端柱、张拉端柱、传力柱台面及上下横梁等受力构件组成（图 5-5），一般可做成装配式。传力柱可分段制作，每段长 5 ~ 6m，总长度为 45 ~ 47m，宽度随构件外形及制作方式而定，一般不小于 2m，它既可承受张力，又可做养生槽，适用于张拉和倾覆力矩均较大的中型预应力构件，如跨径较大的预应力空心板梁。

3. 构架式台座

预应力构架式台座，一般采用装配式，由多个 1m 宽、重约 2.4t 的三角形块体组成，每个块体能承受拉力约 130kN，可根据台座需要的张拉力，设置一定数量的块体组成（图 5-6），适用于张拉力不大的中小型构件。

4. 换埋式台座

预应力换埋式台座由立柱、横梁、挡板和砂床组成。其特点是用砂床埋住挡板、立柱，以此来代替现浇混凝土墩，抵抗张拉时的倾覆力矩（图 5-7）。

它具有拆迁方便，可多次周转使用等优点，适用于临时性预制场生产张拉力不大的中小型构件。

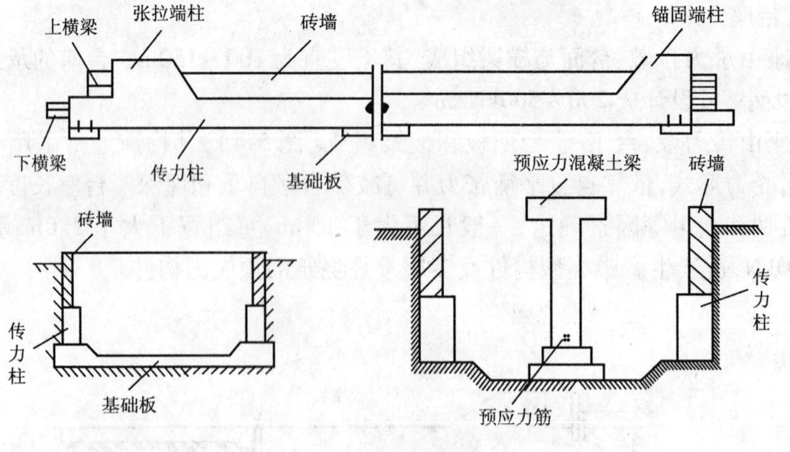

图 5-5　槽式台座的构造

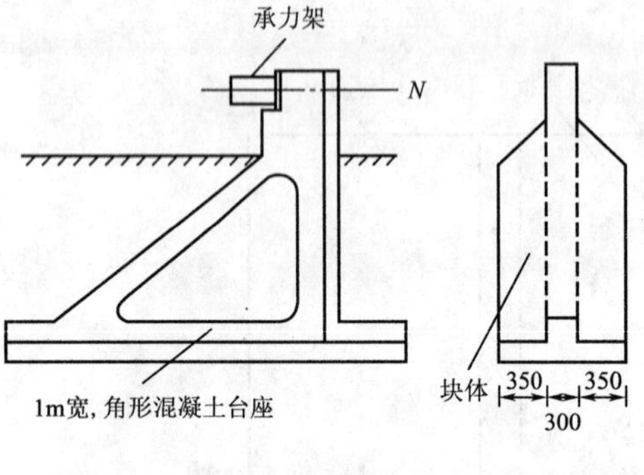

图 5-6　构架式台座的构造(尺寸单位:mm)

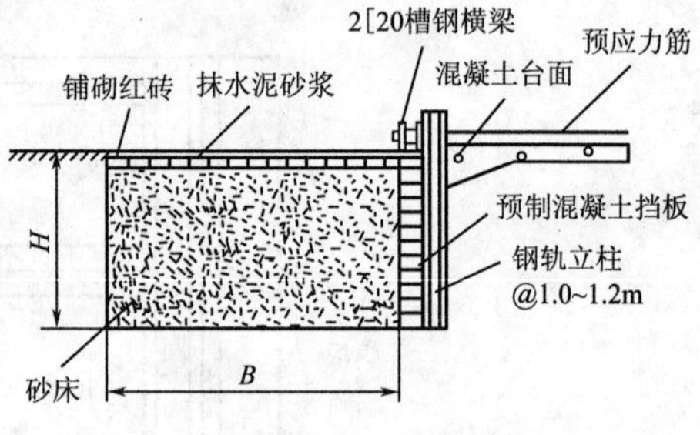

图 5-7　换埋式台座的构造

5. 预应力混凝土台面

普通混凝土台面由于受温差的影响,经常会发生开裂,导致台面使用寿命缩短和构件质量下降。为了解决这一问题,国内有些预制构件厂采用了预应力混凝土滑动台面。

6. 预应力混凝土滑动台面

预应力混凝土滑动台面的做法是:将原有的混凝土台面或新浇的混凝土基层上刷隔离剂,张拉预应力钢丝,浇筑混凝土上面层。待混凝土达到放张强度后再切断钢丝,台面就发生滑动,这种台面可以避免出现裂缝(图 5-8)。

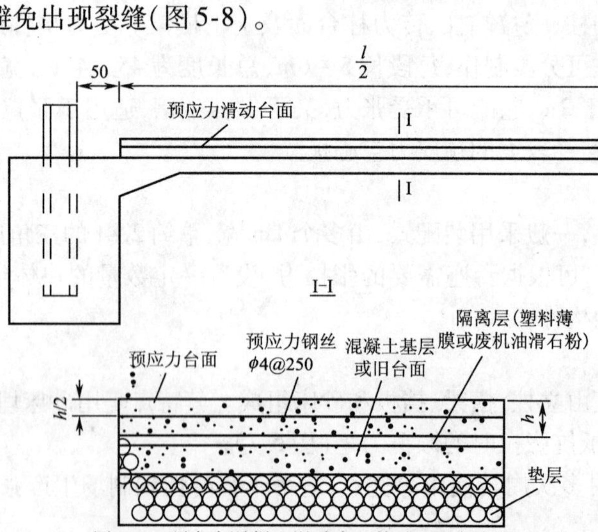

图 5-8　预应力混凝土滑动台面构造(尺寸单位:cm)

二、台座的构造要求

台座长度应根据构件的长度倍数再加上一定的生产需要长度确定，以100m左右为宜，但不宜小于50m。台座太长，钢筋在进行运输和放入台座时都很不方便，而且钢筋的垂度过大，对预应力有一定的影响。台座表面应光滑平整，平整度用2m靠尺检查，不得超过3mm；横向应做成0.5%的排水坡度。

台座宽度主要决定于构件外形尺寸的大小、生产操作的方便程度以及用料的经济情况等。台座宽度太窄，会影响模板的安装与拆卸；太宽则需用较大的横梁，用钢量就增多。墩式台座的各部件应符合下列要求：

(1)台座的承力台墩必须具有足够的强度和刚度，并应满足抗倾覆的要求；

(2)台座横梁受力后的挠度应控制在2mm以内，并不得产生翘曲；

(3)钢丝锚固板的挠度应控制在1mm以内。

槽式台座整体式的压杆由于张拉力是依靠柱子本身来平衡，故不存在倾覆和滑移的问题。压杆应进行屈曲验算。

钢筋混凝土台座面层每隔一定距离应设置伸缩缝，伸缩缝的间距可根据当地的温差情况和经验确定，宜在10~15m之间。

采用预应力混凝土滑动台面，可不设置伸缩缝，但台座的基层与面层之间应有可靠的隔离措施，在台墩与面层的联结处留有供台面伸缩的间隙，构件生产时在台座端部应留出长度不小于1m的钢丝。

三、台座的验算

各类台座的设计原则基本相同，下面仅以墩式台座的设计验算为例(见图5-9)。台墩应具有足够的承载力、刚度和稳定性。设计时应考虑张拉力所引起的倾覆、滑移以及台墩各部分的强度和刚度。因此，抗倾覆与滑移是设计的关键。

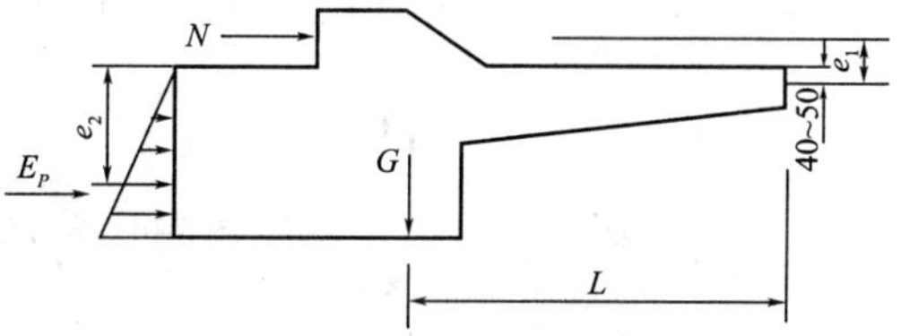

图5-9　台座验算图(尺寸单位：mm)

1. 台墩的抗倾覆验算

$$K=\frac{M_1}{M}=\frac{GL+E_PC_2}{P_jC_1} \tag{5-1}$$

式中：K——抗倾覆安全系数，应不小于1.5；

M_1——抗倾覆力矩，由台座自重和土压力等产生；

M——倾覆力矩，由预应力筋的张拉力产生；

E_P——台墩后面的被动土压力合力，当台墩埋置较浅时，可忽略不计；

C_2——被动土压力合力作用点至倾覆点的力臂；

P_j——预应力筋的张拉力；

C_1——张拉力合力作用点至倾覆点的力臂；

G——台座的自重力；

L——台墩重心至倾覆点的力臂。

对于台墩与台面共同工作的台墩，倾覆点的位置按理论计算，倾覆点应在混凝土台面的表面处，但考虑台墩的倾覆趋势使得台面端部顶点出现局部应力集中和混凝土抹面的施工质量的影响，倾覆点的位置宜取在混凝土台面以下 40～50mm 处。

2. 台墩的抗滑移验算

$$K_c = \frac{N}{P_j} \tag{5-2}$$

式中：K_c——抗滑移安全系数，应不小于 1.39；

N——抗滑移的力，对独立的台墩，由侧壁上压力和底部的摩阻力等产生。

第三节 先张法施工

一、施工工艺流程

先张法预应力施工工艺流程见图 5-10 所示。

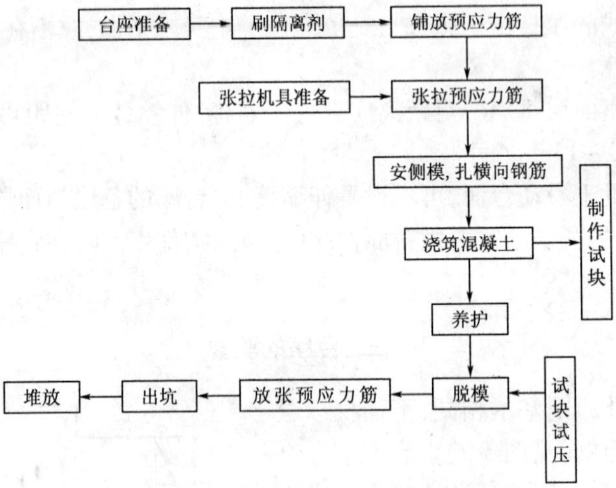

图 5-10 先张法预应力施工工艺流程图

二、模 板 要 求

模板应满足承载力、刚度和稳定性的要求，并应具有构造简单、装拆方便、不漏浆的特点。长线生产的模板应采用钢模或外包钢板的木模。混凝土胎模表面应平整光滑，目前常见的做法是做水磨石台面或钢板台面，转角处应做成圆角。短线生产的钢模承载力和刚度应满足张拉、成型、起吊时的要求。先张法承力支座及台面的技术要求见表 5-2。

先张法承力支座及台面的技术要求 表 5-2

项 目	技 术 要 求
承力支座	必须有足够的强度和刚度，应有足够的安全系数，能防止颠覆和滑移
承力横梁	受力后挠度控制在 2mm 以内，不得产生弯曲
钢丝锚固板	受力后挠度控制在 1mm 以内
台面	宜采用预应力混凝土台面，但台面与基层之间应有可靠的隔离措施，并在承力支墩与台面之间留有供台面伸缩的间隙。 如系钢筋混凝土台面，应有胀缩缝，距离通常为 5～15m，按经常生产的构件规格而定。 台面表面宜平整光滑；横向宜做成 0.5% 的排水坡

三、预应力筋铺设及锚具、夹具安装

预应力筋应在台面上的隔离剂干燥之后铺设,隔离剂应有良好的隔离效果,又不应损害混凝土与钢筋的黏结力。如果预应力筋遭受污染,应使用适当的溶剂加以清刷干净。隔离剂若被雨水冲掉应进行补涂。

下料前应计算好钢绞线的长度,即张拉后的长度应满足锚具的安全剩余长度。下料结束后需穿放保护钢绞线预应力失效的 PVC 管,PVC 管的长度和位置应符合设计要求,不得更改。钢绞线与精轧螺纹钢的连接锚固必须安全可靠,钢绞线间距应符合设计要求,如因精轧螺纹钢与钢绞线的连接器过大导致间距不能满足设计要求时,应将连接器位置错开。先张预应力筋制作安装允许偏差见表 5-3。

长线生产时应在预应力筋下放置保护层垫块,以防止预应力筋垂直挠度过大,影响保护层的厚度和预应力值。

先张预应力筋制作安装允许偏差 表 5-3

项　　目		允许偏差(mm)
镦头钢丝同束长度相对差	束长 >20m	L/5 000 及 5
	束长 6 ~ 20m	L/3 000
	束长 <6m	2
冷拉钢筋接头在同一平面的轴线偏位		2 及 1/10 直径
力筋张拉后的位置与设计位置之间偏位		4% 构件最短边长及 5

四、张　　拉

预应力筋的张拉工作是预应力施工中的关键工序,为确保施工质量,预应力筋的张拉应严格按设计要求进行。预应力筋张拉时应采取安全措施,以防止钢丝拉断或滑脱时伤人。

1. 张拉控制应力

预应力筋张拉控制应力的大小直接影响预应力效果,影响到构件的抗裂度和刚度,因而控制应力不能过低。当然,控制应力也不能过高,否则会使构件出现裂缝的荷载与破坏荷载很接近,在破坏前没有明显的警告,这是很危险的;同样,超张拉过大使钢筋的应力值超过屈服点,产生塑性变形将影响预应力值的准确性和张拉工艺的安全性;此外控制应力较大造成构件反拱过大或预拉区出现裂缝也是不利的,但其最大控制应力不得超过表 5-4 的规定。

张拉控制应力限值 表 5-4

钢 筋 种 类	先 张 法
消除预应力钢丝、钢绞线	$0.75f_{pk}$
精轧螺纹钢筋	$0.9f_{pk}$

当符合下列情况之一时,表 5-4 中的张拉控制应力上限值可提高 $0.05f_{pk}$:

(1)要求提高构件在施工阶段的抗裂性能而在使用阶段受压区内设置的预应力钢筋;

(2)要求部分抵消由于应力松弛、摩擦、钢筋分批张拉以及预应力钢筋与张拉台座之间的温差等因素产生的预应力损失。

2. 张拉

张拉前应检查千斤顶与底板中心是否对齐,如不对齐的,必须进行调整。初拉时可采用前卡式千斤顶左右对称逐根张拉，将钢绞线张拉到张拉应力的10%，使每根钢绞线张拉力相同，然后再进行群拉。如需要超张拉的，张拉力与伸长量满足设计要求后，上紧螺母，再进行超张拉，超张拉时必须把张拉力控制在105%，持荷5min，再用千斤顶回复。

3．预应力值的校核

张拉时应力进行“双控”，即张拉力控制和伸长值控制。预应力钢筋的张拉力，一般用伸长值校核。实测伸长值与理论伸长值的差值与理论伸长值相比在±6%之间（考虑钢筋弹性模量变化所允许的范围）时，表明张拉后建立的预应力值满足设计要求，超过这个范围应检查原因重新张拉。

也可以采用钢丝内力测定仪直接检测预应力筋的预应力值来对张拉结果进行校核。

先张法的实际伸长值的测量，宜在初应力约为10%时开始，在横梁板、承力架、锚固板处的预应力筋上记上标志，或量度穿心式千斤顶的张拉缸行程。张拉距离再加上初应力前的推算伸长值，便是实际伸长值；对后张法，尚应扣除混凝土在张拉过程中的弹性压缩值。

4．张拉注意事项

先张法预应力筋张拉操作要点见表5-5。

先张法预应力筋张拉的操作要点 表5-5

序号	项目	操作要点
1	气温	在气温低于5℃的环境下，不宜制作预应力混凝土构件
2	模板	（1）模板要求不变形、不漏浆、装拆方便； （2）作为支承张拉力的模外张拉的侧板或底板，应有足够的刚度； （3）用地坪台面作底板时，安装模板应避开伸缩缝；如必须跨压伸缩缝时，宜用薄钢板垫铺，以备放张时滑动； （4）槽形板胎模的圆角要光滑，端部横肋斜度应大于1:1.5
3	预应力筋	（1）预应力筋上的油污，应用棉纱头或破布抹除； （2）在张拉至95%σ_{con}时，可进行预埋件、钢箍等的校正工作； （3）长线生产时应在预应力筋下放置保护层垫块
4	设备及仪表	（1）应由专人使用，定期维护和校检； （2）用于长线生产的张拉机，其测力误差不得大于3%，每3个月校验一次； （3）用于短线生产的油泵、压力表、千斤顶等，每半年校验一次； （4）已磨蚀较大的锚夹具，应立即更换，不宜勉强使用； （5）张拉前应进行一次检查，钢丝绳无破损，千斤顶无泄漏，滑轮组润滑良好；用横梁成组张拉时，注意力点均匀对称；注意横梁、千斤顶、拉力架等的稳定
5	张拉	（1）应将张拉参数（张拉力、油压表值、伸长值等）标在牌上，供操作人员掌握； （2）冷拔钢丝及冷轧钢丝（筋）采用一次张拉，施工张拉值可适当提高，但不宜超过$0.05\sigma_{con}$； （3）多根钢筋成组张拉时，先将各根钢筋调整至松紧程度相同，并在张拉至5%～10%时检查，保证初应力一致；在钢筋或张拉杆上记上标志，作为伸长值的起点，以供检查； （4）分批张拉时，先张拉靠近台座截面重心部位的钢筋，避免台座偏心受力过大； （5）如对冷拔低碳钢丝作折线张拉时，应在两端张拉，并在钢丝弯折处装设定位滚筒，减少摩擦损失； （6）预应力筋如有拉断或滑脱，应予更换
6	锚固	（1）张拉完成后，持荷2～3min，待预应力值稳定后，方可锚定； （2）锚定时，顶塞圆锥形锚塞、齿板、夹片时，不宜突然用力过猛撞击；拧螺母时，注意压力表维持在控制张拉力的读数上； （3）长线生产中，冷轧钢丝（筋）在锚定后仍有滑移，滑移值超过5mm时，应重新进行张拉； （4）按照表5-4进行预应力值的检查； （5）张拉工艺的各项数值，应按规定填写记录

五、混凝土浇筑

预应力筋张拉结束后，为了防止出现滑丝现象造成伤人事故，一般8h后方可进行构造钢筋绑扎、安装预埋件。经验收合格后，可进行混凝土浇筑。浇筑时应注意：

（1）按照操作要点进行操作。

（2）如用人工操作，必须反铲下料；如用翻斗车、吊斗下料，应注意铺料均匀；如构件上面有构造网片的，不宜用翻斗车、吊斗直接下料，避免压弯网片。

（3）根据构件种类，采用适当的振捣设备：梁柱宜用插入式振动器；深梁宜用附着式振动器；小梁、板肋宜用剑式振动器；板类宜用平板式振动器；短线模外张拉的构件，宜用振动台。

（4）振捣工作要求边角密实饱满，特别是两端必须密实饱满。

（5）振捣时，振动棒严禁触动预应力筋。

（6）每一条长线台座的构件，宜在一个台班内全部完成。

（7）长线生产应连续进行至整条生产线完成。如必须间歇，间歇后生产的一个构件必须在前一个构件初凝前将浇筑、抹面等工作全部做完。否则应间隔24h以上方可继续，如气温低于20℃则更应多延长。

（8）预制构件表面应原浆抹平或拉纹，不得洒水或撒干水泥粉。

六、预应力混凝土养护

混凝土浇筑成型以后，通过水泥的水化作用逐渐凝结和硬化，水泥的水化作用充分与否以及水化作用的快慢，与混凝土所处的环境温度和湿度密切相关。如果浇筑后的混凝土一开始就处于很干燥的环境中，表面水分蒸发过快，则混凝土胶凝体中的水泥颗粒不能充分水化，就会产生粉状和片状的表皮而脱掉，这就是通常所说的“起尘”或“脱皮”。由于水泥不能充分水化，混凝土的强度将达不到设计强度，这种情况在气温高时尤为严重。同时，由于水分的蒸发，混凝土会产生干缩，当混凝土尚未具有足够的强度时，过大的干缩将会引起干缩裂缝，使混凝土耐久性降低。如果环境温度低，水泥的水化作用就缓慢，混凝土强度增长也很慢。当温度降至 -3℃时，水泥的水化作用就停止，强度也就停止增长。因此，应使浇筑后的混凝土处在适当的温度和湿度条件下凝结和硬化，也就是说，必须进行养护，这对于保证混凝土达到要求的强度和耐久性是十分必要的。

1. 常用的养护方法

混凝土构件的养护是构件生产中周期最长的工艺过程。因此，养护工艺的改进对缩短构件生产周期将有重要的作用。混凝土构件的养护方法有自然养护、太阳能养护和蒸汽养护、覆盖后采用太阳灯等大功率照射加热方法，但应注意因温度集中或水分蒸发不均而开裂。

（1）自然养护

自然养护是指在平均气温高于5℃的自然条件下，用适当的材料如草袋等对混凝土构件加以覆盖，并适当浇水，使混凝土在一定的时间内保持足够的润湿状态。

自然养护周期较长，尤其在气温较低时，为了缩短养护周期，加快台座周转，宜在混凝土中掺早强剂，但不得掺加对钢丝有腐蚀作用的早强剂。

混凝土浇筑完毕12h以内加以覆盖和浇水。如气温炎热，覆盖和浇水的时间应提前；如气温低于5℃时不得浇水。混凝土强度达到设计强度标准值的75%以上时可以停止浇水。

(2)太阳能养护

太阳能养护就是在混凝土构件外部加盖一种太阳能集热装置,利用这种集热装置吸收太阳的辐射能并转换成热能,在构件周围形成适于加速混凝土硬化的温度和湿度条件,达到加快混凝土构件硬化、提高混凝土早期强度的一种养护方法。覆盖要求密闭,防止构件失水开裂。

(3)蒸汽养护

混凝土的蒸汽养护,实质上是在湿热气体作用下,使混凝土发生一系列物理变化和化学反应,从而加速其内部结构形成的速度,获得早强、快硬的效果。蒸汽养护是缩短养护周期的有效方法之一,也是提高生产效率的重要手段之一。

蒸汽养护过程一般分为预养、升温、恒温和降温四个阶段。预养时间(也称静停时间)常温下宜在2~6h。升温速度不得超过25℃/h,降温速度不得超过10℃/h,且出池后,构件表面与外界的温差不得大于20℃。

2. 养护温度防护措施

混凝土养护包括湿度和温度两个方面,养护不仅是浇水,还要控制混凝土的温度变化。在湿养护的同时,应该保证混凝土表面温度与内部温度和所接触的大气温度之间不出现过大的差异,采取保温和散热的综合措施,防止温降和温差过大。对于较大厚度的构件,由于水化热会使温度持续升高,如果气温不是过低,则在浇筑后的初始几小时内宜散热(但仍要保湿,如用薄膜覆盖),在炎热气候下有塑料薄膜覆盖时可在薄膜外面适当喷洒凉水。当混凝土表面已结硬或处于降温阶段时,则要保温覆盖以降低降温速率,使混凝土表面与内部和大气的温差不要过大。

混凝土温度控制的原则是:

(1)升温不要太早和太高;

(2)降温不要太快;

(3)混凝土中心和表面之间、新老混凝土之间,以及混凝土表面和气温之间的温差不要太大。

温度控制的方法和制度要根据气温(季节)、混凝土内部温度、构件尺寸、约束情况、混凝土配合比等具体条件来确定,不能不管条件采取千篇一律的方式和方法。在气温很高的夏季,如果对混凝土的温升不加控制,即使掺用了矿物掺和料,温升也会很高,而且到达温峰的时间很快,这时就不宜在浇筑后的升温阶段采取保温措施来减小温差,而应该遏制温度的上升,比如对模板进行预冷,并在浇筑过程中不间断冷却模板。

在炎热气候下浇筑混凝土时,应避免模板和新浇混凝土受阳光直射,入模前的模板与钢筋温度以及附近的局部气温不应超过40℃。应尽可能安排在傍晚浇筑而避开炎热的白天,也不宜在早上浇筑以免气温升到最高时加速混凝土的内部温升。在相对湿度较小、风速较大的环境下,宜采取喷雾、挡风等措施或在此时避免浇筑面板等有较大暴露面积的构件。重要工程浇筑混凝土时应定时测定混凝土温度以及气温、相对湿度、风速等环境参数,并根据环境参数变化及时调整养护方式。

根据上述分析,在混凝土浇筑和养护过程中尤其应该注意如下几项温度控制指标。

(1)入模温度

混凝土的入模温度宜根据气温调整。在炎热气候下施工时,如需适当放宽限制,也不宜高于30℃，并应同时调整混凝土的配合比，降低混凝土的水泥用量以减少水化热；负温下不宜低于12℃。对于构件最小断面尺寸在300mm以上并有防水或防氯盐侵蚀的混凝土结构，混凝土的入模温度一般应控制在25℃以下。重要工程可事先通过裂缝控制的专用分析程序，合理确定混凝土施工的浇筑、养护方法与工序，估计施工过程中混凝土温度与拉应力的变化，提出混凝土温度的控制值，并在施工养护过程中实际测定关键截面的中点温度和离表面约5cm深处的表层温度（对基础底板还包括底部），实行严格的温度控制。

降低入模温度对控制混凝土的裂缝非常重要。同样的混凝土，入模温度高的其温升值要比入模温度低的大许多。如同样配比混凝土，当入模温度为10℃时，24h后升到30℃，当入模温度为20%时，20h后升到55℃，即入模温度相差10℃可使最高温升差达到25℃。这主要是因为混凝土浇筑温度愈高，水化反应愈快，释放热量愈多，升温愈高，又进一步加速水化反应。因此必须对入模温度进行控制，即在气温很高时，应采取措施设法降低混凝土的入模温度到适当值，但是如果入模温度降得太多，则接触气温的表面比内部硬化得快，等到内部升温而膨胀时，表面产生拉应力容易开裂。这也是为什么在冬天用热混凝土比夏季用冷混凝土有利的原因。

（2）最高温度

一般工程如无条件进行专门的计算分析，通常可取混凝土的温度控制值为：混凝土入模后的内部最高温度一般不高于65℃，最好控制在60℃以下。

（3）最大温差

构件任一截面在任一时刻的内部最高温度与表层温度之差一般不大于20℃，新浇混凝土与邻接的已硬化混凝土或岩土介质之间的温差不大于20℃，淋注于混凝土表面的养护水温度低于混凝土表面温度的差值不大于15℃。

（4）降温速度

降温速度控制值为：3～3.5℃/天（建筑工程），1.5℃/天（水坝），大气中混凝土表面<3℃/h（桥梁工程）。

3. 养护湿度防护措施

结构表层混凝土的耐久性质量在很大程度上取决于施工养护过程中的湿度和温度控制。除了上面的养护温度外，养护湿度也同样重要。暴露于大气中的新浇混凝土表面应及时浇水或覆盖湿麻袋、湿棉毡等进行养护。如条件许可，应尽可能采用蓄水或洒水养护，但在混凝土发热阶段最好采用喷雾养护，避免混凝土表面温度产生骤然变化。当采用塑料薄膜或喷涂养护膜时，应确保薄膜搭接处的密封。此外，还应保证模板连接缝处不至于失水干燥。水养护或湿养护的时间应当在约定的施工条例中规定，在整个养护期内不得间断。

潮湿养护时间应视混凝土材料的不同组成和具体的环境条件而定。目前工程中存在的普遍问题是湿养护不足，对混凝土质量影响很大。水泥只有水化到一定程度才能形成有利于混凝土强度和耐久性的微结构，而混凝土的最终强度和抗裂性则并不要求水泥完全水化。对于低水胶比又掺用掺和料的混凝土，潮湿养护尤其重要。现浇混凝土应有充分的潮湿养护时间。表5-6的养护期限可供参考。在整个潮湿养护过程中，应根据混凝土温度与气温的差别及变化，及时采取措施，控制混凝土的升温和降温速率。配筋混凝土不得用海水养护，养护水应符合混凝土拌和水的标准。

不同混凝土湿养护的最低期限　　表 5-6

混凝土类型	水胶比	大气湿度 50% < RH < 75%，无风，无阳光直射		大气湿度 RH < 50%，有风，或阳光直射	
		日平均气温（℃）	湿养护期限（天）	日平均气温（℃）	湿养护期限（天）
胶凝材料中掺有粉煤灰（>15%）或矿渣（>30%）	≥0.45	5	14	5	21
		10	10	10	14
		≥20	7	≥20	7
	≤0.45	5	10	5	14
		10	7	10	10
		≥20	5	≥20	7
胶凝材料主要为硅酸盐水泥或普通硅酸盐水泥	≥0.45	5	10	5	14
		10	7	10	10
		≥20	5	≥20	7
	≤0.45	5	7	5	10
		10	5	10	7
		≥20	3	≥20	5

注：当有实测混凝土表面温度数据时，表中气温用实测表面温度代替。

混凝土的拆模时间不仅要考虑混凝土强度，还要考虑混凝土内外温差以及混凝土表面和大气之间的温差。目前因混凝土早期强度普遍较高，又受快速施工的驱使，以致拆模较早，往往在拆模时混凝土温度还较高，这时拆除模板（尤其是木模板）会造成较大的降温速率而产生开裂，更不能在混凝土表面温度尚高时拆模并浇凉水。对于水胶比低于 0.45 的混凝土和大掺量粉煤灰混凝土，在施工浇筑基础底板、楼板、路面等大面积构件时应尽量减少暴露的工作面，浇筑后应立即用塑料薄膜紧密覆盖（与混凝土表面之间不应留有空隙），防止表面水分蒸发，待进行搓抹表面工序时可卷起塑料薄膜并再次覆盖，终凝后可撤除薄膜进行水养护。柱或墙板等垂直构件宜采用有蓄水内膜或有良好保水性能的模板，在浇筑完毕后也要将顶部严密覆盖；当使用钢模时，应及早松开模板并覆盖后连续注水养护，但必须保证养护水的温度与混凝土表面温度相适应，以防止开裂。在寒冷气候下，应在模板外采取保温措施并延迟拆模时间。

七、放　张

如无设计要求，则当混凝土强度大于设计强度 75%，可以进行放张。

1. 常用的放张方法

（1）螺杆放张法

螺杆放张装置由螺杆、钢横梁、传力架等组成（图 5-11）。承力架通过螺杆固定在台座的横梁上，预应力钢丝用夹具锚定在承力架上。混凝土强度达到要求时，由两人用大扳手将两个螺母同时缓慢拧松，然后剪断钢丝。此放张方法可用于小构件。

（2）砂箱放松法

砂箱放松预应力钢丝的装置，由砂箱、螺杆、横梁、承力架四部分组成（图 5-12）。砂箱内预先装入干燥而洁净的砂，装砂量约为砂箱容积的 2/3。钢丝张拉完毕后，由于预应力作用，将砂压紧。混凝土强度达到要求时，打开砂箱出砂口，砂子在压力作用下缓慢往外流出，砂箱中的活塞逐渐套入套筒内，钢丝就得到放松。这种方法比较安全可靠，设备简单，操作方便，劳动强度较轻，但砂箱放张时，放张速度应注意尽量一致，以免构件受扭损伤。

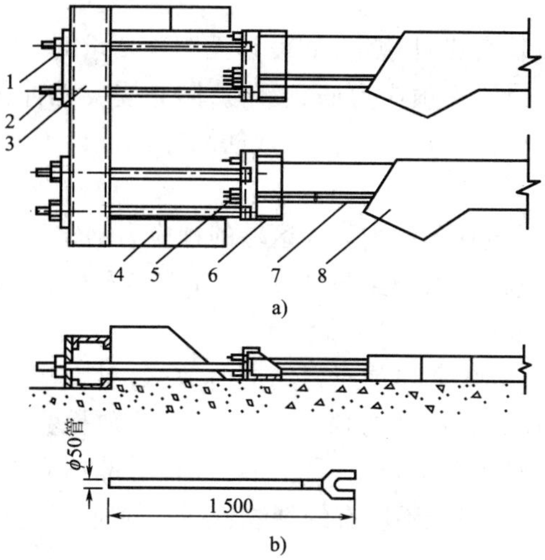

图 5-11　螺杆放张装置示意图（尺寸单位：mm）
a）螺杆放松装置；b）放松扳手
1-螺母；2-螺杆；3-钢横梁；4-台墩；5-夹具；6-传力架；7-冷拔钢丝；8-构件

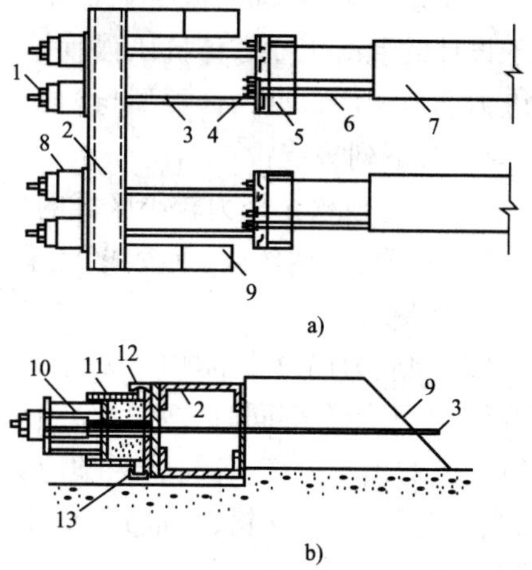

图 5-12　砂箱放张装置示意图
1-螺母；2-横梁；3-螺杆；4-夹具；5-传力架；6-冷拔丝；7-构件；8-砂箱；9-台墩；10-活塞；11-套筒；12-进砂口；13-出砂口

（3）千斤顶放张法

凡采用千斤顶成批张拉的预应力筋，仍然可采用千斤顶整批放张（图 5-13），是目前最常用的放张方式。与张拉时的布置一样，将预应力筋张拉到接近控制应力时，拧松工具丝杠上的螺母，并留出放张后回缩的距离，然后徐徐回油，预应力筋徐徐回缩。放张的关键是“慢”，否则构件跨中上部易出现竖向裂缝。

（4）楔形垫放张法

张拉时，在张拉端设楔形马蹄垫（图 5-14），待混凝土达到强度时，从下往上打掉楔形马蹄垫，往右打开套筒，预应力筋就从夹具中松开而回缩。

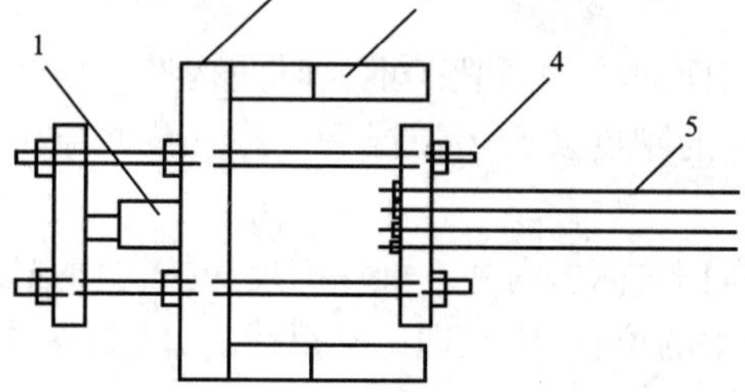

图 5-13　千斤顶放张装置图
1-千斤顶；2-横梁；3-台座牛腿；4-大螺丝杆；5-预应力筋

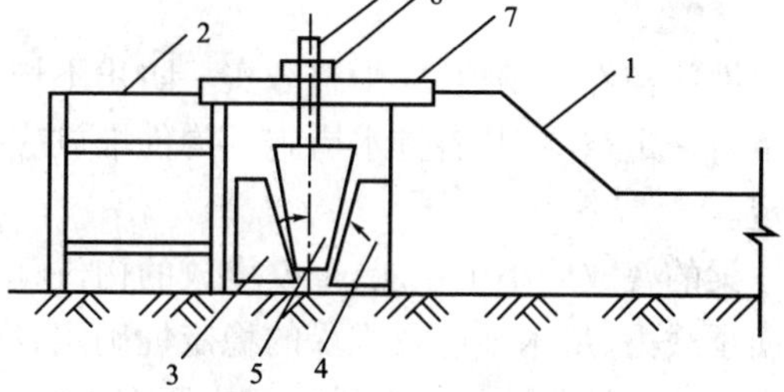

图 5-14　楔形垫放张法示意图
1-台座；2-横梁；3、4-钢块；5-钢楔块；6-螺杆；7-承力板；8-螺母

（5）预热放张法

可采用氧乙炔焰轮流烘烤，随着温度的不断提高，强度就逐渐降低，烘烤部位产生局部伸长，然后熔割切断。此法也可用于其他方法无法放张的特殊情况。

2. 放张注意事项

预应力筋放张前，应将非承力模板的端模、侧模拆除，检查混凝土振捣质量，尤其是传力区段，如有蜂窝、孔洞等较严重的缺陷，应进行补强并养护达到规定强度，才可放松预应力筋，以免发生抽筋等严重事故。

放松预应力钢丝时，混凝土立方体抗压强度应符合设计规定，如设计无明确要求时，不得低于设计的混凝土立方体抗压强度标准值的75%。放松预应力筋宜缓慢，防止受突然冲击。预应力筋放张应根据构件类型与配筋情况，选择正确的顺序与方法。放松顺序如设计无要求时，应符合下列规定：

(1)应先放松预压力较小区域的预应力钢丝，后放松预压力较大区域的预应力钢丝；

(2)粗钢筋(钢丝束、钢绞线)不宜逐根放张，应将承力横梁整体放张，并掌握对称、同步、缓慢三要素；

(3)预应力筋放张的顺序，对于中心预压构件，最好全部预应力筋同时放张，对于偏心预压构件，如不能全部同时放张时，必须先放松受预压力较小区的预应力筋，然后再放松受预压力较大区的预应力筋；各受力区预应力筋放张时，如受设备限制不能同时放松全部预应力筋时，则应对称，相互交错，分批分阶段地放张，以免构件发生不应有的裂纹、弯曲，预应力筋发生断裂现象；

(4)板类构件应按对称的原则从两边同时向中间放松，以防止放松过程中构件发生翘曲、裂缝；

(5)采用剪丝钳剪断预应力筋时，两手用力要均匀，不得采用扭折的办法；

(6)对有多根预应力钢丝密集的构件，宜采用螺杆松张器等缓慢放松后再逐根剪断；

(7)对用胎模生产的构件，放松预应力钢丝时应采取防止构件端部产生裂缝的有效措施，并使构件能自由滑动。

3. 断筋方法

(1)钢丝及小钢筋，可用断线钳剪断，不得用反复弯曲方法扭断。

(2)钢筋可在放张后再用乙炔割断。

(3)任何钢筋、钢丝均不得用电弧烧断。

(4)钢丝剪断后的外露长度，应按图纸规定；无规定时，不得大于100mm。

八、预制构件堆放

堆放构件的场地，应平整夯实。防止不均匀沉陷而使构件断裂。堆放时使构件与地面之间留有一定空隙，并有排水措施。构件堆放应按构件的刚度及受力情况平放或立放并应保持稳定。

梁的叠放应小于4层，重叠堆放的构件，应吊环向上，标志向外。堆垛高度应按构件强度、地面承载力、垫木强度及堆垛的稳定性确定，底层垫木的位置，应在理论支撑线上，向上各层的垫木应略向里收缩。垛与垛之间应留有一定的空隙。

九、先张法预应力混凝土质量检验及验收要点

构件质量的好坏，影响着结构的安全与使用。先张法预应力构件在生产的全过程中要有一套完善的质量管理制度，从原材料进厂(场)，半成品的质量控制，到成品出厂(场)，每一个生产环节都必须检验合格。出厂(场)的构件必须要符合设计要求。

构件质量检验包括下列内容。

(1)预应力筋

主要检验预应力筋的等级、抗拉强度及伸长率，以及预应力筋的数量、位置和张拉控制应力。

预应力筋进场时，应按现行国家标准《预应力混凝土用钢绞线》(GB/T 5224—2003)等的规定抽取试件作力学性能检验，其质量必须符合有关标准的规定。

预应力筋使用前应进行外观检查，其质量应符合下列要求：有黏结预应力筋展开后应平顺，不得有弯折，表面不应有裂纹、小刺、机械损伤、氧化铁皮和油污等。

张拉过程中应避免预应力筋断裂或滑脱。对先张法预应力构件，在浇筑混凝土前发生断裂或滑脱的预应力筋必须予以更换。

预应力筋的张拉力、张拉或放张顺序及张拉工艺应符合设计及施工技术方案的要求，并应符合下列规定：

①当施工需要超张拉时，最大张拉应力不应大于国家现行标准《混凝土结构设计规范》(GB 50010—2002)的规定；

②张拉工艺应能保证同一束中各根预应力筋的应力均匀一致；

③先张法预应力筋放张时，宜缓慢放松锚固装置，使各根预应力筋同时缓慢放松；

④当采用应力控制方法张拉时，应校验预应力筋的伸长值，实际伸长值与设计计算理论伸长值的相对允许偏差为 ±6%。

预应力筋张拉锚固后实际建立的预应力值与工程设计规定检验值的相对允许偏差为 ±5%。

(2)混凝土

检验内容包括，混凝土标准养护 28 天的强度，放张时及构件出厂(场)时的强度。

预应力筋张拉或放张时，混凝土强度应符合设计要求；当设计无具体要求时，不应低于设计的混凝土立方体抗压强度标准值的 75%。

(3)外观检查

检查构件表面的露筋、裂缝、蜂窝及麻面等缺陷的情况；放张预应力筋时钢筋(丝)的内缩量；构件各部分尺寸的偏差。

预应力筋张拉后与设计位置的偏差不得大于 5mm，且不得大于构件截面短边边长的 4%。

(4)构件结构性能

检验构件的强度、刚度、抗裂度或裂缝宽度和反拱度。构件的结构性能检验采用短期静力加载的方法。

此外，构件在生产过程中进行检验的项目，如预应力筋张拉机具设备及仪表，应定期维护和校验。水泥、砂、石材料及外加剂的质量检验，混凝土配合比设计，混凝土坍落度的测定值等都应详细记录，整理存档备查。模板的偏差必须符合设计及规范规定的要求。预应力筋用锚具、夹具和连接器的质量检验应满足要求。

思考题

1. 先张法预应力筋的锚固是靠什么来实现的？
2. 预应力的设计要求有哪些？
3. 张拉台座的种类有哪些？

4. 先张法承力支座及台面的技术要求有哪些？
5. 什么是双控？如何进行张拉力的校核？
6. 先张法预应力筋张拉的操作要点有哪些？
7. 先张法预应力混凝土养护方法有哪些？
8. 放张的注意事项有哪些？
9. 先张法构件质量检验内容有哪些？

第六章　后张法有黏结预应力混凝土施工

学习目标

1. 掌握后张预应力体系组成，熟悉后张预应力筋和非预应力筋的布置；

2. 掌握施工工艺流程，孔道留置、力筋及锚夹具安装、力筋张拉准备工作及张拉、孔道压浆、封锚施工及注意事项，了解精轧螺纹钢筋施工。

第一节　结构及设计要求

一、后张体内预应力体系和结构基本组成

后张法预应力体系，由预应力筋、锚具等组成，用于后张预应力混凝土结构(图6-1)。

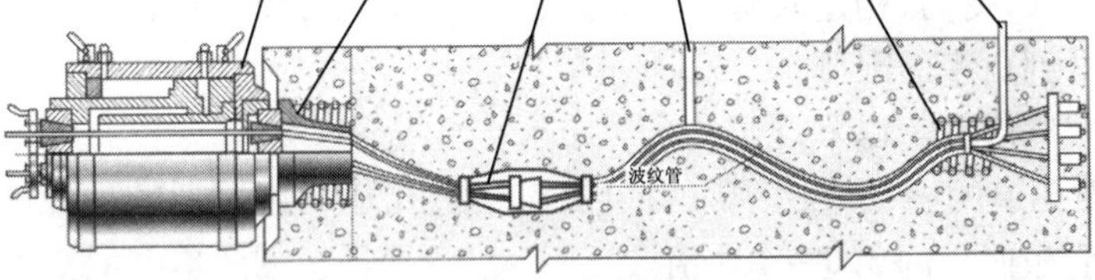

图6-1　后张预应力混凝土结构

后张有黏结预应力体系是一种能够在预制场或现场实现的预应力体系。后张预应力筋可以采用高强粗钢筋、钢丝束、钢绞线束等，按直线或曲线线形布置在预留的孔道内，预应力筋的锚固主要靠专用的机械锚固装置即锚具实现。

相比先张预应力体系，后张预应力体系具有更大的适用范围。根据后张预应力工艺及体系的特点，后张预应力体系几乎适合各种类型的预应力混凝土结构与构件，尤其适合大型、大跨、预应力筋布置复杂、现场施工的预应力混凝土结构与构件。

二、后张预应力筋的布置

1. 后张预应力筋的布置

后张预应力混凝土构件预应力筋的布置(图6-2)由三个控制要素控制：预应力筋在梁弯矩截面控制的位置、预应力筋锚固截面位置、控制截面至锚固截面之间预应力筋的线形。预应力混凝土构件在受力各阶段都能满足相应阶段应力控制要求的截面布筋范围称为索界(图6-3)，但由于索界不单单由预加力决定，预应力筋的分次张拉、混凝土截面随施工变化、施工荷

载变化、结构超静定等都会改变索界范围。

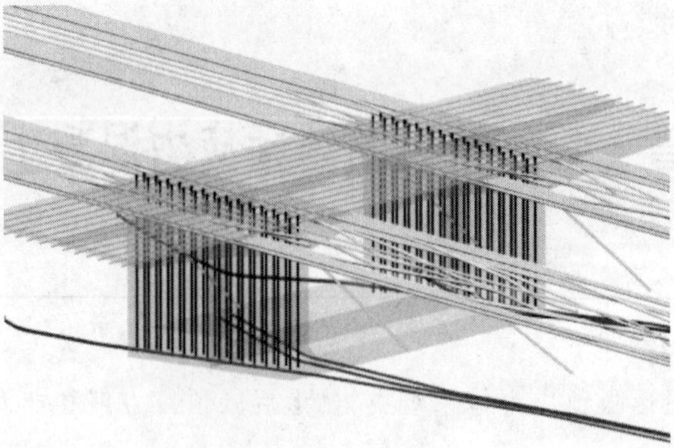

图 6-2　箱梁预应力筋布置示意图

对于弯矩变化较小、高度合适的预应力混凝土构件，为了充分发挥预加力的作用，弯矩控制截面的预应力筋通常按其产生最大预弯矩进行定位，且一般情况下也能满足索界的要求，但当高度较小、弯矩幅度较大时，截面预拉应力侧在最小弯矩时可能会出现拉应力较大的问题。

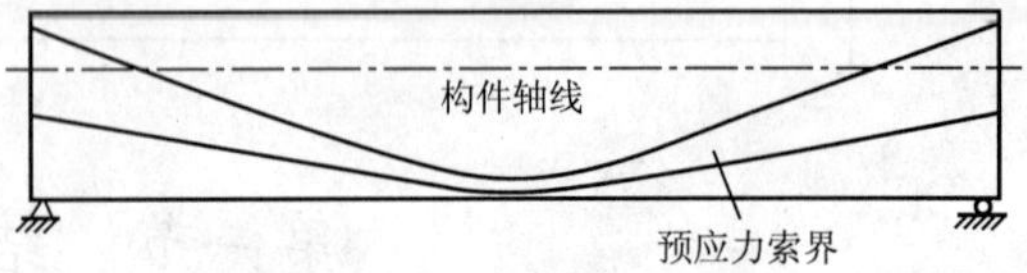

图 6-3　后张预应力混凝土构件索界

预应力筋在锚固截面的定位应满足构造与受力要求。构造要求是提供预应力筋张拉所需的工作间距；受力要求是合理分布集中锚固力、满足锚固截面及锚固段的受力要求。对于锚固在梁端的简支梁，锚固合力一般取在截面形心或接近形心的位置。预应力筋锚固在构件端部是一种较简单的方式，受力、构造及施工等原因也要求预应力筋在构件的中间锚固，而此时锚固点的选择往往受到更多的限制。

预应力筋的布置应遵守以下规定：

(1)预应力筋孔道的内径应比预应力束及需穿过孔道的连接器的外径大 8～12mm，孔道面积宜为预应力筋净面积的 3.0～4.0 倍。

(2)后张预应力筋孔道的净间距与保护层应符合下列规定：

①对预制构件，孔道的水平净间距不宜小于 50mm，孔道至构件边缘的净间距不宜小于 30mm，且不宜小于孔道直径的一半；

②对现浇框架梁，预留孔道在垂直方向的净间距不应小于孔道外径，水平方向的净间距不应小于孔道外径的 1.5 倍；从孔壁算起的混凝土保护层厚度，梁底不宜小于 50mm，梁侧不宜小于 40mm，板不宜小于 30mm。

(3)预应力筋孔道的弯曲半径：对孔径 50～65mm 不宜小于 3.5m，对孔径 70～110mm 不宜小于 5m，对孔径 115～155mm 不宜小于 8m。曲线预应力筋的端头，应有与之相切的直线段，直线段的长度不宜小于 300mm。

(4)预应力筋孔道的灌浆孔宜设置在锚垫板上；对多跨连续梁曲线预应力筋宜设置在中间支座处。灌浆孔的间距不宜大于 20m。对竖向构件，灌浆孔应设置在孔道下端；对超高的竖向孔道，宜分段设置灌浆孔。

预应力孔道的两端应设有排气孔。曲线孔道的顶部应设置泌水管。

(5)预应力筋张拉端宜设置在梁端或梁柱端节点处，有凸出式和凹入式两种作法。采取凸出式作法时，锚具位于梁端面或柱表面，张拉后用细石混凝土封裹形成凸头。采取凹入式作法时，锚具位于梁(柱)凹槽内，张拉后用细石混凝土填平。

凸出处锚具的保护层厚度不应小于 50mm，外露预应力筋的保护层厚度：处于正常环境时，不应小于 20mm；处于易受腐蚀的环境时，不应小于 50mm。

(6)预应力筋张拉端锚具的布置应根据设计图纸要求，其最小间距应满足配套的锚垫板尺寸与张拉千斤顶安装要求。锚固区锚垫板尺寸、混凝土强度、构件截面尺寸及间接钢筋(网片或螺旋筋)配置等必须满足局部受压承载力。锚垫板边缘至构件边缘的距离不宜小于 40mm。

如梁端面较窄或钢筋稠密，可将平行布置的两束预应力筋在张拉端扭转为竖向单列布置，如图 6-4 所示。

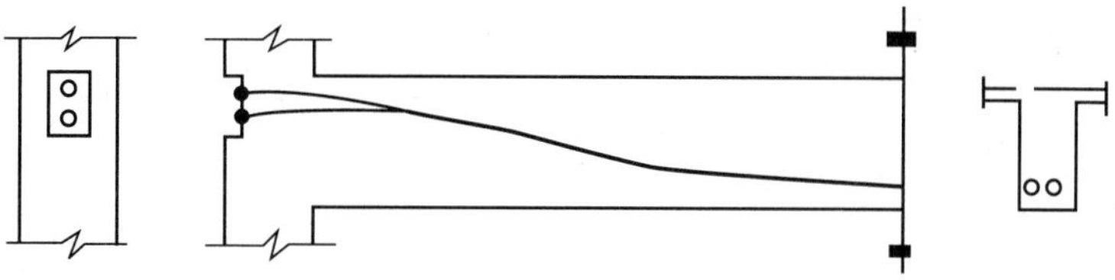

图 6-4　两束预应力筋在张拉端转为竖向单列布置

(7)预应力筋固定端，可采取内埋式作法。其内埋位置可设置在按计算不需要预压应力的截面外，不小于 100mm 处。对多束预应力筋的固定端，应采取错开布置方式，其间距不宜小于 300mm，且距构件边缘不宜小于 40mm。

(8)多跨超长预应力筋的连接，可采用对接法与搭接法。采用对接法时，混凝土逐段浇筑与张拉后，用连接器接长。采用搭接法时，预应力筋可在中间支座处搭接，分别从柱两侧梁的顶面或加宽的梁侧面处伸出张拉，也可从加厚的楼板延伸至次梁处张拉。

2. 锚固区非预应力筋的布置

后张预应力筋锚固区分端面锚固、齿块锚固和齿槽锚固三种形式。

(1)端面锚固

端面锚固是最常用的锚固形式，预应力筋伸出，并直接支承于构件端面，与构件端部一起形成一种理想的锚块构造。除构件端部正常配筋，端面锚固区内配置的附加钢筋为锚垫板下的局部加强钢筋，其主要采用螺旋钢筋，也可采用空间钢筋网[图 6-5a)、b)]。螺旋钢筋一般与锚具配套供应，对加强锚下混凝土局部承压的效果较好，施工方便，但各锚具的螺旋钢筋相互独立，对锚块无整体作用效果；空间钢筋网由施工现场构造而成，其对加强锚下混凝土局部承压的效果不如螺旋钢筋，施工相对不便，但其将各锚具的加强钢筋联成一体，具有整体作用效果。因此，理想的锚块应以螺旋钢筋形成锚下局部承压加强作用，锚具间附加适量的空间钢筋网构成整体加强作用[图 6-5c)]。这种空间钢筋网是以横向钢筋为主的，主要限制锚块整体横向膨胀，根据锚下应力传递规律，空间钢筋网可从螺旋中下部开始布置，然而，尽管空间钢筋网的用钢量很少，但在配置螺旋钢筋后一般误认为不再需配置空间钢筋网，结果在边锚外侧构件表面，局部承压引起的拉应力与锚块整体横向膨胀拉应力形成最不利的叠加。

(2)齿块锚固

为了满足结构受力或构造要求，后张预应力筋除锚固在构件端面，也常采用齿块锚固方式。这种齿块一般外凸在箱梁顶板的下侧或底板的上侧，以锚固布置在箱梁顶板或底板中的预应力筋。这种锚固方式对齿块旁顶板或底板的作用是较不利的。由于预加力的作用锚块局部将发生相对顶板或底板的纵向位移，使锚前的顶板或底板受拉；预应力筋的局部弯转和预加力对于顶板或底板截面形心的偏心作用，使锚块发生相对顶板或底板的转动变形，导致板内产生弯曲应力。可能发生的裂缝如图 6-6a)所示。因此,齿块锚固的加强钢筋应由两部分组成:其一为锚块自身加强钢筋,基本构造与端面锚块相似,但横向环齿块的钢筋应为锚固于板内的闭合箍筋,并由网格钢筋对拉[图 6-6b)];另一部分加强钢筋布置在齿块所在处的顶板或底板内,纵向按两层分布,横向范围约两个齿块宽度[图 6-6c)],间隔布置在原板上、下层纵向分布

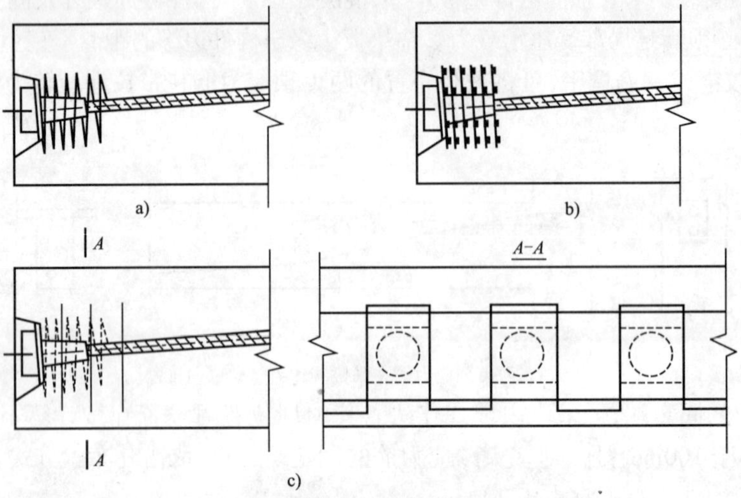

图 6-5　后张预应力筋锚固区加强钢筋示意

a)锚下螺旋钢筋;b)锚下空间钢筋网;c)锚下螺旋钢筋与空间钢筋网的组合

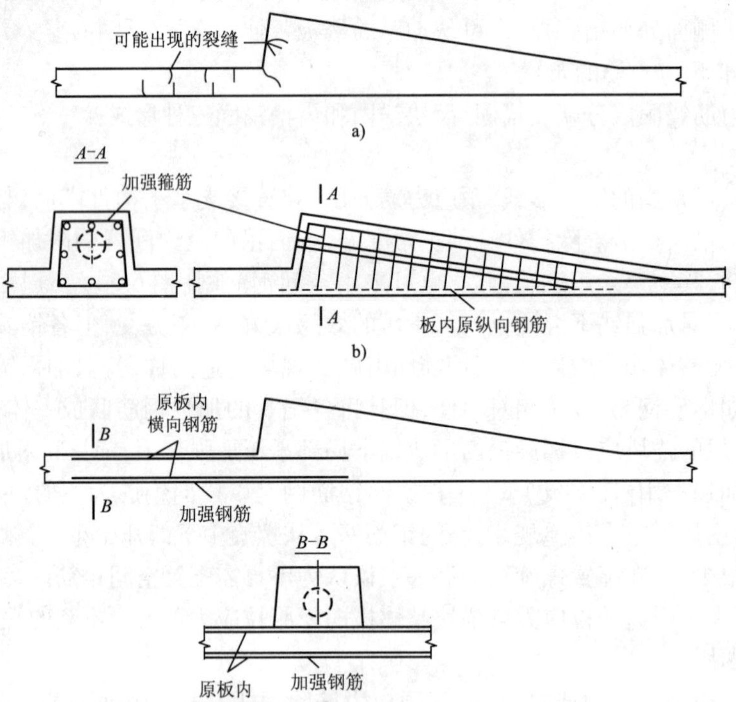

图 6-6　齿块锚固区可能发生的裂缝和加强筋示意

a)可能发生的裂缝;b)锚块自身加强钢筋;c)锚区加强钢筋

钢筋之间。预应力筋弯转防崩加强钢筋和预加力扩散加强钢筋见后介绍。

(3)齿槽锚固

齿槽锚固方式主要用于箱梁腹板处的顶面或底面,在预应力筋伸出的位置开槽口,形成锚具支承面并埋入锚具。在这种锚固方式的锚区,锚具支承面的退缩使齿槽的两侧和底面受拉、支承面与侧面交线的外点应力集中。因此,齿槽锚区的加强钢筋也应由两部分组成:其一为锚后加强钢筋,基本构造与端面锚块相似;另一部分为槽口各面的加强钢筋,其中侧面和支承面上靠外口处的加强钢筋,对防止受拉较弱侧面拉裂和从角点发展斜裂缝的作用较大(图6-7)。

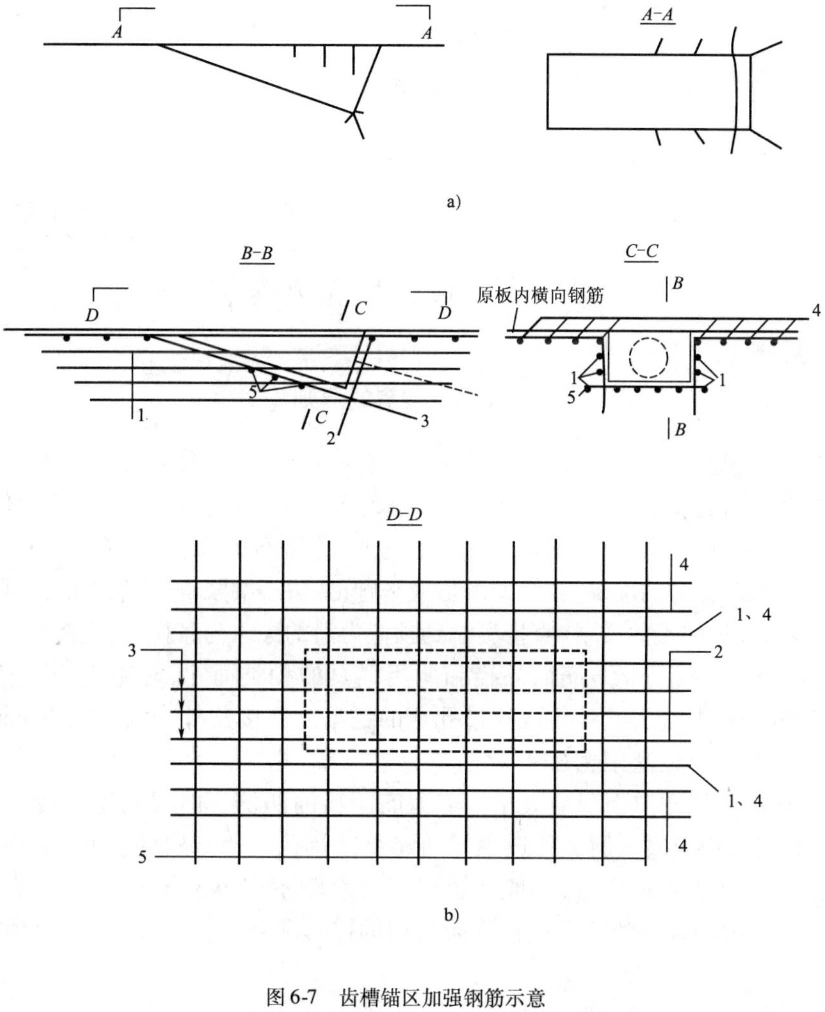

图6-7 齿槽锚区加强钢筋示意

a)可能发生的裂缝;b)加强钢筋布置

第二节 后张法施工工艺流程

后张法预应力施工工艺流程见图6-8所示。

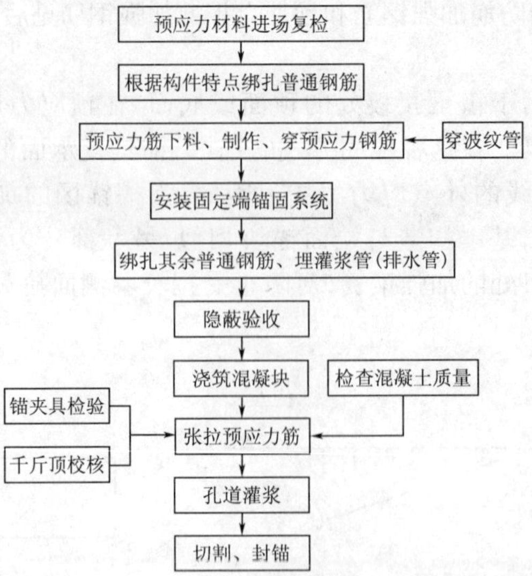

图6-8 后张法预应力施工工艺流程图

第三节 预应力孔道安装

一、孔道留置的原则

孔道在混凝土浇捣时留置。孔道的尺寸与位置应正确,预留孔道的位置,也就是预应力束(筋)的位置,如果孔道位置不正确,就使预应力束(筋)位置偏移,张拉后会使构件受力不均,容易引起翘曲,影响构件质量;要保证预留孔道畅通,孔道不畅通,不仅穿筋困难,而且会产生很大摩阻力,影响张拉力的准确;孔道的线形应平顺,接头不漏浆等;孔道端的预埋钢板应垂直于孔道中心线。孔道成型的质量,直接影响到预应力筋的穿入与张拉,应严格控制。

孔道的直径应根据预应力筋的外径和所用锚具的种类而定,对粗钢筋,一般应比预应力筋的直径、钢筋对焊接头处外径或穿过孔道的锚具或连接器外径大10~15mm,以便于它们顺利通过,并易于保证灌浆密实。对钢丝或钢绞线,孔道的直径应比预应力束外径或锚具外径大5~10mm,且孔道面积应大于预应力筋面积的两倍。曲线孔道的转向角和曲率半径均按预应力筋的相应值采用。孔道之间的间距以及孔道壁与构件表面的净距,既要便于浇灌混凝土,又要便于预加应力,一般孔道之间的净距不应小于50mm,孔道壁与构件表面的净距不应小于40mm,特殊情况应根据所采用的锚具和张拉设备而定,以免预加应力时造成困难。

二、孔 道 安 装

预应力筋预留孔道的尺寸与位置应正确,孔道应平顺,端部的预埋钢垫板应垂直于孔道中心线。

1. 金属波纹管

波纹管的接长可采用大一号同型波纹管作为接头管。接头管的长度:管径为$\phi40\sim65$mm时取200mm;$\phi70\sim85$mm时取250mm;$\phi90\sim100$时取300mm。管两端用密封胶带或塑料热缩管封裹(图6-9),以防接缝处漏浆。波纹管与锚垫板的连接一般是将波纹管伸入喇叭口中,在接头处用密封胶带封裹严密。

波纹管安装时,宜事先按设计图中预应力筋的曲线坐标在侧模板上弹线,以波纹管底为准,定出波纹管曲线位置;也可以梁底模板为基准,按预应力筋曲线坐标,直接量出相应点的高度,标在箍筋上,定出波纹管曲线位置。波纹管的固定,可采用钢筋托架(图6-10),间距为600mm。钢筋托架应焊在箍筋上,箍筋下面要用垫块垫实。波纹管安装就位后,必须用铁丝将波纹管与钢筋托架绑在一起或在波纹管顶部绑一根钢筋,以防浇筑混凝土时波纹管上浮而引起严重的质量事故。波纹管安装就位过程中应尽量避免反复弯曲,以防管壁开裂,同时,还应防止电焊火花烧伤管壁。

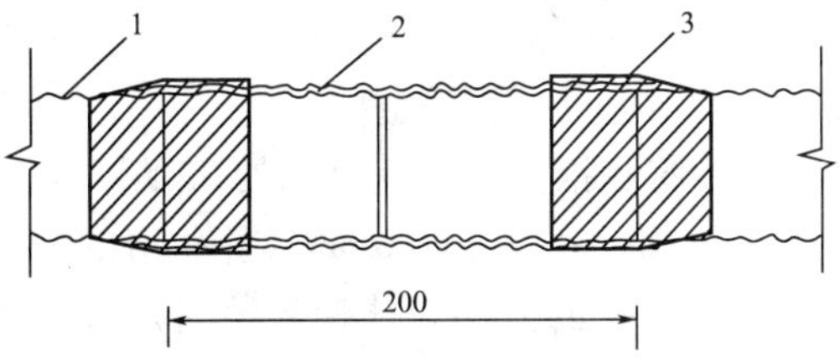

图6-9 金属波纹管接图(尺寸单位:mm)
1-波纹管;2-连接管;3-密封胶带

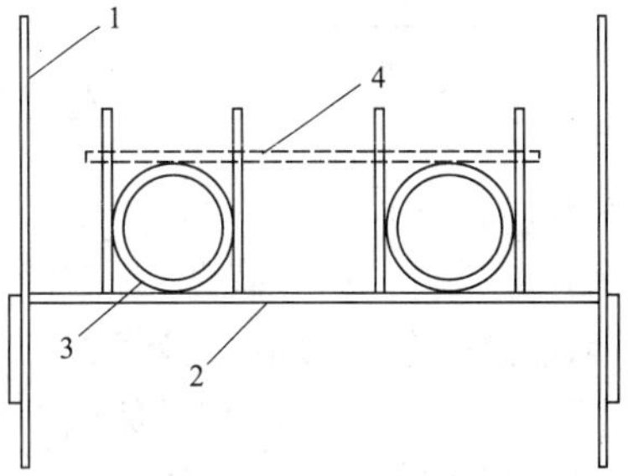

图6-10 钢筋托架
1-箍筋;2-钢筋托架;3-波纹管;4-后绑的钢筋

波纹管安装后,应检查波纹管的位置、曲线形状是否符合设计要求,波纹管的固定是否牢靠,接头是否完好,管壁有无破损等。如有破损,应及时用胶粘带修补。波纹管控制点的安装偏差:垂直方向为±10mm;水平方向为±20mm。从梁整体上看,波纹管在梁内应平坦,从梁侧看,波纹管曲线应平滑连续,安装后对个别不平顺处做调整(图6-11)。

2. 塑料波纹管

夏季天气炎热,供货至现场的高密度聚乙烯塑料波纹管因高温暴晒影响其线刚度,应注意随时检查是否因直线段定位架间距较大而影响线形流畅,必要时采取措施加密定位架。

塑料波纹管定位架间距直线段设计为1m,曲线段可规定为0.5m。对于采用连续波纹肋的塑料波纹管,定位架间距应统一加密为0.5m(图6-12)。

图6-11 腹板内曲线束管道线形

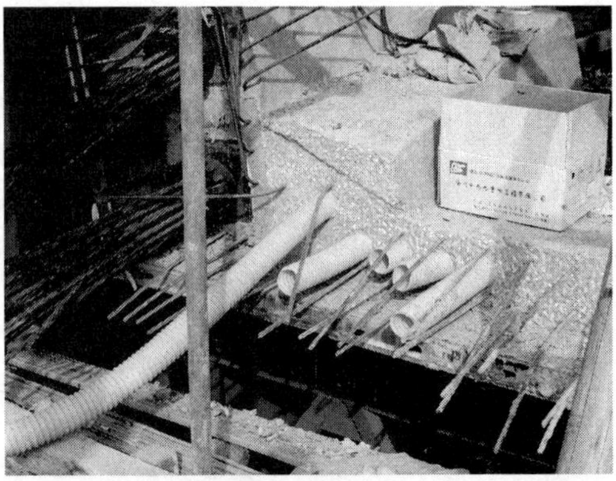

图6-12 采用连续波纹肋的塑料波纹管留孔

在张拉端端部,塑料波纹管必须插入喇叭管内一定长度,接口处密封应确保完好。塑料波纹管的连接宜采用电热板热接、卡箍套连接。当采用类似于金属波纹管大一号套管旋接时,其套管应有不小于200mm的长度,连接口处用胶带密封(自带密封圈的除外),以免漏气。管道在模板内安装完毕后,应将其端部盖好,防止水或其他杂物进入。

3. 后张孔道安装允许偏差(表6-1)

后张预应力筋制作安装允许偏差 表6-1

项目		允许偏差(mm)
管道坐标	梁长方向	30
	梁高方向	10
管道间距	同排	10
	上下层	10

三、灌浆孔、排气孔、排水孔、泌水孔的设置

灌浆孔、排气孔、排水孔、泌水孔必须在留置孔道的时候同时留置。

灌浆孔或排气孔应设置在构件两端及跨中,也可设置在锚具或铸铁喇叭处,孔距一般不宜大于12m,灌浆孔的直径应与输浆管管嘴外径相适应,一般不宜小于16mm。各孔道的灌浆孔不应集中于构件的同一截面,以免截面积过分减少。灌浆孔的方向应能使灌浆时灰浆自上向下垂直或倾斜注入孔道,或自侧向水平注入孔道,以便于操作。曲线孔道灌浆时的最低点应设置灌浆孔,以利于排除空气,保证灌浆密实。设置排气孔是为了保证孔道内气流通畅,不形成死角,保证水泥浆充满孔道。有些锚具在锚固后仍然有孔道或空隙,孔道中的空气可以通过这些孔洞、空隙排除,在这种情况下,孔道端部就不必专设排气孔槽,但有些锚具(如带有螺丝端杆的锚具)在锚固预应力筋后就将孔道端部封闭,在这种情况下,孔道端部就必须设置排气孔槽。排气孔对直径要求不严,一般施工中将灌浆孔与排气孔统一做成灌浆孔。灌浆孔或排气孔在跨内高点处应设在孔道上侧方,在跨内低点处应设在下侧方。

对连续结构中呈波浪状布置的曲线束,且高差较大时,应在孔道的每个峰顶处设置泌水孔(图6-13、图6-14),开口向上,露出梁面的高度一般不小于500mm。泌水管用于排出孔道灌浆后水泥浆的泌水,并可二次补充水泥浆。泌水管一般可与灌浆孔统一留用;起伏较大的曲线孔道,应在弯曲的最低点处设置排水孔,开口向下,主要用于排出灌浆前孔道内冲洗用水或养护时进入孔道内的水分。

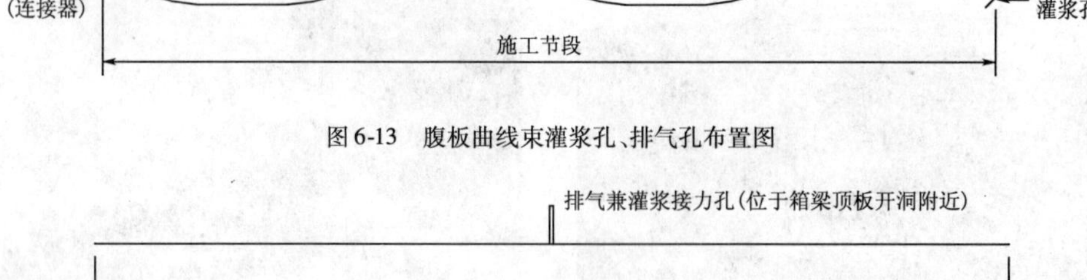

图6-13 腹板曲线束灌浆孔、排气孔布置图

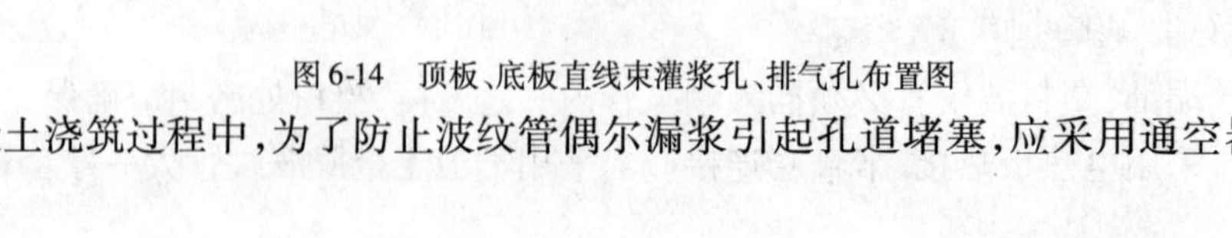

图6-14 顶板、底板直线束灌浆孔、排气孔布置图

在混凝土浇筑过程中,为了防止波纹管偶尔漏浆引起孔道堵塞,应采用通空器通孔,通空

器由长 60～80mm 的圆钢制成，其直径小于孔径 10mm，用尼龙绳牵引。

腹板曲线束的灌浆孔均设置在位于曲线波高施工缝的锚垫板上，为保证全线闭气，中间部设排气孔。位于连接器部位、P 锚约束环附近的排气孔兼作真空抽吸孔的安装应注意安装质量，应采用塑料增强管（纤维网增强或钢丝弹簧圈增强）或高密度聚乙烯管留孔，要求能承受 0.6MPa 的灌浆保压压力，能弯折闭气，内径不小于 20mm（图 6-15～图 6-18）。

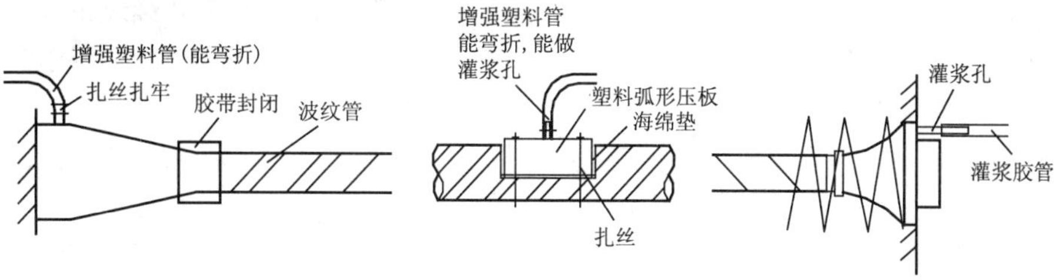

连接器处排气孔安装　　波高处排气兼补浆孔　　张拉端灌浆孔安装

图 6-15　波纹管安装细部构造图

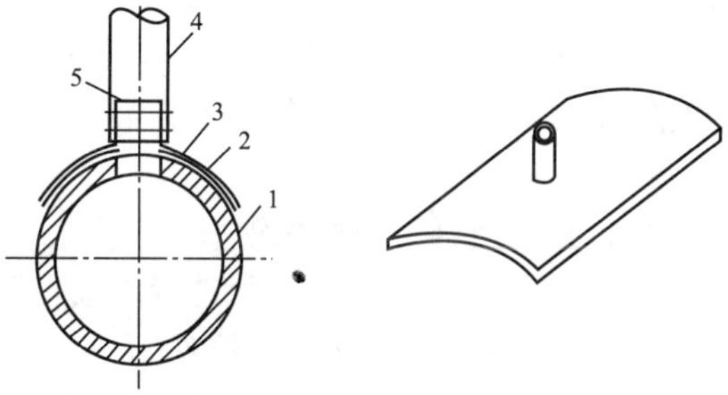

图 6-16　波纹管上的留浆孔

1-波纹管；2-海绵垫；3-塑料弧形压板；4-塑料管；5-铁丝扎紧

图 6-17　塑料波纹管留孔，连接器的排气孔安装（采用高密度聚乙烯管做排气或补浆管）

图 6-18　塑料波纹管留孔，连接器的排气孔安装（采用钢丝衬圈塑料增强管做排气管）

第四节　预应力筋及锚具安装

一、预应力筋制作

预应力筋下料应在平坦、洁净的场地上进行。在预应力筋近旁对其他部件进行气割或焊接时，应防止预应力筋受焊接火花或接地电流的影响。

(1)其下料长度应采用钢尺丈量，使用砂轮锯或专用切筋器切断。钢丝下料时，对表面有电接头或机械损伤的钢丝应剔除。预应力筋的下料长度应通过计算确定，计算时应考虑结构的孔道长度或台座长度、锚夹具厚度、千斤顶长度、焊接接头或镦头预留量、冷拉伸长值、弹性回缩值、张拉伸长值和外露长度等因素。

(2)钢丝、钢绞线、热处理钢筋、冷拉Ⅳ级钢筋、冷拔低碳钢丝及精轧螺纹钢筋的切断，宜采用切断机或砂轮锯，不得采用电弧切割。不允许采用电弧切割下料，以免钢绞线可能因产生意外打火而造成损伤。

(3)预应力筋镦粗头。预应力筋镦头锚固时，对于高强钢丝，宜采用液压冷镦；对于冷拔低碳钢丝，可采用冷冲镦粗；对于钢筋，宜采用电热镦粗，但Ⅳ级钢筋镦粗后应进行电热处理。冷拉钢筋端头的镦粗及热处理工作，应在钢筋冷拉之前进行，否则应对镦头逐个进行张拉检查，检查时的控制应力应不小于钢筋冷拉的控制应力。

(4)预应力筋编束。预应力筋由多根钢丝或钢绞线组成时，同束内应采用强度相等的预应力钢材。编束时，应逐根理顺，绑扎牢固，防止互相缠绕。

钢丝编束、张拉端镦头锚具安装及钢丝镦头宜同时进行。钢丝的一端先穿入锚具并镦头，另一端用细铁丝将内外圈钢丝按锚具处相同的顺序分别编扎，端头扎紧，并沿束长适当编扎几道。

(5)精轧螺纹钢筋下料以前，必须把钢厂因剪切钢筋形成旁弯和螺纹被压扁的钢筋端头部分切去，以保证精轧螺纹钢筋与连接器和螺母能顺利进行连接。钢筋下料宜采用砂轮切割机切断，切割后应除去毛刺，端头表面应平整。钢筋接长时，应使相连接的钢筋接头位于连接器中间，并将钢筋接头处端头顶紧。当构件截面内配有两根以上的精轧螺纹钢筋时，连接器位置应相互错开。

二、穿　　束

穿束前应检查锚垫板和孔道的位置是否正确，灌浆孔和排气孔应满足施工要求，孔道内应畅通，无水分和杂物，锚具、垫板接触处板面上的焊渣、混凝土残渣等要清除干净。

1. 穿束的方法

(1)根据穿束与浇筑混凝土之间的先后关系，可分为先穿束和后穿束两种。

①先穿束法

先穿束法即在浇筑混凝土之前穿束。对埋入式固定端或采用连接器施工，必须采用先穿法。此法穿束省力，但穿束占用工期，束的自重引起的波纹管摆动会增大摩擦损失，束端保护不当易生锈。施工时穿束与预埋波纹管需密切配合，特别注意要绝对保证波纹管不因施工振捣引起过大变形漏浆，影响预应力张拉施工。

②后穿束法

后穿束法即在浇筑混凝土之后穿束。此法可在混凝土养护期内进行，不占工期，便于用通孔器或高压水通孔，穿束后即行张拉，易于防锈，但穿束较为费力。

穿束前应检查锚垫板和孔道，锚垫板应位置准确，孔道内应畅通，无水和其他杂物。

根据一次穿入数量，可分为整束穿和单根穿。钢丝束应整束穿，钢绞线优先采用整束穿，也可用单根穿。

(2)按操作对象不同，穿束工作可由人工、卷扬机和穿束机进行。

①人工穿束

人工穿束可利用起重设备将预应力束吊起，工人站在脚手上逐步穿入孔内。束的前端应扎紧并裹胶布，以便顺利穿过孔道。对多波曲线束，宜采用特制的牵引头，工人在前头牵引，后头推送，用对讲机保持前后两端同时出力。对长度不大于50m的两跨曲线束，人工穿束还是方便的。在多波曲线束中，用人工穿单根钢绞线较为困难。

②卷扬机穿束

用卷扬机穿束主要用于特长束、特重束、多波曲线束等整束穿的情况。卷扬机的速度宜慢些（每分钟约为10m），电动机功率为1.5～2.0kW。束的前端应装有穿束网套或特制的牵引头。穿束网套可用细钢丝绳编织。网套上端通过挤压方式装有吊环。使用时将钢绞线穿入网套中（到底），前端用铁丝扎死，顶紧不脱落即可。

③穿束机穿束

用穿束机穿束适用于单根穿钢绞线的情况。穿束机有以下两种类型：一是由油泵驱动链板夹持钢绞线传送，速度可任意调节，穿束可进可退，使用方便；二是由电动机经减速箱减速后由两对滚轮夹持钢绞线传送。进退由电动机的正反控制。穿束时钢绞线前头应套上一个子弹头形的壳帽（见第四章预应力设备）。

2. 预应力筋安装后应进行保护

（1）对在混凝土浇筑及养生之前安装在管道中但在下列规定时限内没有压浆的预应力筋，应采取防止锈蚀或其他防腐蚀的措施，直至压浆。

不同暴露条件下，未采取防腐蚀措施的力筋在安装后至压浆时的容许间隔时间如下：

空气湿度大于70%或盐分过大时	7天
空气湿度40%～70%时	15天
空气湿度小于40%时	20天

（2）在力筋安装在管道中后，管道端部开口应密封以防止湿气进入。采用蒸汽养生时，在养生完成之前不应安装力筋。

（3）在任何情况下，当在安装有预应力筋的构件附近进行电焊时，对全部预应力筋和金属件均应进行保护，防止溅上焊渣或造成其他损坏。

3. 混凝土浇筑之前应检查

对在混凝土浇筑之前穿束的管道，力筋安装完成后，应进行全面检查，以查出可能被损坏的管道。在混凝土浇筑之前，必须将管道上一切非有意留的孔、开口或损坏之处修复，并应检查力筋能否在管道内自由滑动。

三、锚具、夹具和连接器安装

锚具与夹具必须是配套产品，以防配合不当。安装时应遵守《预应力筋用锚具、夹具和连接器应用技术规程》（JGJ 85—2002）的要求。

（1）安装锚具前，应将钢绞线表面黏着的泥砂及灰浆用钢丝刷清除。锚环或锚板表面的防锈油可不再清除，但锥形孔须保持清洁，不得有泥土、砂粒等脏物。当按施工工艺规定需要在锚固零件上涂抹介质以改善锚固性能时，应在锚具安装时涂抹。

（2）钢绞线穿入孔道时，应保持外表面干净，不得拖带污物；穿束以后，应将其锚固夹持段及外端的浮锈和污物擦拭干净。

（3）锚具和连接器安装时应与孔道（或锚板）对中。锚垫板上设置对中止口时，则应防止锚具偏出止口以外，形成不平整支承状态。夹片式锚具安装时，各根预应力钢材应平顺，不得扭绞交叉；夹片应采用穿在钢绞线上的工具台套打紧，并外露一致。

(4)夹片式、锥塞式等形式的锚具，在预应力筋张拉和锚固过程中或锚固完成以后，均不得大力敲击或振动，以防锚具或夹片爆裂而发生质量或安全事故。

(5)利用螺母锚固的支承式锚具，安装前应逐个检查螺纹的配合情况。对于大直径螺纹的表面应涂润滑油脂，以确保张拉和锚固过程中顺利旋合和拧紧。

(6)安装千斤顶时，应特别注意其活塞上工具锚的孔位和构件端部工作锚的孔位排列一致。严禁钢绞线在千斤顶的穿心孔内发生交叉，以免张拉时出现断丝等事故。

(7)工具锚的夹片，应注意保持清洁良好的润滑状态。新的工具锚夹片第一次使用前，应在夹片背面涂上润滑脂，以后每使用5~10次，应将工具锚上的挡板连同夹片一起卸下。向锚板的锥孔中重新涂上一层润滑剂，以防夹片在退楔时被卡住。润滑剂可用石墨、二硫化钼、石蜡或专用的退锚灵等。当工具夹片开裂或牙面缺损较多，工具锚板出现明显变形或工作表面损伤显著时，均不得继续使用。

(8)采用连接器接长预应力筋时，应全面检查连接器的所有零件，必须执行全部操作工艺，以确保连接器的可靠性。

(9)预应力筋锚固以后，因故必须放松时，对于支承式锚具可用张拉设备松开锚具，将预应力缓慢地卸除；对于夹片式、锥塞式等锚具，宜采用专门的放松装置将锚具松开(注意：非常危险，必须由专业人员操作)。任何时候都不得在预应力筋存在拉力的状态下直接将锚具切去。

第五节　预应力筋张拉

一、张拉前的准备工作

1. 张拉时机确定

施加预应力时的混凝土立方体强度，直接影响构件的安全度、锚固区的局部承压、徐变引起的损失等，是施加预应力成败的关键。对施工阶段不允许出现裂缝的构件或预压时全截面受压的构件，在预加应力、自重及施工荷载作用下，截面边缘的混凝土压应力 $\sigma_{cc} \leqslant 1.2f'_{c} = 1.2 \times 0.5 \times f'_{cu}$，即 $f'_{cu} \geqslant 1.7\sigma_{cc}$，即施加预应力时的混凝土立方体强度必须等于或大于由预应力产生的混凝土最大压应力的1.7倍；预应力筋锚固时锚下混凝土将承受较大的局部应力，因此，锚固区的混凝土强度必须满足局部承压要求，以免构件端部开裂，甚至破坏；混凝土徐变引起的预应力损失，当 $\sigma_{cc} \leqslant 0.4f'_{cu}$ 时，呈线性变化，当 $\sigma_{cc} \leqslant 0.5f'_{cu}$ 时，增加较快，呈非线性变化，因此，σ_{cc}/f'_{cu} 比值应控制在0.5范围内。

施加预应力时，混凝土的立方体强度，应根据以上三方面核算综合确定，但不宜低于混凝土设计强度等级的75%。如有设计规定，则按设计执行。

如后张法构件为了搬运等需要，可提前施加一部分预应力，使梁体建立较低的预压应力，足以承受自重荷载，但混凝土的立方体强度不应低于设计强度等级的70%。

另外，混凝土外加剂的应用，使强度增长较快，而相应弹性模量增长不大。弹性模量过小，张拉后徐变大，预应力损失大，反拱也不易控制，因此混凝土的龄期一般不宜小于7天。

2. 张拉控制应力

张拉控制应力是指预应力钢筋在进行张拉时所控制达到的最大应力值。其值为张拉设备(如千斤顶油压表)所指示的总张拉力除以预应力钢筋面积得到的应力值,以 σ_{con} 表示。预应力筋张拉控制应力的大小直接影响预应力效果。如果控制应力取值过低,则预应力钢筋在经历各种损失后,对混凝土产生的预压应力过小,不能有效地提高预应力混凝土构件的抗裂度和刚度。当然,控制应力也不能过高,否则会使构件出现裂缝的荷载与破坏荷载很接近,在破坏前没有明显的预兆,构件的延性较差;也可能造成预拉区开裂,以及端部混凝土局部受压破坏;同样,超张拉过大使钢筋应力超过屈服点,产生塑性变形将影响预应力值的准确性和张拉工艺的安全性;此外控制应力较大造成构件反拱过大或预拉区出现裂缝也是不利的。

预应力筋张拉控制应力应符合设计要求且应符合下列规定:对碳素钢丝、刻痕钢丝、钢绞线,其最大张拉控制应力允许值为 $0.75f_{pk}$(极限抗拉强度);对热处理钢筋、冷拔低碳钢丝,其最大张拉控制应力允许值为 $0.65f_{pk}$。当符合下列情况之一时,张拉控制应力的限值可提高 $0.05f_{pk}$:

(1)要求提高构件在施工阶段的抗裂性能而在使用阶段受压区内设置的预应力钢筋。

(2)要求部分抵消由于应力松弛、摩擦、钢筋分批张拉以及预应力钢筋与张拉台座之间的温差等因素产生的预应力损失。

张拉控制应力取值,后张法低于先张法。这是因为后张法构件在张拉钢筋的同时,混凝土已受到弹性压缩,而先张法构件,混凝土是在预应力筋放松后才受到弹性压缩。因此,预应力值的建立后张法受弹性压缩的影响较小,而先张法较大。此外,混凝土收缩、徐变引起的预应力损失,后张法也比先张法小。

3. 张拉程序

预应力筋的张拉程序,主要根据构件类型、张锚体系、松弛损失取值等因素确定,见表6-2。

后张法预应力筋张拉程序 表6-2

预应力筋		张拉程序
钢筋、钢筋束		0→初应力→1.05σ_{con}(持荷2min)→σ_{con}(锚固)
钢绞线束	对于夹片式等具有自锚性能的锚具	普通松弛力筋:0→初应力→1.03σ_{con}(锚固); 低松弛力筋:0→初应力→σ_{con}(持荷2min锚固)
	其他锚具	0→初应力→1.05σ_{con}(持荷2min)→σ_{con}(锚固)
钢丝束	对于夹片式等具有自锚性能的锚具	普通松弛力筋:0→初应力→1.03σ_{con}(锚固) 低松弛力筋:0→初应力→σ_{con}(持荷2min锚固)
	其他锚具	0→初应力→1.05σ_{con}(持荷2min)→0→σ_{con}(锚固)
精轧螺纹钢筋	直线配筋时	0→初应力→σ_{con}(持荷2min锚固)
	曲线配筋时	0→σ_{con}(持荷2min)→0(上述程序可反复几次)→初应力→σ_{con}(持荷2min锚固)

注:①表中 σ_{con} 为张拉时的控制应力,包括预应力损失值。

②两端同时张拉时,两端千斤顶升降压、画线、测伸长、插垫等工作应基本一致。

③梁的竖向预应力筋可一次张拉到控制应力,然后于持荷5min后测伸长和锚固。

④超张拉数值超过规定的最大超张拉应力限值时,应按规定的限值进行张拉。

4. 张拉方式

预应力筋的张拉顺序,使结构及构件受力均匀、同步,不产生扭转、侧弯,不应使混凝土产生超应力,不应使其他构件产生过大的附加内力及变形等,因此,无论对结构整体,还是对单个构件而言，都应遵循同步、对称张拉的原则。此外，安排张拉顺序还应考虑到尽量减少张拉设备的移动次数。张拉顺序应根据设计计算书与设计图确定。

对于预应力筋，应采用形式和吨位与其相符的千斤顶整束张拉锚固。对直线形或平行排放的预应力钢绞线束，在确保各根预应力钢绞线不会叠压时，也可采用小型千斤顶逐根张拉工艺，但必须将“分批张拉预应力损失”计算在控制应力之内。

对于一些有特殊要求的结构或张拉空间受到限制时，可配置专用的变角块，并应采用变角张拉法施工。设计和施工中应考虑因变角而产生的摩阻损失，但预应力筋在张拉千斤顶工具锚处的控制应力不得大于$0.8f_{pk}$。

施加预应力的方式很多，除常用的一端张拉、两端张拉、对称张拉、超张拉等以外，还有分批张拉、分段张拉、分阶段张拉、补偿张拉等。这些张拉方式的采用，事先都应有明确的计划、准备，以便逐步实施。

(1)一端张拉工艺

一端张拉工艺就是将张拉设备放置在预应力筋一端的张拉形式，主要用于埋入式固定端、分段施工采用固定式连接器连接的预应力筋和其他可以满足一端张拉要求的预应力筋。适用于长度≤30m的直线预应力筋与锚固损失影响长度$L_f \geqslant L/2$（L为预应力筋长度）的曲线预应力筋。

为了克服孔道摩擦力的影响，使预应力钢筋的应力得以均匀传递，采用反复张拉2~3次，可达到较好的效果。一端张拉工艺过程可以是分级张拉一次锚固，也可以是分级张拉、分级锚固。

(2)两端张拉工艺

两端张拉工艺是将张拉设备同时布置在预应力筋两端同时同步张拉的施工工艺，适用于较长的预应力筋束。原则上讲，两端张拉应同时同步进行，但当张拉设备数量不足或由于张拉顺序安排关系，也可先在一端张拉完成后，再移至另一端补足张拉力后锚固。

适用于长度>30m的直线预应力筋与锚固损失影响长度$L_f < L/2$的曲线预应力筋。对一端张拉完成后，另一端损失值不大，再补张另一端时，出现张拉力达到要求而伸长值没有增加的情况时，应考虑采用两端同步张拉工艺。出现这种情况是因为夹片式锚具锚固楔紧后，若要重新打开夹片，必须同时克服夹片与锚环锥孔的楔紧摩擦力和预应力筋中的锚固力，方能重新打开夹片，此时预应力筋中张拉力才与油表显示值一致。

(3)分级张拉一次锚固

油泵供油给千斤顶张拉油缸，按五级加载过程依次上升油压，分级方式为20%、40%、60%、80%、100%，每级加载均应量测伸长值，并随时检查伸长值与理论值的偏差。

张拉到规定油压后，持荷复验伸长值，合格后，实施锚固。对钢丝束锥形锚具，持荷后实施顶压锚固工艺，然后卸载锚固；对钢丝束镦头锚具，通过专用工具拧紧螺母后，千斤顶卸载锚固；对钢绞线束夹片式群锚体系（如QM体系），千斤顶卸载即可锚固，也可顶压后卸载锚固（如XM体系）。

(4)分级张拉分级锚固

预应力筋张拉用液压千斤顶的张拉行程一般为150~200mm，对较长的预应力筋束（一般当预应力筋长度大于25m时），其张拉伸长值会超过千斤顶的一次全行程，必须分级张拉、分级锚固。对超长预应力筋束（如大跨径桥梁、电视塔等结构），其张拉伸长值甚至达到千斤顶行程的好几倍，必须经过多次张拉，多次锚固，才能达到最终张拉力和伸长值。

分级张拉、分级锚固应根据计算伸长值，将张拉过程分成若干次，每次均实施一轮张拉锚固工艺，每一轮的初始油压即为上一轮的最终油压，每一轮的拉力差值应取相同值，以便控制，一直到最终油压值锚固。

(5)其他张拉工艺

针对不同结构形式和不同的结构设计要求，预应力筋张拉工艺还可分为：分批张拉工艺、分段张拉工艺、分阶段张拉工艺、补偿张拉工艺等。这些工艺是为满足某一特定要求而设计的。

①分批张拉

分批张拉是指在后张构件或结构上，多根预应力筋需要分批进行张拉的方式。由于后批预应力筋张拉所产生的混凝土弹性压缩对先批张拉的预应力筋造成预应力损失，所以先批张拉的预应力筋张拉力应加上该弹性压缩损失值。

②分段张拉

分段张拉是指在多跨连续梁、板分段施工时，通长的预应力筋需要逐段进行张拉的方式。对大跨径多跨连续梁，在第一段混凝土浇筑与预应力筋张拉后，第二段预应力筋利用锚头连接器接长，以形成通长的预应力筋。

③分阶段张拉

分阶段张拉是指在后张结构中，为了平衡各阶段的荷载，采取分阶段逐步施加预应力的方式；所加荷载不仅是外荷载(如自重)，也包括由结构内部体积变化(如弹性缩短、收缩与徐变)所产生的内力等。

④补偿张拉

补偿张拉是指在早期的预应力损失基本完成以后再进行张拉的方式。采用这种补偿张拉，可克服弹性压缩损失，减少预应力筋应力松弛损失、混凝土收缩与徐变损失等，以达到预期的预应力效果。

5. 模板与支架的检查

由于施加预应力，混凝土必将产生弹性变形，此时引起轴向缩短和上、下方向的挠曲；另外，对垂直轴偏心布置钢束时，要产生水平方向的偏心和相反方向的挠曲，因此，在张拉时如果约束其轴向收缩和挠曲，就会使混凝土产生预想不到的裂缝，所以，张拉时要充分掌握其弹性变形的方向和变形量，必须严格检查模板与支架是否有约束其变形的地方。一般，张拉时模板与支架应处于如下状态：

(1)对轴向弹性收缩有约束作用的梁侧模板要拆除，否则会给拆除模板增加困难，有时也会成为梁产生裂缝的原因；

(2)只有在施加了足以能承受自重的预应力之后，才能解除支架与底板模板的约束；

(3)要详细检查模板与支架有无约束活动支座在顺桥方向的移动和旋转，以及固定支座的旋转等，应使支座的活动不受约束。一般情况，施加预应力引起的梁轴内缩短值，每米梁长约为0.2mm。

6. 摩擦系数测定

张拉程序中的初应力应根据留孔材料的摩擦系数(k、μ 值)、孔道的长度等对从张拉端至固定端(或两端张拉的对称点处)的预应力摩擦损失计算后，由摩擦损失率的大小决定其值。必要时，在全面开展预应力张拉前，在施工现场做试张拉的孔道摩擦损失试验，测定预应力损失率及摩擦系数，用于直接指导预应力张拉操作。

7. 张拉设备的选用和校验

根据构件特点、所有预应力筋及锚夹具的类型、张拉力大小等，选择合适的张拉设备。主要是选择张拉设备的吨位、行程、压力表的规格等。预应力筋的张拉力一般为设备额定张拉力的50% ~80%，预应力筋的一次张拉伸长值不应超过设备的最大张拉行程。当一次张拉不足时，可采用分级重复张拉的方法，但所用的锚具与夹具应适应重复张拉的要求。

将选用的张拉设备包括油压千斤顶、高压油泵和油压表，编号配套进行校验。在校验时，最好将与控制张拉力和超张拉力相应的油压表读数校验出来，便于张拉时直接掌握。

对所用的油压千斤顶、高压油泵和油压表、连接管路等要试车进行检查，如发现有漏油和不正常的情况，要查明原因，及时排除。当使用紫铜管连接千斤顶与油泵时，要注意检查在弯曲处有无裂纹，喇叭口是否完整无损，如发现问题，要修理完好后，才能使用。

8. 张拉作业用机具配备和检查

(1)张拉装置

①张拉装置由千斤顶、油泵及其附件组成。张拉装置因施工方法、张拉力以及预应力钢材种类而不同，所以选择张拉装置时应根据工程具体情况决定。

②使用台数。应根据张拉计划，确定张拉装置的使用台数，此时，除使用的以外，最好准备备用的张拉装置以备不测。

③张拉装置的检查：

a. 油量应充足，并应使用油泵用优质矿物油；

b. 千斤顶与油泵以及高压油管两端连接器的灰尘应予以清除；

c. 应抽出高压油泵内的空气；

d. 不应有漏油现象；

e. 应熟悉油泵的操作顺序。

④压力表的标定。张拉装置所附压力表的读数，由于张拉装置的内摩擦以及预应力筋与锚具之间的摩擦等原因，所显示出的施加给预应力筋上的张拉力，有时不一定很准确。因此，对于这些摩擦损失，应在事前根据需要在施工中进行标定，必须使施加给预应力筋上的张拉力能通过压力表的读数准确地显示出来。

张拉装置的标定，最好采用像测力计那样能直接测定张拉力的方法，所以应当备有测力计，但是，在所有现场都使用像测力计这样的精密仪器，有很多困难，因此，在施工现场可以对压力表本身进行标定。压力表标定一般使用双针式压力表。

压力表的标定在以下情况进行：

a. 开始施加预应力之前；

b. 修理千斤顶及油泵之后；

c. 改变千斤顶与油泵的组合时；

d. 计算值与实测值两者相差悬殊时；

e. 长期中断作业，重新开始张拉时；

f. 其他认为有必要时。

⑤电动油泵使用注意事项：

a. 运输过程中翻倒时，一般不能再使用；

b. 供给油箱的油，应使用油泵用优质矿物油；

c. 启动电动油泵的电动机时，应确认流量调整把手并缓慢进行，而且压力不得超过规定；

d. 事先应核对电源的电极和电压，而且不得拆掉软线的插头来使用，或截断软线来接线；

e. 开动张拉侧控制阀时，应一边看压力表，一边慢慢打开。

⑥预应力筋冬期施工在低温下张拉锚固极易发生脆断，故要求张拉设备和各项张拉操作均在棚内正温条件下进行，油压表工作环境温度不低于10℃。张拉油泵及千斤顶用油必须用低凝油，在操作中油泵要断续开停几次，再令其正常运转。

(2)张拉用临时设备

①检查是否保证有所需的电源；

②必须检查是否确保有张拉装置的作业空间；

③必须检查作业脚手架是否齐备、安全；

④必须准备好平板车等搬运工具；

⑤用作千斤顶的起吊装置，应注意准备好倒链滑车、人字扒杆、吊索、麻绳以及粗铁丝等；

⑥张拉装置不得被雨淋湿，因此，要有防雨设备；

⑦对于长钢束，指挥者的号令很难传达清楚，此时可使用步话机。

9. 构件检查

施加预应力前，应对混凝土构件进行检验，外观和尺寸应符合质量标准要求；张拉时构件的混凝土强度不应低于设计规定，设计未规定时，不应低于设计强度标准值的75%。

预应力筋穿入孔道前，应检查其品种、规格、长度和有关的对焊、冷拉记录及机械性能试验报告。

所用锚夹具应按其质量标准要求进行检验（或核对有关的检验记录），并进行外观检查，看有无裂缝、变形或损伤情况，检查合格后，要用煤油或汽油擦净油污和脏物，与预应力筋配套堆放，不能混杂。

10. 制订张拉时的安全措施

由于施工现场临时电线多，张拉机具移动频繁和冬、雨季施工，应严禁触电和机械伤人事故发生；要针对张拉作业的特点，制订有关的安全技术措施，详见第十章预应力混凝土施工组织与管理。

二、施加预应力

1. 施加预应力的准备工作

(1)对力筋施加预应力之前，必须完成或检验以下工作：

①施工现场应具备经批准的张拉程序和现场施工说明书或施工组织设计；

②现场已有具备预应力施工知识和正确操作的施工人员；

③锚具安装正确，对后张构件，混凝土已达到要求的强度；

④施工现场已具备确保全体操作人员和设备安全的必要的预防措施。

(2)实施张拉时，应使千斤顶的张拉力作用线与预应力筋的轴线重合一致。

2. 张拉应力控制

(1)预应力筋的张拉控制应力应符合设计要求。当施工中预应力筋需要超张拉或计入锚圈口预应力损失时，可比设计要求提高5%，但在任何情况下不得超过设计规定的最大张拉控制应力。

(2)应采用双控的方式，即：预应力筋采用应力控制方法张拉时，应以伸长值进行校核，实际伸长值与理论伸长值的差值应符合设计要求，设计无规定时，实际伸长值与理论伸长值的差值应控制在6%以内,否则应暂停张拉,待查明原因并采取措施予以调整后,方可继续张拉。

钢绞线有时供货直径一般为15.3mm,直径偏粗会直接影响预应力筋的张拉伸长值与锚固性能。

(3)预应力筋的理论伸长值ΔL(mm)可按式(6-1)计算:

$$\Delta L = \frac{P_{P}L}{A_{P}E_{P}} \tag{6-1}$$

式中:P_P——预应力筋的平均张拉力,直线筋取张拉端的拉力,两端张拉的曲线筋,计算方法见第九章,N;

L——预应力筋的长度,mm;

A_P——预应力筋的截面面积,mm^2;

E_P——预应力筋的弹性模量,N/mm^2。

(4)预应力筋张拉时,应先调整到初应力,该初应力宜为张拉控制应力σ_{con}的10%~15%,伸长值应从初应力时开始量测。力筋的实际伸长值除量测的伸长值外,必须加上初应力以下的推算伸长值。对后张法构件,在张拉过程中产生的弹性压缩值一般可省略。

预应力筋张拉的实际伸长值$\Delta L'$(mm),可按式(6-2)计算:

$$\Delta L' = \Delta L_1 + \Delta L_2 \tag{6-2}$$

式中:ΔL_1——从初应力至最大张拉应力间的实测伸长值,mm;

ΔL_2——初应力以下的推算伸长值,可采用相邻级的伸长值,mm。

(5)必要时,应对锚圈口及孔道摩阻损失进行测定,张拉时予以调整。

三、预应力筋锚固

1. 锚固要求

预应力筋在张拉控制应力达到稳定后方可锚固,并对张拉记录和锚固状况进行复查,确认合格后,方可切割露于锚具之外的预应力筋多余部分。预应力筋锚固后的外露长度不宜小于30mm,锚具应用封端混凝土保护,当需长期外露时,应采取防止锈蚀的措施。一般情况下,锚固完毕并经检验合格后即可切割端头多余的预应力筋,严禁用电弧焊切割,强调用砂轮机切割。

也有采用离锚具端120~150mm处切断钢绞线,将钢丝作放射性分散并弯折在锚环四周,然后用细石混凝土封裹。

锚固区预应力筋端头的混凝土保护层厚度不应小于20mm;在易受腐蚀的环境中,保护层还宜适当加厚。对凸出式锚固端,锚具表面距混凝土边缘不应小于50mm。封头混凝土内应配置1~2片钢筋网,并应与预留锚固筋绑扎牢固。封头混凝土应填塞密实并与周围混凝土黏结牢固。

2. 内缩值

锚固阶段张拉端预应力筋的内缩量,应不大于设计规定或不大于表6-3所列容许值。

3. 断丝与滑丝

断丝与滑丝是预应力张拉时常见的问题之一,一般发生在顶锚以后,其产生的原因和处理方法见第八章。后张预应力筋断丝、滑丝及滑移不得超过表6-4的控制数。

4. 预应力筋张拉及放松时,均应填写施工记录

锚具变形、预应力筋回缩和接缝压缩容许值 表 6-3

锚具、接缝类型		变形形式	容许值 ΔL(mm)
钢制锥形锚具		力筋回缩、锚具变形	6
夹片式锚具(用于预应力钢绞线)		力筋回缩、锚具变形	6
镦头锚具		缝隙压密	1
JM15 锚具	用于预应力钢丝时	力筋回缩、锚具变形	3
	用于预应力钢绞线时		6
粗钢筋锚具(用于精轧螺纹钢筋)		力筋回缩、锚具变形	1
每块后加垫板的缝隙		缝隙压密	1
水泥砂浆接缝		缝隙压密	1
环氧树脂砂浆接缝		缝隙压密	1

后张预应力筋断丝、滑丝及滑移限制 表 6-4

类别	检查项目	控制数
钢丝束和钢绞线束	每束钢丝断丝或滑丝	1 根
	每束钢绞线断丝或滑丝	1 丝
	每个断面断丝之和不超过该断面钢丝总数的	1%
单根钢筋	断筋或滑移	不容许

注:①钢绞线断丝系指单根钢绞线内钢丝的断丝。

②超过表列控制数时,原则上应更换,当不能更换时,在许可的条件下,可采取补救措施,如提高其他束预应力值,但须满足设计上各阶段极限状态的要求。

第六节 孔 道 压 浆

在后张法预应力混凝土结构中,为了防止预应力钢筋锈蚀以及使预应力钢筋与梁体混凝土接合为一个整体,减轻锚具的负担,在张拉预应力筋后,宜及时向预应力筋孔道中压注水泥浆。

一、水泥浆性能指标

1. 水泥浆所用材料应符合的要求

(1)水泥

宜采用硅酸盐水泥或普通水泥。采用矿渣水泥时,应加强检验,防止材性不稳定。水泥的强度等级不宜低于 42.5 级。水泥进场应按规定检查产品合格证、出产检验报告及进场复验报告,其质量应符合现行国家标准《通用硅酸盐水泥》(GB 175—2007)的规定。水泥不得含有任何团块。

(2)水

应不含有对预应力筋或水泥有害的成分,每升水不得含 500mg 以上的氯化物离子或任何一种其他有机物。可采用清洁的饮用水。

(3)外加剂

宜采用具有低含水量、流动性好、最小渗出及膨胀性等特性的外加剂，它们应不得含有对预应力筋或水泥有害的化学物质。外加剂的用量应通过试验确定。

2. 水泥浆性能指标

《公路桥涵施工技术规范》(JTJ 041—2000)12.11.3 规定，水泥浆的强度应符合设计规定，设计无具体规定时，应不低于 30MPa。对截面较大的孔道，水泥浆中可掺入适量的细砂。水泥浆的技术条件应符合下列规定：

(1)水灰比宜为 0.40 ~0.45，掺入适量减水剂时，水灰比可减小到 0.35。

(2)水泥浆的泌水率最大不得超过 3%，拌和后 3h 泌水率宜控制在 2%，泌水应在 24h 内重新全部被浆吸回。

(3)通过试验后，水泥浆中可掺入适量膨胀剂，但其自由膨胀率应小于 10%。实际施工时不宜大于 5%。泌水率和膨胀率的试验方法见附录 G-10。

(4)水泥浆稠度宜控制在 14 ~18s 之间，稠度的试验方法见附录 G-11。

3. 专用外加剂

采用普通压浆工艺及采用真空辅助压浆工艺灌浆的外加剂应采用高减水、微膨胀、低收缩和低泌水的高性能孔道灌浆专用外加剂。由于我国水泥生产厂生产的水泥成分受地方材料供应影响，各种孔道灌浆专用外加剂必须与地方产水泥适配，正式进场前必须做灌浆水泥适配性试验，必要时作外加剂成分的调整，以保证灌浆质量。

孔道灌浆用外加剂的质量及应用技术应符合现行国家标准《混凝土外加剂》(GB 8076—1997)和《混凝土外加剂应用技术规范》(GB 50119—2003)的规定。

孔道灌浆用水泥和外加剂进场时应附有质量证明书，并作进场复验。江苏使用的外加剂一般为 JM—HF。

4. 水泥浆应具备的功能

灌浆用水泥浆应具备以下功能：

(1)水泥浆本身对预应力筋和孔道壁无腐蚀作用(具有高电阻性和不渗透氯离子等)；

(2)水泥浆必须具备一定的强度，满足预应力筋和混凝土构件之间的有效应力传递，保证结构的整体性；

(3)水泥浆具有较好的流动性，适于施工灌注；

(4)水泥浆在灌注后泌水率低，且不离析；

(5)水泥浆具备一定的膨胀性能，以抵消水泥浆硬化过程中的收缩，保证孔道中的各个部位充盈饱满的浆体，特别是钢绞线的异形部位和孔道拐弯部位；

(6)水泥浆必须具备一定的保塑性能，以维持灌浆过程的正常进行，冬期施工时，水泥浆不被冻坏。

二、后张孔道压浆

压浆方法分为普通压浆、真空辅助压浆两种方法。普通压浆是采用灰浆泵将拌制好的水泥浆以 0.5 ~0.8MPa 的压力直接压入孔道中；真空辅助压浆是先采用真空泵抽吸预应力道中的空气，使孔道达到负压 0.1MPa 左右的真空度，然后在孔道的另一端用压浆机以≥0.7MPa 的正压力压入预应力孔道。两种施工方法见图 6-19。

普通压浆一般适用于较短的管道；真空辅助压浆一般适用于超长管道，或压浆难度较大的

50m 以上的曲线管道或 80m 以上的直线管道。较短的管道由于压浆时间较短，真空辅助压浆效果不明显且施工时不易控制，如采用普通压浆有困难时，可采用 1000r/min 以上的高速搅拌机，以降低水泥浆稠度。超长管道普通压浆与真空辅助压浆较果见图 6-20。

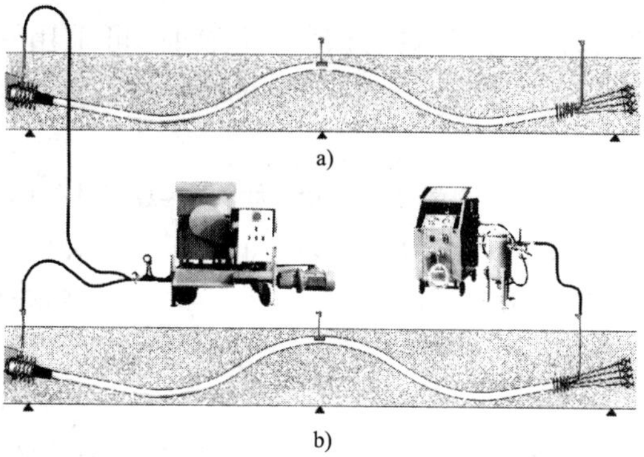

图 6-19　真空辅助压浆与普通压浆

图 6-20　真空辅助压浆与普通压浆效果对比
（左边普通压浆；右边真空辅助压浆）

1. 普通压浆

(1)压浆工艺

①在预应力筋张拉完成后，预应力孔道上预留的灌浆口与压浆泵的出浆口用高压塑胶管或高压橡皮管连接，应连接可靠。

②孔道的准备：要求用压力水清除孔道内的杂物，并用压缩空气吹干。凭施工积累的经验，对埋管的畅通水平作出判定后，可直接灌浆。

③制浆：先将水加入灰浆搅拌机（宜采用转速 1 000r/min 以上的高速灰浆搅浆机），后加入外加剂和水泥，水泥浆应连续搅拌直至泵送为止。最后一包水泥加入后宜搅拌 3min 可开始灌注。

④灌浆：水泥浆制好后，应立即启动压浆泵进行压浆，在孔道终端排气口排出与进浆孔相同稠度的水泥浆后，应封闭排气口，持压（0.5MPa 以上）2min，关停压浆机，封闭进浆口。

开始灌浆时，所有的灌浆孔和高点处的排气孔均应畅通，水泥浆进入孔道直至与进浆孔相同稠度的水泥浆在第一个排气孔流出，此时排气孔应盖住或用其他方法封闭。其余的排气孔应按同样的方法随浆体流动逐一堵塞。

包括进浆孔、排气孔在内所有的塞子、盖子或阀门在封闭后不应拆除或打开，直至水泥浆凝固为止。

⑤补浆：根据具体的灌浆情况，如需补浆的孔道，在浆体泌水结束之前，宜采用常规方法由排气孔人工补浆，直至排气孔连接管中充满与进浆孔相同稠度的水泥浆为止。

⑥制作试压块：每批灌浆施工的水泥浆应制作 1 组试压块（70.7mm × 70.7mm × 70.7mm 立方体），标准养护 28 天，测定其试块抗压强度。

(2)后张孔道压浆注意事项

①水泥浆自拌制至压入孔道的延续时间，视气温情况而定，一般在 30 ~ 45min 范围内。水泥浆在使用前和压注过程中应连续搅拌。对于因延迟使用所致的流动度降低的水泥浆，不得通过加水来增加其流动度。

②压浆时，对曲线孔道和竖向孔道应从最低点的压浆孔压入，由最高点的排气孔排气和泌

水。压浆顺序宜先压注下层孔道。

③压浆应缓慢、均匀地进行，不得中断，并应将所有最高点的排气孔依次一一放开和关闭，使孔道内排气通畅。较集中和邻近的孔道，宜尽量先连续压浆完成，不能连续压浆时，后压浆的孔道应在压浆前用压力水冲洗通畅。

④对掺加外加剂泌水率较小的水泥浆，通过试验证明能达到孔道内饱满时，可采用一次压浆的方法；不掺外加剂的水泥浆，可采用二次压浆法，两次压浆的间隔时间宜为30～45min。

⑤压浆应使用活塞式压浆泵，不得使用压缩空气。压浆的最大压力宜为0.5～0.7MPa；当孔道较长或采用一次压浆时，最大压力宜为1.0MPa。梁体竖向预应力筋孔道的压浆最大压力可控制在0.3～0.4MPa。压浆应达到孔道另一端饱满和出浆，并应达到排气孔排出与规定稠度相同的水泥浆为止。为保证管道中充满灰浆，关闭出浆口后，应保持不小于0.5MPa的一个稳压期，该稳压期不宜少于2min。

⑥压浆过程中及压浆后48h内，结构混凝土的温度不得低于50℃，否则应采取保温措施。当气温高于35℃时，压浆宜在夜间进行。

⑦对需封锚的锚具，压浆后应先将其周围冲洗干净并对梁端混凝土凿毛，然后设置钢筋网浇筑封锚混凝土。封锚混凝土的强度应符合设计规定，一般不宜低于构件混凝土强度等级值的80%。必须严格控制封锚后的梁体长度。长期外露的锚具，应采取防锈措施。

⑧对后张预制构件，在管道压浆前不得安装就位，在压浆强度达到设计要求后方可移运和吊装。

⑨孔道压浆应填写施工记录。

2. 真空辅助压浆

(1)基本原理

采用真空泵抽吸预应力道中的空气，使孔道达到负压0.1MPa左右的真空度，然后在孔道的另一端用压浆机以≥0.7MPa的正压力压入预应力孔道。在真空辅助下，孔道中原有的空气和水被清除，同时，混夹在水泥浆中的气泡和多余的自由水被排出，增强了浆体的密实性。浆体中的微沫及稀浆在真空负压下率先进入负压容器，待稠浆流出后，孔道中浆的稠度即能保持一致，使浆体密实性和强度得到保证。孔道在真空状态下，减小了由于孔道高低弯曲而使浆体自身形成的压头差，便于浆体充盈整个孔道，尤其是一些异形关键部分。

(2)真空辅助压浆工作示意图(图6-21)

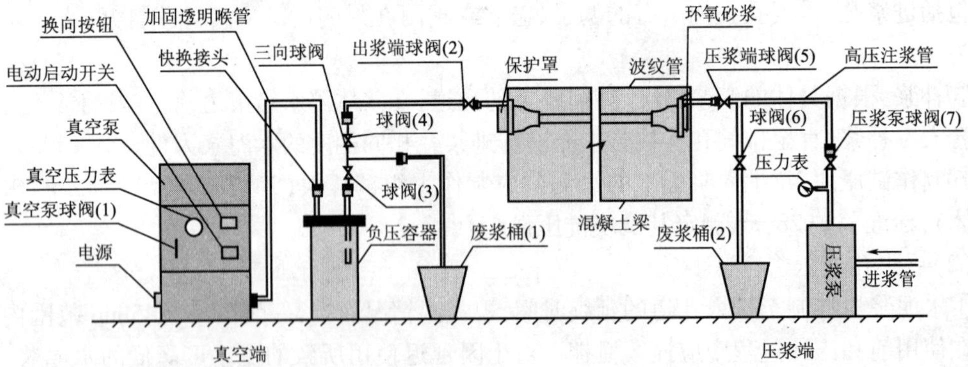

图6-21 真空辅助压浆工作示意图

(3)施工工艺流程(图6-22)

①准备工作：锚具的端部密封应严密，采用灌浆罩密封应注意橡胶密封圈可靠，必要时用玻璃胶协助。采用加厚细石混凝土封锚应注意必要时采用环氧砂浆或环氧细石混凝土封闭。两端封堵应严密，不漏气。

②灌浆料：与真空辅助压浆工艺相匹配，灌浆料应掺入高性能的孔道灌浆专用外加剂，对于夏季气温高，应注意灌浆外加剂在高温下的适应性。

③在孔道排浆口（一般为固定端）可采用空压机或水循环泵抽真空，真空度应不小于-0.08MPa。

④对于长孔道灌浆口持压压力为0.6~0.8MPa，时间60~120s。腹板、底板束宜先切割外露钢绞线，后封锚，持压效果好。板面束出浆口出浆稠度、时间符合要求后，可不持压。

⑤抽真空端口有一定的出浆时间，大约30s左右。

⑥制作试压块：每批灌浆施工的水泥浆应制作1组试压块（70.7mm×70.7mm×70.7mm立方体），标准养护28天，测定其试块抗压强度。

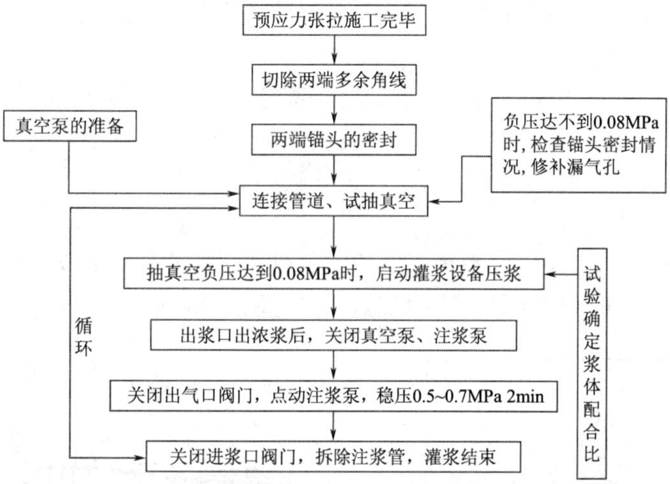

图6-22　真空辅助压浆工艺流程图

（4）真空辅助压浆施工要点

①真空压浆的浆体配合比设计

浆体设计是压浆工艺的关键之处，合适的水泥浆应是：

a. 和易性好（泌水性小、流动性好）；

b. 硬化后孔隙率低，渗透性小；

c. 具有一定的膨胀性，确保孔道填充密实；

d. 高的抗压强度；

e. 有效的黏结强度；

f. 耐久性。

为了防止水泥浆在灌注过程中产生析水以及硬化后开裂，并保证水泥浆在管道中的流动性，掺加少量的添加剂，为使水泥浆在凝固后密实，则掺入添加剂如超塑剂等。添加剂的作用：

a. 改善水泥浆的性质，降低水灰比，减少孔隙、泌水，消除离析现象；

b. 降低硬化水泥浆的孔隙率，堵塞渗水通道；

c. 减少和补偿水泥浆在凝结硬化过程的收缩和变形，防止裂缝的产生。

②配合比的试拌及各项指标

a. 流动度要求：搅拌后的流动度不小于 60s。

b. 水灰比：0.3 ~ 0.4，为满足可灌性要求，一般选用水泥浆的水灰比最好在 0.3 ~ 0.38 之间。

c. 泌水性：小于水泥浆初始体积的 2%；四次连续测试结果的平均值小于 1%；拌和后 24h 水泥浆的泌水应能被吸收。

d. 初凝时间：6h。

e. 体积变化率：0 ~ 2%。

f. 强度：7 天龄期强度大于 40MPa。

g. 浆液温度：5℃ ≤ $T_{浆液}$ ≤ 25℃，否则浆体容易发生离析。

③搅拌设备的选择

必须采用 1 200r/min 以上的高速循环搅拌机，高速循环抽吸喷射撞击，充分分散水泥颗粒，单个水泥颗粒被水膜包裹，虽黏稠，但流动性极好，保持时间长，整个硬化过程没有泌水，浆体硬化后收缩小。搅拌时没有沉底、结团现象。浆体进入存浆筒前应经 200 目的筛网过滤。

④塑料波纹管的应用

成孔材料是后张预应力体系的一个重要组成部分，一旦受到破坏，浆体是预应力混凝土结构中预应力钢材的最后一道防护屏障。塑料波纹管是一种新型成孔材料，与金属波纹管相比，它具有耐腐蚀、密封性能和抗渗漏性能高、摩擦系数小等优点。

⑤管道与锚头的密封处理

为了确保真空状态，必须保证整个管路的密封性，一般都采用安装保护罩的方法，如设计不允许采用保护罩时，可采用环氧树脂砂浆封锚。见图 6-23 所示。

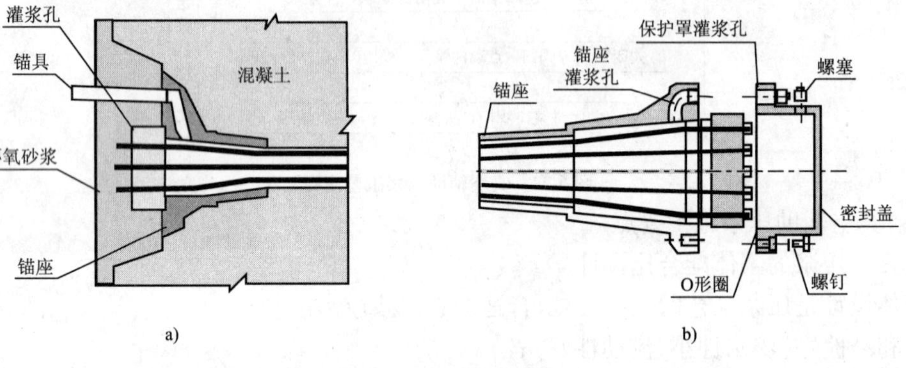

图 6-23　锚头密封处理

a) 环氧树脂封锚；b) 保护罩封锚

3. 灌浆前质量控制

(1) 灌浆前质量控制

预应力孔道灌浆前质量控制主要包括以下几个方面：

①制订孔道灌浆分项的施工方案并报批，批准后的施工方案作为施工人员在操作时遵照执行和监理质量监控的依据。施工方案应包括工程概况，灌浆料的配合比及灌浆材料、灌浆设备、灌浆工艺、质量控制、安全措施等几方面。

②灌浆材料的选用。可采用 JM—HF 预应力孔道专用灌浆剂。灌浆用的水采用较清洁的水，不含有对水泥或预应力钢材有害的大量物质，首选自来水；如使用自来水无条件时，亦可使用河水、地下水、湖塘水等，但须保证清洁，不含氯离子成分。

③控制材料的总用量，保证质量。宜计算整个工程的水泥浆用量及各组成材料的用量，作为备料的依据和用料的控制，各组成材料的用量决定于水泥浆用量，故只需计算水泥浆用量即可。水泥浆的净用量＝（预留孔道截面面积－预应力钢材的截面面积）×孔道长度。

④对灌浆施工人员宜进行岗前培训，使他们掌握技术要点和操作规程，并应能熟练操作。

（2）灌浆施工中的质量控制

灌浆施工中的质量控制是主动控制，对灌浆质量控制起关键性作用，施工中的质量控制主要包括以下几个方面：

①现场灌浆试验。根据具体环境应确定最合适的水胶比，同时要复核水泥浆的主要性能指标。

②经过岗前培训合格的熟练工应严格按灌浆方案和施工规范施工。施工中遇到异常情况时应及时处理，做好记录。

③在曲线预应力孔道的最低处宜留设灌浆口，最高处孔道末端应留设排气（浆）口。水泥浆由最低处灌浆口灌入孔道，按照水泥浆的行程顺序封堵排气口，注意排气口全部封堵后的持压时间和持压压力必须满足规定要求。

④控制水泥浆的制浆时间以及由制浆到灌浆结束的整个时间。水泥浆在灌注前必须不停地搅拌。

⑤如遇孔道堵塞时，适当增大保压压力、延长保压时间后，更换灌浆口，按灌浆要求继续灌浆。

⑥在灌浆过程中，不允许出现中断的情况，必须一次性不间断灌完一根孔道，若遇特殊情况不得已停断时，储浆罐中的浆液必须不停地搅动（人工或机械搅动）。

⑦断电时，用手动压浆泵完成机械压浆未完成的工作，如手动泵压力不够或现场无手动压力泵，则应用清水冲洗掉已灌进孔道中的水泥浆。

⑧断水时储浆罐中仍有多余的水泥浆时，可采用水泥浆液自身循环法防止水泥浆的流动度损失或废弃不再使用。

（3）灌浆质量的评定

①灌浆质量的评定要素

a. 水泥浆的工作性：在控制水灰比 0.35 以下及泌水率的条件下，水泥浆的稠度越小越好，便于灌注。

b. 水泥浆的水灰比：水灰比不得大于设计要求，在满足流动度的要求时，可适当减小水灰比，便于保证孔道密实。

c. 水泥浆试块的强度应满足设计需要和规范要求。

d. 水泥浆的膨胀收缩应在允许的范围内。

e. 水泥浆对管道的填充应饱满，水泥浆硬化后管道内无残余水。

②水泥浆的温度及流动度测试方法

a. 在灌浆前，现场应抽查水泥浆的温度及流动度。

b. 将已搅拌的水泥浆取出样品，在 1.725L 的流锥中，流锥时间应小于 18s。

③水泥浆泌水率测试方法

a. 在灌浆前，预先选定一束或两束预应力孔道作水泥浆膨胀、收缩及泌水测试。

b. 检验方法 I：压浆过程中，在已搅拌水泥浆中按不同时间取出三个样品作泌水试验，抽样时间随机而定。三个不同时间分别为初压浆时、压浆中期及压浆完成后。泌水试验采用

1 000mL的量筒，注入水泥浆至800mL处，用塑料膜封口并置于平台上，在最初半小时及1h观察泌水情况。3h泌水率在2%以内可判为合格。所泌出水分应在24h内被水泥完全吸收。

c. 检验方法Ⅱ：由压浆时出浆孔排出的水泥浆取样进行。

依照真空辅助压浆工艺程序将拌和的水泥浆压入预应力束孔道内，当水泥浆从出浆孔排出时，用容器盛装出浆孔道排出的水泥浆，然后倒入1 000mL的量筒中立刻密封后作膨胀、收缩及泌水测试。观察在3h内泌水率应不超过2%，所泌出水分应在24h内被水泥浆完全吸收。观察在室温下水泥浆膨胀率不超过10%，收缩率不超过0.1%。符合上述要求，可判为合格。

④水泥浆强度评定

试模尺寸为70.7mm×70.7mm×70.7mm，进行强度试验。试件在第28天的强度不少于50MPa，可判为合格。

⑤压浆后预应力束孔道灌满检测

水泥浆体充盈孔道的程度，最直接的办法是剖管查看，但预应力孔道属于隐蔽工程，必须选择其他方法进行检测和评定。

对采用真空辅助压浆工艺灌浆的预应力孔道，在预应力孔道未安装盖帽前预先选定1~2束需要在压浆后盖帽拆开检查是否被水泥浆灌满，在选定后，在盖帽里面涂上一层薄的黄油，然后将盖帽安装在锚板上，在压浆后拆开盖帽检查水泥浆是否填满盖帽内部。

对于封锚的端头压浆后24h，观察孔道是否被浆充满，充满了可判为合格，反之不合格。

第七节　施工质量检验及验收要点

1. 材料、设备及制作

(1)预应力筋、锚具、波纹管、水泥、外加剂等主要材料的分批出厂合格证、进场检测报告，预应力筋、锚具的见证取样检测报告等；

(2)张拉设备、固定端制作设备等主要设备的进场验收、标定；

(3)预应力筋制作交底文件及制作记录文件。

2. 预应力筋及孔道布置

(1)孔道定位点高程是否符合设计要求；

(2)孔道是否顺直、过渡平滑，连接部位是否封闭，能否防止漏浆；

(3)孔道是否有破损、是否封闭；

(4)孔道固定是否牢固，连接配件是否到位；

(5)张拉端、固定端安装是否正确，固定可靠；

(6)自检、隐检记录是否完整。

3. 混凝土浇筑

(1)是否派专人监督混凝土浇筑过程；

(2)张拉端、固定端处混凝土是否密实；

(3)是否能保证管道线形不变，保证管道不被损伤；

(4)混凝土浇筑完成后是否派专人用清孔器检查孔道或抽动孔道内预应力筋。

4. 预应力筋张拉

(1)张拉设备是否良好；

(2)张拉力值是否准确；
(3)伸长值是否在规定范围内；
(4)张拉记录是否完整、清楚。
5. 孔道灌浆
(1)设备是否正常运转；
(2)水泥浆配合比是否准确，计量是否精确；
(3)记录是否完整；
(4)试块是否按班组制作。

第八节 精轧螺纹钢预应力施工

在悬臂施工时，为了抵消竖向预应力，往往要腹板上设置竖向的预应力筋，最常用的是精轧螺纹钢。

1. 张拉方法

施加预应力时采取边张拉、边拧紧锚具的方法：
(1)安装锚具——螺母及垫板，用扳手拧紧；
(2)将穿心拉杆旋戴在预应力高强精轧螺纹粗钢筋上至少6扣螺纹；
(3)千斤顶就位，套在穿心拉杆上，撑套脚抵压垫板，链轮套管套上螺母，戴上并拧紧穿心拉杆螺母；
(4)前油嘴进油，后油嘴回油，活塞向后移动张拉预应力钢筋，并随张拉不断转动拧紧装置，直至设计要求；
(5)前油嘴回油，后油嘴进油，活塞向前移，一次张拉结束；
(6)若需进行二次张拉，先将穿心螺杆螺母向前旋进并拧紧，重复第(4)、(5)动作即可；
(7)经过二次张拉还没有满足设计伸长量时，可将穿心拉杆向前旋进，使穿心拉杆端部接近螺母顶面，再重复第(4)、(5)动作；
(8)第(6)、(7)项动作可交叉进行，可满足长钢筋大伸长量的要求，这也是YG—70型千斤顶的特点之一。

2. 主要特点

(1)预应力筋采用螺母锚固，锚固性能可靠；
(2)可以多次重复张拉、放松，操作方便；
(3)预应力筋回缩损失很小，可以用在预应力筋较短的场合，例如竖向预应力束和桥面横向预应力束；
(4)采用套筒式连接器可以任意接长钢筋。

3. 注意事项

(1)精轧螺纹粗钢筋由于刚度大，不易弯曲，通常仅作为直线预应力筋使用。如确需作曲线预应力筋使用时，其曲率半径应满足相关要求。
(2)预应力高强精轧螺纹粗钢筋在装卸中应尽量避免碰伤螺纹；储存时应采取防雨措施；钢筋堆放应搁置在枕木上，枕木间距应小于3m，以保证钢筋在自重长期作用下不产生弯曲变形。
(3)下料前预应力精轧螺纹粗钢筋肉眼可见的弯折必须调直，清除表面的浮锈、污物、泥土,钢筋两端由钢厂剪切造成的扁头应予锯去。钢筋表面如有凹坑、缺陷,则应剔除该段,不得使用。

(4)预应力高强精轧螺纹粗钢筋下料应采用砂轮锯切割,严禁采用电焊切割。当采用氧割时,应避免飞溅熔渣损伤其他钢筋表面,并需对钢筋端部用砂轮或锉刀进行修整。

(5)预应力高强精轧螺纹粗钢筋接长时,接长端需用油或其他牢固色彩标画出 1/2 连接器长度,以保证被连接钢筋与连接器相对位置的准确。

(6)为防止接长钢筋与连接器在施工中可能松扣,推荐在连接器螺纹处涂抹环氧树脂水泥浆。环氧树脂配方中固化剂宜用乙二胺。

(7)预应力高强精轧螺纹粗钢筋在非张拉端露出锚具的长度等于或大于钢筋的直径;在张拉端露出锚具的长度应大于或等于钢筋 6 倍螺距,张拉结束氧割所留的露出锚具的长度等于或大于钢筋的直径。

(8)当连接器孔道与预应力高强精轧粗螺纹钢筋处孔道不一时,连接器处加粗宜用铁皮管或塑料管,并应根据张拉方式、钢筋伸长量确定加粗孔道长度及张拉前连接器在加粗孔道中的位置,并应注意加粗孔道的固定及抽拔钢管(或橡皮管)接合处的密封,不得漏浆。

(9)振捣混凝土时应注意插入式振捣棒不得碰撞或翘动抽拔管及预埋管,并观察抽拔管有无纵向蠕动。

(10)建议端模采用钢模板。立模时注意孔道中心线(对曲线管道则为孔道末端中心点的切线)与端面的垂直度。构件拆模后应用专门的检查器进行检查,不符合要求时应进行修补,并在混凝土上标画出垫板的位置,以保证张拉力作用线与孔道中心线重合。

(11)钢管或橡胶管制孔器的抽拔时间与所处环境温度的乘积需根据季节、湿度予以调整。抽拔后应及时对孔道进行检查及修补。

(12)预应力高强精轧螺纹粗钢筋的锚固应在油泵开动,压力表指针稳定时进行。双向张拉时可先锚固一端,后在另一端补足油压值后再进行锚固。

(13)YG—70 型千斤顶工作时,千斤顶端部及非张拉端钢筋端部严禁站人,并应加设防护设施;张拉后的钢筋在未灌浆前严禁碰击、踩踢;灌浆工作应避开钢筋端部,以防预应力钢筋突然断裂弹出伤人。

(14)在有油压情况下,严禁拆卸油压系统中任何零件。

(15)为保证预加力的准确,应定期对张拉设备液压系统各组成部分(千斤顶、油泵、高压胶管、压力表)进行检查校正,校验期限一般为 3 个月。若施工中发现下述情况应重新校验:

①张拉时预应力高强精轧粗螺纹钢筋突然断裂;

②千斤顶发生故障或漏油严重;

③油泵压力表指针不能退回零点;

④油泵倒地或重物撞击油压表。

(16)施加初始预加力相应油压值一般为设计油压的 10%,以此为丈量钢筋伸长量的起算点。

(17)预应力高强精轧螺纹粗钢筋的张拉一律采用双控法,油压值的误差不得超过 ±5%。但当计入由于钢筋弹性模量离散造成的 ±5% 的误差后为 ±10%,伸长量的量测可采用千斤顶上转数表记录换算值与实际测量活塞杆伸长度相结合的方法。

(18)曲线配筋的预应力高强精轧螺纹粗钢筋应采用双向张拉;直线配筋的允许采用单向张拉。

(19)直线配筋的张拉程序为：

0→初始预应力→σ_{con}(持荷2min)。

(20)曲线配筋的张拉程序为：

0→σ_{con}(持荷2min)→(上述程序可反复几次)→初始预加力→σ_{con}(持荷2min)。

思考题

1. 后张预应力体系的组成有哪些？
2. 后张预应力筋布置有哪些规定？
3. 锚固区非预应力筋分为哪三种形式？如何布置？
4. 孔道的直径和间距有何规定？
5. 金属波纹管接头如何处理？
6. 金属波纹管管道如何固定？
7. 塑料波纹管的连接方式有哪些？
8. 灌浆孔、排气孔、排水孔、泌水孔设置的部位及设置方法有哪些？
9. 锚具安装应注意哪些事项？
10. 穿束的方法有哪些？穿束前应检查哪些事项？
11. 锚具、夹具和连接器安装有哪些要求？
12. 张拉前的准备工作有哪些？
13. 张拉时混凝土强度有何要求？
14. 什么情况下采用两端张拉？
15. 简述后张法钢绞线张拉程序。
16. 张拉应力采用何种方式控制？
17. 理论伸长量如何计算？如何进行实际伸长量计算与量测？
18. 产生滑丝、断丝的原因有哪些？
19. 后张预应力筋断丝、滑丝有何限制？如何进行处理？
20. 压浆的作用有哪些？
21. 水泥浆的性能指标有何要求？
22. 压浆分为哪两种方式？各自的特点有哪些？
23. 真空辅助压浆有哪些要求？
24. 孔道压浆注意事项有哪些？
25. 后张预应力质量检验及验收要点有哪些？
26. 对精轧螺纹钢施加预应力如何施工？

第七章　预应力混凝土其他施工方法

学习目标

1. 了解体外预应力特点及结构组成，熟悉施工工艺及施工注意事项；

2. 熟悉无黏结预应力筋铺设、张拉、锚固端处理；

3. 了解缓黏结预应力筋机理及施工工艺。

预应力混凝土施工方法分类很多，从张拉顺序上分类，分为先张法和后张法；从预应力筋与混凝土黏结方式上分类，分为有黏结预应力混凝土和无黏结预应力混凝土。先张法和后张有黏结预应力都属于有黏结预应力混凝土。从预应力筋与混凝土位置关系上分类，分为体内预应力和体外预应力，体外预应力属后张法施工。

第一节　体外预应力施工

一、概　　述

最先应用于工程的预应力体系为体外预应力，但由于起初体外预应力混凝土结构体外索防腐措施的不完善，严重阻碍了它的发展。20 世纪 80 年代以后，随着体外索的防腐渐趋完善，结构的安全性和耐久性得到保证，原来的缺点已退居次要地位，而体外索易于检查、便于更换、利于施工等突出优点成为其发展的有利因素。

相比体内有黏结预应力混凝土结构，体外预应力混凝土结构具有如下特点：

(1)体外索状况可检查、易更换。因为体外索位于混凝土体外，不仅可随时对其腐蚀及防护状况进行检查，而且如果需要可以对其进行更换。结构耐久性、安全性得到保障。

(2)索力可检测、补张拉。体外索力可利用预设传感器或便携仪器进行检测，若预应力损失过大，可再用千斤顶补张拉，以确保结构受力处于良好、安全状态。

(3)预应力管道摩阻损失小。体外索仅在转向、锚固块处设置预埋管道，管道摩阻引起的预应力损失很小，而此项损失正是体内有黏结预应力最主要的损失之一。

(4)无体内制孔、压浆工作。体外索在转向、锚固块处的预埋管道一般为长度很短的特制钢管，这些管道通常情况下不需要压浆。若体外索采用外套 PP 管后再压浆的构造，那其施工也比体内预应力方便。

(5)梁体截面削弱小、混凝土浇筑质量好。由于预应力筋外置，混凝土截面削弱小、更充实，混凝土浇筑也因无密集预埋管道的阻碍而便利，质量大大提高。

(6)应力变化幅度小,疲劳影响小。由于体外索与体内无黏结预应力筋相似,与混凝土截面不满足应变协调,索体应力增量均匀、应力幅度小,体外索因轴向应力幅而引起的疲劳影响很小。

当然,发挥体外预应力的优势必须靠技术措施保证。体外索虽随时可检查,但必须有严密的防腐措施,否则换索代价太高;体外索锚具必须安全可靠、耐久性好;由于体外索与梁体截面应变不协调,体外索的抗拉强度不能充分发挥,与相应体内预应力梁相比预应力钢材用量较大;若没有一定数量的有黏结筋,加载后梁体裂缝发展和破坏状态同纯无黏结预应力混凝土梁相似,故必须再配置足够的有黏结筋来限制混凝土裂缝,保证结构的韧性。

二、体外预应力体系和结构基本组成

体外预应力体系由四个基本部分组成:体外预应力索;体外索锚固系统;体外索转向装置;体外索防腐系统。体外预应力混凝土结构是一种主要采用体外预应力体系的混凝土结构,根据其是否同时配置体内预应力筋,可区分为体内外混合预应力混凝土结构和全体外预应力混凝土结构。体外预应力体系和结构的基本组成如图 7-1 所示。

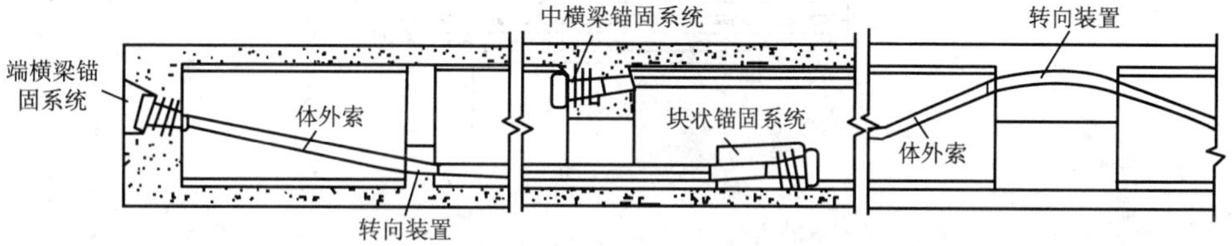

图 7-1　体外预应力体系和结构的基本组成

1. 体外预应力索

体外预应力索一般由钢绞线束和外护套组成,其中钢绞线可以采用普通钢绞线、镀锌钢绞线、环氧涂层钢绞线和外包 PE 的单根无黏结钢绞线;外护套主要起防腐作用,通常采用两种材料,即高密度聚乙烯(简称 HDPE)管或钢管,但在锚固段和转向弯曲段均采用钢管,见图 7-2。钢管较贵且本身有防腐的问题,故采用较少;HDPE 管有大量的应用,但其与钢管的连接处必须保证密封性能良好,HDPE 管的材性也必须满足相应规范的要求。

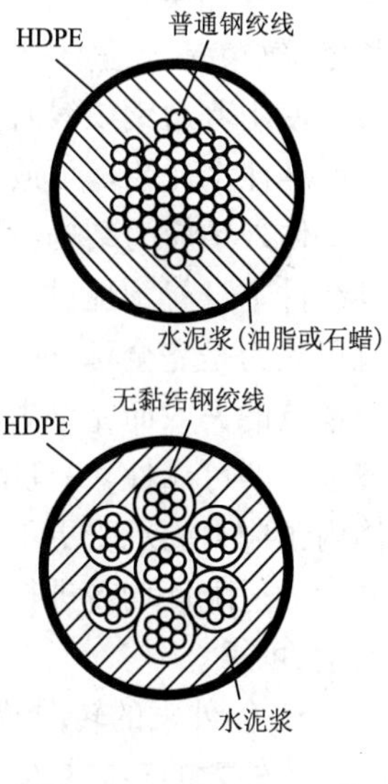

图 7-2　预应力体外索

体外索的外护套与钢绞线束之间通常采用灌浆措施,灌浆材料分为刚性材料和非刚性材料。刚性材料通常为水泥,非刚性材料主要是油脂和石蜡。水泥灌浆适用于体外索离散黏结(如体外索在转向和锚固段与钢管黏结),或完全无黏结的情况。而油脂和石蜡通常用在可换索的系统中,以达到钢索与结构无黏结的目的。

体外索可以进行多次张拉或拆卸和更换,显然要求钢索与结构之间是无黏结的,不管护套和灌浆材料如何选择,由单根无黏结钢绞线组成的体外索就能满足多次张拉的要求。如在锚固和转向位置处采用双层管道,不管钢索是何种类型,都能达到拆卸或调换的要求。而当体外索在锚固及转向位置采用单层管道时,则只能采用全无黏结构造和非刚性的灌浆材料,才能保证钢索必要时能够拆卸和更换。

2. 体外索的锚固系统

体外预应力索的锚固系统与其构造密切相关,相配以体外索可更换和不可更换两大类锚具(图7-3)。体外索不可更换的锚具,一般用于体外索与结构采用离散黏结的构造;体外索可更换的锚具,用于体外索能与结构分离的构造。图7-3a)是一种通常的体内预应力锚具,与管道水泥灌浆配合使用,若锚垫板喇叭腔内无特殊隔离处理,则体外索不能更换;图7-3b)是一种与斜拉索锚具相似的可更换式锚具,锚具腔内通常灌注油脂或石蜡;图7-3c)是一种构造与图7-3b)相似的锚具,但锚板外设螺母,使其具有调整、放松的功能。

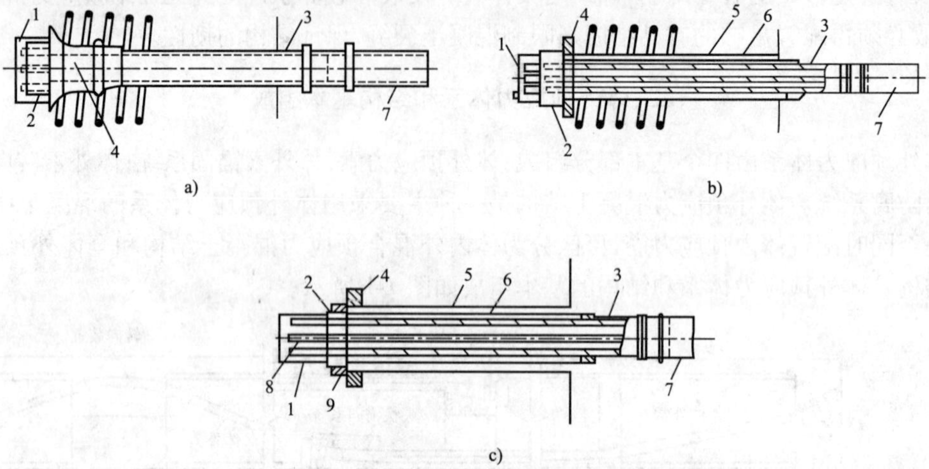

图7-3 体外索的锚具

a)不可换索式锚具;b)可换索式锚具;c)可调整、放松、换索式锚具

1-保护罩;2-锚板;3-连管;4-锚垫板;5-导管;6-喇叭管;7-体外索套管;8-张拉预留段;9-螺母

在可更换体外索的锚具中有钢束无法放松和可放松两种类型。若不预留能够再次张拉的长度,钢束是无法放松的。不可放松类锚具可以配普通的钢绞线,也可以配单根无黏结钢绞线。使用普通钢绞线时,护套内灌注非刚性材料(油脂或石蜡);使用无黏结钢绞线时,护套中一般灌注水泥浆。可放松类锚具能用于临时体外索或其他一些需调整索力的结构。

体外预应力结构特别是体外索可更换的结构对锚具有很大的依赖性,所以,体外预应力锚具组件本身必须提供比体内预应力锚具更高的可靠性和安全性。体内预应力筋在压浆密实后就可认为是完全可靠的,即使锚具组件中某部分失效后仍然提供足够的黏结力,预应力不会由于锚具的失效而完全失效。而体外预应力混凝土结构,尤其是在使用无黏结钢索时,完全就依赖锚具的可靠性,一旦锚具组件出问题将可能导致灾难性的后果。同时,锚固区的体外索将比体内预应力筋承受更不利的动载及由此引起的疲劳。所以,用于体外预应力锚具组件及与体外索的适配性均需进行严格的静、动载试验,标准不低于体内无黏结预应力体系,以保证结构安全、可靠。

3. 体外索的转向装置

体外索的转向是体外预应力结构满足受力要求的必要措施,是体外索除锚固端外在跨内与梁体联系的特殊构造。体外索的转向装置由转向结构构造及转向器组成。转向结构构造为混凝土结构构造的一个特殊部分,根据受力需要有多种形式(详见后)。转向器为直接支承体外索的器件。对于不需要换索的情况,最简单的转向器通常为钢管或内衬钢管加劲的PE管,体外索与钢管间灌水泥浆防腐、定位[图7-4a)];如果这种转向器需要换索,则钢管内只能采用灌注油脂的方式防腐,而换索时也只能整索、不分丝地进行。对于需要分丝换索的情况,可采用由单根无黏结钢绞线组成的体外索,单根无黏结钢绞线按一定次序、间距分散在PE管内,其间灌注水泥浆[图7-4b)];另外,也可采用单根无黏结钢绞线组成的板索[图7-4c)]。

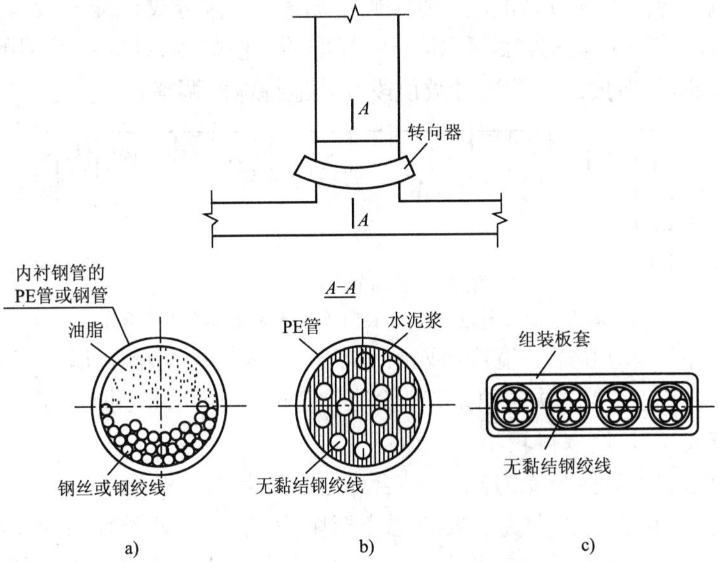

图7-4 体外索转向器

a)简单PE内衬钢管或钢管式转向器;b)分丝可换式转向器;c)可换式扳索转向器

4. 体外索的防腐系统

体外索的防腐系统由钢束本身防腐层、护套及灌浆料、锚固区段三部分组成。对钢绞线、外护套及灌浆料的选择,主要考虑环境条件和体外索暴露程度,如:通常处于干燥状态、通常处于潮湿的环境中、长期处于湿润或干湿交变的环境中,以及处于严重侵蚀性的恶劣环境。最后一种环境采用成品的单根无黏结钢绞线是钢束本身最有效的防腐手段,其中环氧涂层无黏结钢绞线具有更好的防腐性能。无黏结钢绞线有PE护套并内充油脂,本身具有防腐与防护系统,可不再外套管道而单独使用,故较多地用于体外预应力加固工程中。

采用普通钢绞线的体外索,外护套与内灌料都是至关重要的。由于钢束布置在体外且其几何外形较简单,故采用HDPE护套和灌水泥浆是最经济的。水泥浆能较可靠地充实全部管道。这种防腐措施的可靠性已被许多体外预应力结构所证实。在钢管或HDPE管内灌油脂或石蜡也是可靠的防腐措施,转向块处单层管构造、普通钢绞线且可更换时就采用这种措施。不管采用何种灌注料,锚具的喇叭管内需要灌料。如采用体外索是无黏结构造,则用油脂或其他材料填充喇叭管及外侧的防护套管,以便拆卸更换。

另外,体外索可检测、更换保证了防腐与防护的可靠性,也正是体外预应力混凝土结构的优势之一。

三、结构构造要点

1. 预应力整体构造

体外预应力混凝土结构主要适用于中等及大跨径连续梁桥。等高度连续梁桥的梁高约为跨径的1/16~1/20,取值比一般体内预应力混凝土连续梁略大,主要考虑到体外索预加力的力臂较小及其极限应力较低,箱梁内穿索和其他施工及养护需要足够的工作空间;箱梁截面各板的尺寸在满足受力与构造要求的情况下,一般小于体内预应力混凝土箱梁,尤其是腹板厚度。

2. 节段与接缝构造

采用节段施工的体外预应力混凝土梁，预制节段一般被分成标准节段、转向节段、锚固节段及墩顶节段等（图 7-5），全桥各跨采用统一、标准的分段规则，即同一类型的各段尺寸一致、可互换，分段后因跨径造成的零数通过墩顶段或其他特殊段调整。

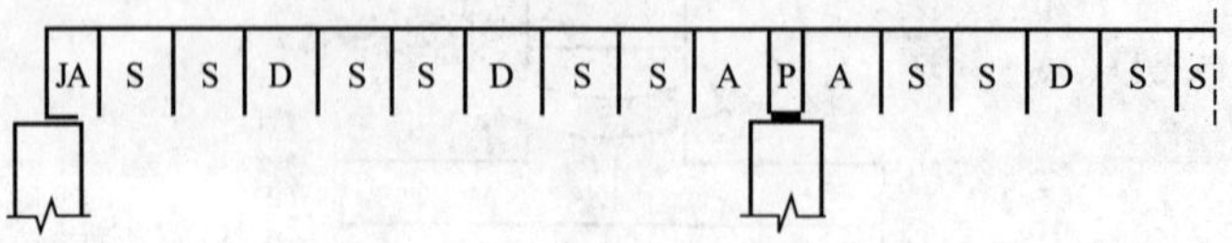

图 7-5 预制节段划分与组合

JA-端锚节段；S-标准节段；D-转向节段；A-锚固节段；P-墩顶节段

节段施工体外预应力桥梁的宽度（或预制梁宽）一般情况下小于 12m，节段的长度及重量主要由预制、运输及起吊要求决定；标准节段的长度通常小于 5m、重量小于 600kN，但转向与锚固节段重量较大，故长度取得较小。

为了保证预制节段对接与受力需要，结合面宜采用具有许多微凹凸小键块的复式剪力键构造（图 7-6），接缝相互密贴，剪力主要考虑由摩阻力抵抗，体外预加力应使各结合面永远受压且保证不产生滑动。在按全体外预应力设计时，接缝的结合面可以不涂任何封闭、黏结剂，即干接缝，但体内、体外预应力设计混合时，接缝的结合面应涂以耐久性较好的封闭、黏结剂，如环氧类黏结剂等，即为胶接缝。在节段拼装施工时，接缝可以通过跨缝的临时预应力短钢筋压紧。但是，不管是干接缝还是胶接缝，复式剪力键的施工精度是接缝构造的关键问题。另外，体内预应力筋在接缝处管道的密封及耐久性，也是一个极其关键的问题。

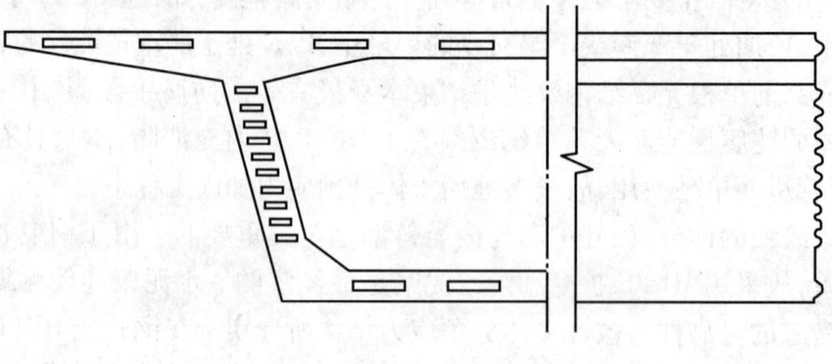

图 7-6 预制节段的复式剪力键

3. 转向结构构造

体外索的转向结构构造是除锚固端外在跨内与混凝土梁体联系的特殊构造，其承担着体外索的转向任务，图 7-7 是最常见的几种转向构造。

图 7-7a）为最简单的块状式转向构造，用于转向索数量较少的情况。图 7-7b）为能够承受体外索有较大横向力的转向构造，转向构造在箱梁底板横向贯通，这种转向构造常用于斜、弯的体外预应力结构。图 7-7c）所示的转向构造能够承受较大的竖向钢索转向力，竖肋把体外索的转向力传至箱梁腹板。图 7-7d）所示的转向构造能够承受较大的竖、横向钢索转向力，竖、横肋把体外索的转向力传至箱梁腹板和底板；同时，由于箱梁采用斜腹板，故在底板横肋与另一根横梁贯通，以承受该种转向构造产生的水平分力。

由于在转向构造处混凝土受到体外索转向引起的横向拉力作用，局部受力集小且较复杂，尤其对于块状式转向构造，根据试验研究结果与为了便于一般设计，转向块中的受力钢筋如图 7-8 所示配置。设计时不考虑混凝土的受力作用，横向拉力均分别由套于体外索的矩形环筋承担。

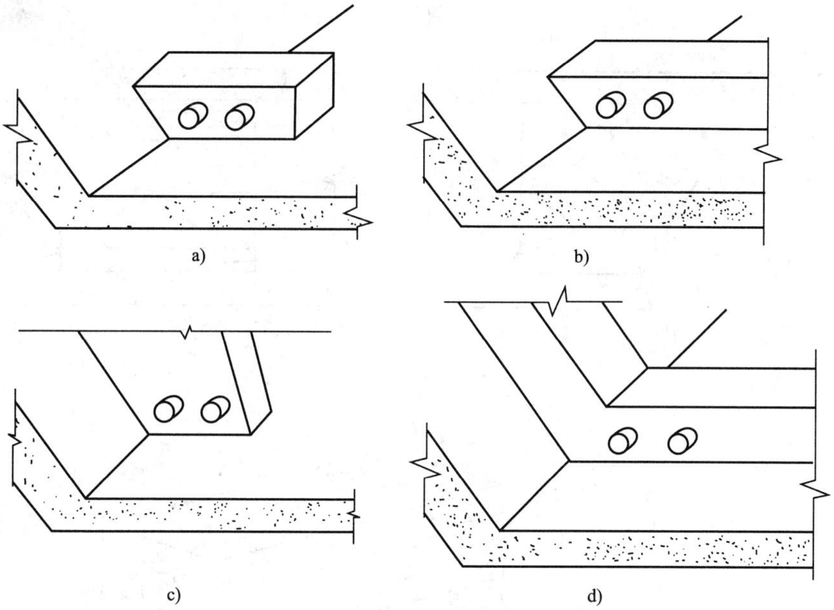

图 7-7　体外索的转向构造

a)块状式转向构造；b)底横肋式转向构造；c)竖肋式转向构造；d)竖横肋式转向构造

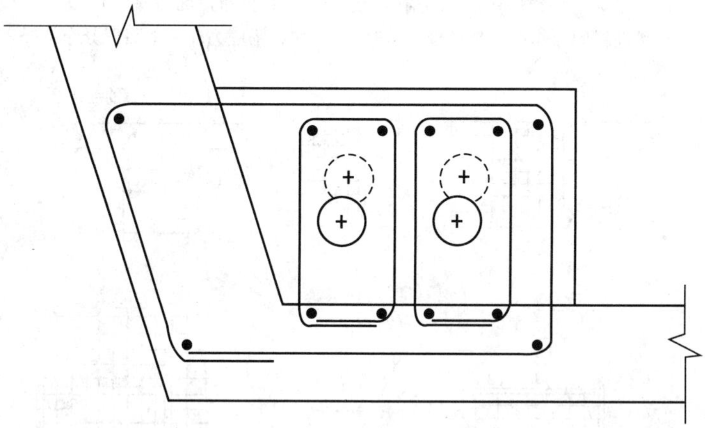

图 7-8　转向块受力钢筋配置示意

4. 锚固构造

体外索主要锚固在横梁上，个别锚具在腹板与顶板或底板内角处的凸块上(图 7-9)，锚固横梁上一种三边支承的深梁，也是局部承压的锚固块，通过深梁与局部承压的共同作用，将体外索锚固力传递至箱梁的腹板、顶板及底板。图 7-9a)为横梁在锚固力作用下裂缝分布情况。锚固凸块的主要作用是局部承压，并通过类似牛腿的作用将体外索锚固力传递至与其联结的箱梁板壁。图 7-9b)是凸块在锚固力作用下裂缝分布情况。

根据受力特点及裂缝发展规律，锚固构造的配筋可分为两个部分：承担锚下局部作用的加强钢筋，按体内预应力锚区类似方法配置；锚固构造整体作用的受力钢筋，按其受力特点配置(图 7-10)。

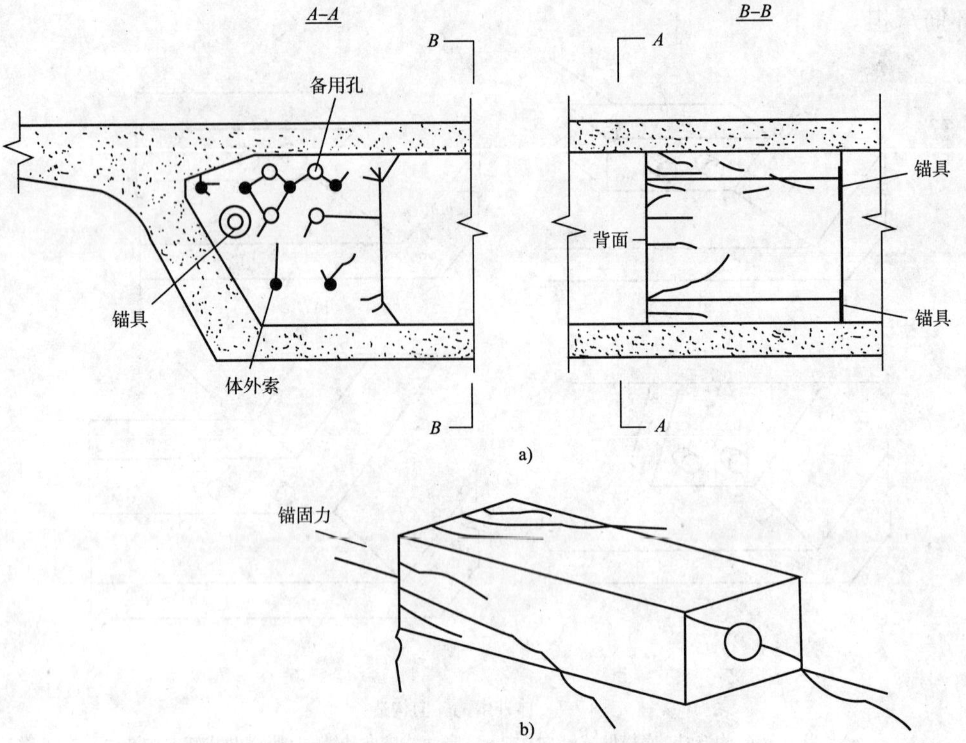

图 7-9　不同锚固构造下的裂缝分布情况

a）横梁在锚固力作用下裂缝分布情况；b）凸块在锚固力作用下裂缝分布情况

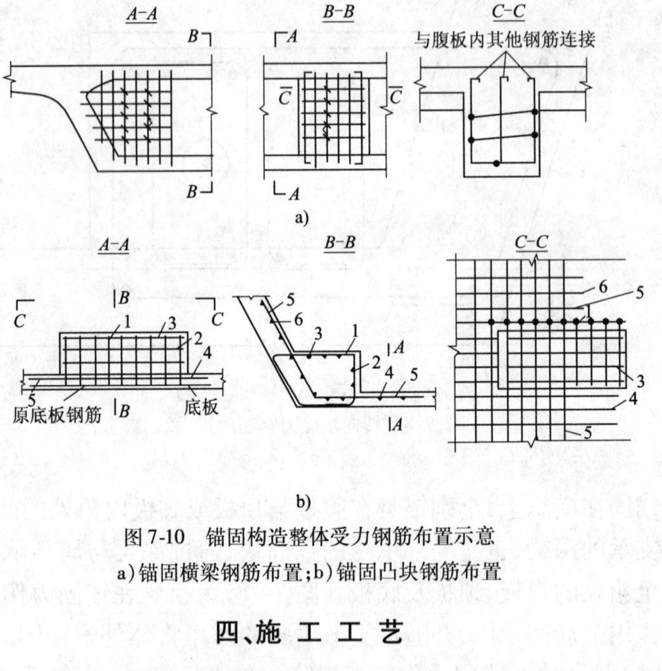

图 7-10　锚固构造整体受力钢筋布置示意

a）锚固横梁钢筋布置；b）锚固凸块钢筋布置

四、施 工 工 艺

1．转向器、限位装置和锚垫板的埋设

外束转向器主要用于锚端及转向块位置，因其不同部位的转向器转向角度（平弯/竖弯）存在差异，因此种类较多，故出厂前必须对其标志，以明确其安装位置、端头方向等，防止安装失误。预埋设时应精确放样，使其转向角度与设计值一致，将其预埋筋与主筋焊接牢固，防止其在混凝土浇筑过程中移位。注意锚垫板尾部、转向块 HDPE 管的连接可靠牢固。

2. 钢绞线下料

采用砂轮切割机切割下料。钢绞线下料时，在地面上满铺一层彩条布或土工布，或者每隔 0.5m 安放一根钢管，绝对不允许直接将钢绞线在地面上拖拽，以免其 PE 套破损。

将已下料切断的钢绞线两端割去 L_1 长部分的 PE 套剥除，剥除 PE 套时应小心进行，不得损伤钢绞线环氧涂层（$L_1 = L_0 + 0.8\Delta L$，L_0 为千斤顶的工作长度，ΔL 为钢绞线一端的伸长量）。

在 PE 套剥除后，用棉纱与柴油将两端裸露钢绞线上的油脂擦洗干净，特别注意各钢绞线各丝之间空隙处。擦试效果以用手摸钢绞线外表面手上没有油污为标准。对下好的钢绞线分类编号堆放整齐，并加以防护。

3. 穿束及外套管安装

体外预应力束外套管为 HDPE 管，因为外套箱在定位装置和转向块之间均需断开，形成很多短节，长约 5 ~ 8m。

沿体外束管道曲线每间隔 1.5m 安装支架，初步确定体外束的安装曲线；将第一根钢绞线从一端的锚垫块穿入，再穿过锚垫后的转向器后 DHPE 管内，并推运出 DHPE 的另一端头；根据孔眼编号大样图，在限位装置上找到相对位的孔眼，将穿出的钢绞线穿过孔眼。安装下节段 HDPE 管，并再推送钢绞线，穿过该节段 HDPE 管。

连接 HDPE 管与各处的转向器，并配带密封装置；调整限位器和钢绞线，使钢绞线线形符合设计要求连接管（20cm 长），以连接 HDPE 管，并临时锁定限位器。

进行下一束体外束穿束和 DHPE 管安装，直至一跨体外束安装全部完毕，如图 7-11 所示。

4. 预应力束张拉

当箱梁完成一联跨施工时即可进行预应力张拉，预应力束采取两端整束张拉，其锚下张拉控制力为 4 296.6kN（$25\phi^S15.24$ 束），并根据实测的锚圈口摩阻损失和千斤顶的内摩阻损失对张拉控制力进行一定的调整。张拉方法与基本体内预应力相同。如图 7-12 所示。

图 7-11 HDPE 外套管的安装

图 7-12 单根钢绞线张拉

5. 封锚及防腐油脂压入

根据设计要求，体外束 HDPE 管与 PE 管间设油脂或水泥浆，为了方便换束，拟采用灌注油脂。体外束所用防腐油脂要求符合《无黏结预应力筋专用防腐润滑脂》（JG 3007—93）要求。根据施工季度和气温的不同，拟采用建筑1号或建筑2号油脂进行施工。

因钢绞线穿过若干转向器和限位器，油脂压入分HDPE管和保护罩两部分压力，在体外束张拉完毕后，在锚头部分带上专用保护置，采用专用机器从锚头注浆孔在HDPE管中注入防腐油脂。见图7-13所示。

图7-13 灌注防腐油脂

五、施工注意事项

(1)体外索的锚固区和弯折区应与主体结构同时施工。预埋锚固件与管道的位置和方向应准确，混凝土必须精心振捣，保证密实。

(2)体外索的制作应保证索体的耐久性等要求，并可抵抗施工和使用中的各种外力作用。当有防火要求时，应涂刷防火涂料或采取其他可靠的防火措施。

(3)体外索的安装应保证连接平滑和完全密闭性。索体线形及安装误差应符合设计和规程的有关要求。在穿索过程中应防止索体护套受到机械损伤。

(4)在混凝土梁加固工程中，体外索锚固端的孔道可采用静态开孔机成型。在箱梁底板加固工程中，体外索锚固块做法可采用开凿底板植入锚筋，绑焊钢筋与锚固件，浇筑端块混凝土。

(5)在钢结构中，张拉端锚垫板应垂直于预应力筋中心线，与锚垫板接触的钢管与加劲肋端切口的角度要准确，表面应平整。锚固区的所有焊缝应满足钢结构设计规范要求。

(6)体外索的张拉力设计值：对钢桁架、箱梁等工程可取$0.5\sim0.6f_{pk}A_p$；对作为独立受拉单元的体外索宜为$0.2\sim0.4f_{pk}A_p$；对加固工程一般取$0.3\sim0.5f_{pk}A_p$。

(7)体外索的张拉应保证受力均匀和对称，避免侧向弯曲或失稳。必要时可采取分级循环张拉方式。在构件加固中，如体外索的张拉力小，也可采取横向张拉方式。

(8)钢结构中的体外预应力(如张弦桁架等)，应验算施工过程中的预应力作用，拟定可靠的张拉工序，并由设计人员确认。必要时可进行同步测试。

(9)体外索在使用过程中完全暴露于空气中，应保证其耐久性。对刚性外套管，应具有可靠的防腐蚀性能，并允许在使用一定时期后，重新涂刷防腐蚀涂层；对高密度聚乙烯等塑料外套管，应保证其长期使用的耐老化性能，并允许在必要时进行更换。

(10)体外索的锚具均应设置全密封防护罩，对不需要更换的体外索，可在防护罩内灌注水泥浆或其他防腐蚀材料；对可更换的索应保留必要的预应力筋长度，在防护罩内灌注油脂或其他可清洗的防腐蚀材料。

第二节 后张无黏结预应力混凝土施工

后张无黏结预应力混凝土结构施工比有黏结预应力施工工艺要简单、方便，它无需留孔、穿束、灌浆，张拉设备也极为轻巧。后张无黏结预应力混凝土施工工艺流程如图7-14所示。

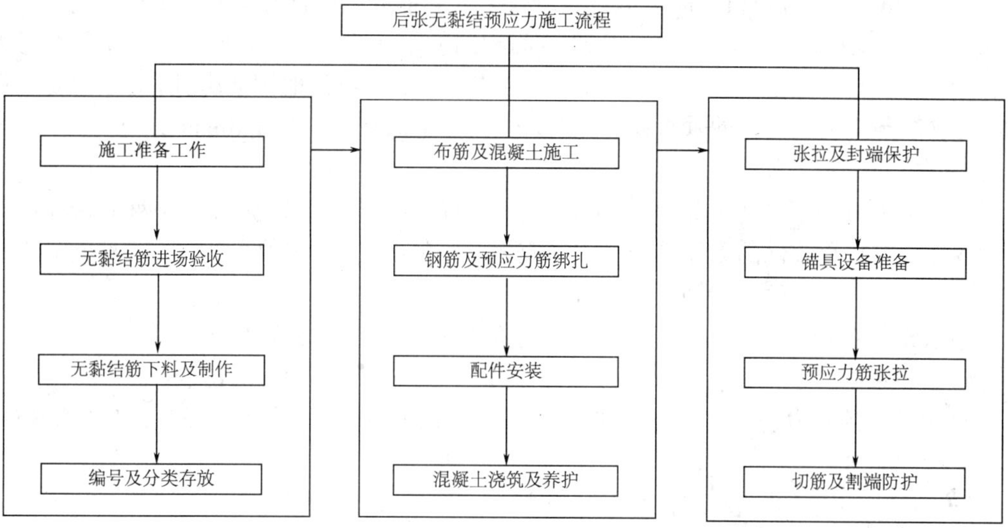

图 7-14　后张无黏结预应力混凝土施工工艺流程

一、无黏结预应力筋的制作、包装及运输

单根无黏结预应力筋的制作，涂料层的涂敷和外包层的制作应一次完成，涂料层防腐油脂应完全填充预应力筋与外包层之间的环形空间，外包层宜采用挤塑成型工艺，并由专业化工厂生产。挤塑成型后的无黏结预应力筋应按工程所需的长度和锚固形式下料、组装。

1. 下料

无黏结预应力筋下料长度，应综合考虑其曲率、锚固端保护层厚度、张拉伸长值及混凝土压缩变形等因素，并应根据不同的张拉方法和锚固形式预留张拉长度。

2. 无黏结预应力筋的包装、运输、保管应符合的要求

(1)在不同规格、品种的无黏结预应力筋上，均应有易于区别的标记；

(2)带有镦头锚具的无黏结预应力筋，应采取有效措施防止锚具及塑料保护套磨损或沾染灰沙；

(3)无黏结预应力筋应成盘或顺直运输；成盘运输时，盘径不宜小于 2m，每盘长度不宜超过 200m；长途运输时，必须采取有效的包装措施；

(4)装卸吊装时，应保持在成盘或顺直状态下起吊、搬运，不得摔砸踩踏，严禁钢丝绳或其他坚硬吊具与无黏结预应力筋的外包层直接接触；

(5)无黏结预应力筋应按规格、品种成盘或顺直地分开堆放在通风干燥处，露天堆放时，不得直接与地面接触，并应采取覆盖措施。

二、无黏结预应力筋的铺设和浇筑混凝土

无黏结预应力筋送到现场后，应及时检查其规格尺寸和数量，逐根检查其端部配件无误后，方可分类堆放。对局部破损的外包层，可用水密性胶带进行缠绕修补，胶带搭接宽度不应小于胶带宽度的 1/2，缠绕长度应超过破损长度，严重破损的应予以报废。

张拉端端部模板预留孔应按施工图中规定的无黏结预应力筋的位置编号和钻孔。张拉端的承压板应用钉子或螺栓固定在端部模板上，且应保持张拉作用线与承压板板面相垂直。

无黏结预应力筋应按设计图纸的规定进行铺放。铺放时应符合下列要求：

(1)无黏结预应力筋允许采用与普通钢筋相同的绑扎方法，铺放前应通过计算确定无黏结预应力筋的位置，其垂直高度宜采用支撑钢筋控制，亦可与其他钢筋绑扎；支撑钢筋应符合要求；无黏结预应力筋位置的垂直偏差，在板内为 ±5mm，在梁内为 ±10mm；

(2)无黏结预应力筋的位置宜保持顺直；

(3)铺放双向配置的无黏结预应力筋时，应对每个纵横筋交叉点相应的两个高程进行比较，对各交叉点高程较低的无黏结预应力筋应先进行铺放，高程较高的次之，宜避免两个方向的无黏结预应力筋相互穿插铺放；

(4)敷设的各种管线不应将无黏结预应力筋的垂直位置抬高或压低；

(5)当集束配置多根无黏结预应力筋时，应保持平行走向，防止相互扭绞；

(6)无黏结预应力筋采取竖向、环向或螺旋形铺放时，应有定位支架或其他构造措施控制位置。

张拉端和固定端的安装，应符合下列规定：

浇筑混凝土时，除按有关规范的规定执行外，尚应遵守下列规定：

(1)无黏结预应力筋铺放、安装完毕后，应进行隐蔽工程验收，当确认合格后方能浇筑混凝土；

(2)混凝土浇筑时，严禁踏压撞碰无黏结预应力筋、支撑架以及端部预埋部件；

(3)张拉端、固定端混凝土必须振捣密实。

三、无黏结预应力筋的张拉

1. 张拉的一般规定

无黏结预应力筋张拉机具及仪表，应由专人使用和管理，并定期维护和校验。张拉设备应配套校验。压力表的精度不宜低于 1.5 级；校验张拉设备用的试验机或测力计精度不得低于 ±2%；校验时千斤顶活塞的运行方向，应与实际张拉工作状态一致。张拉设备的校验期限，不宜超过半年。当张拉设备出现反常现象时或在千斤顶检修后，应重新校验。

安装张拉设备时，对直线的无黏结预应力筋，应使张拉力的作用线与无黏结预应力筋中心线重合；对曲线的无黏结预应力筋，应使张拉力的作用线与无黏结预应力筋中心线末端的切线重合。

无黏结预应力筋的张拉控制应力，应符合设计要求。如需提高张拉控制应力值时，不宜大于碳素钢丝、钢绞线强度标准值的 75%。当采用超张拉方法减少无黏结预应力筋的松弛损失时，无黏结预应力筋的张拉程序为：从零应力开始张拉至 1.05 倍预应力筋的张拉控制应力 σ_{con}(σ_{con}为无黏结预应力筋的张拉控制应力)，持荷 2min 后，卸荷至预应力筋的张拉控制应力；或从应力为零开始张拉至 1.03 倍预应力筋的张拉控制应力。

当采用应力控制方法张拉时，应校验无黏结预应力筋的伸长值。如实际伸长值大于计算伸长值 10% 或小于计算伸长值 5%，应暂停张拉，查明原因并采取措施予以调整后，方可继续张拉。

无黏结预应力筋伸长值，可按式(7-1)计算：

$$\Delta l_p^c = \frac{F_{pm} l_p}{A_p E_p} \tag{7-1}$$

式中：F_{pm}——无黏结预应力筋的平均张拉力，取张拉端的拉力与固定端(两端张拉时，取跨中）扣除摩擦损失后拉力的平均值，kN；

l_p——无黏结预应力筋的长度，mm；

A_p——无黏结预应力筋的截面面积，mm^2；

E_p——无黏结预应力筋的弹性模量，kN/mm^2。

无黏结预应力筋的实际伸长值，宜在初应力为张拉控制应力10%左右时开始量测，分级记录。其伸长值可由量测结果按式(7-2)确定：

$$\Delta l_p^0 = \Delta l_{p1}^0 + \Delta l_{p2}^0 - \Delta l_c \tag{7-2}$$

式中：Δl_{p1}^0——初应力至最大张拉力之间的实测伸长值；

Δl_{p2}^0——初应力以下的推算伸长值，可根据弹性范围内张拉力与伸长值成正比的关系推算确定；

Δl_c——混凝土构件在张拉过程中的弹性压缩值。

无黏结预应力筋张拉过程中，当有个别钢丝发生滑脱或断裂时，可相应降低张拉力，但滑脱或断裂的数量，不应超过结构同一截面无黏结预应力筋总量的2%，且一束钢丝只允许1根。对于多跨双向连续板，其同一截面应按每跨计算。张拉时，混凝土立方体抗压强度应符合设计要求。当设计无要求时，不宜低于混凝土设计强度等级的75%。

无黏结预应力筋的张拉顺序应符合设计要求，如设计无要求时，可采用分批、分阶段对称张拉或依次张拉。当无黏结预应力筋需进行两端张拉时，可先在一端张拉并锚固，再在另一端补足张拉力后进行锚固。无黏结预应力筋张拉时，应逐根填写张拉记录表。

2. 不同锚具时的张拉要求

镦头锚具张拉时，应符合下列要求：

(1)张拉前，清理承压板面，并检查承压板后混凝土质量；

(2)张拉杆拧入锚杯内的长度不应小于锚具设计规定值，承力架应垂直地支承在构件端部的承压板板面上；

(3)无黏结预应力筋的实际伸长值 Δl_p^0 可按式(7-2)确定。

(4)当张拉力达到设计要求，由于锚杯埋放定位误差致使锚杯外露长度过长或过短时，应采取增设螺母或接长锚杯进行锚固的措施。

夹片锚具张拉时，应符合下列要求：

(1)张拉前应清理承压板面，检查承压板后面的混凝土质量；

(2)锚固采用液压顶压器顶压时，千斤顶应在保持张拉力的情况下进行顶压，顶压压力应符合设计规定值；

(3)无黏结预应力筋的实际伸长值 Δl_p^0 可按式(7-2)确定。

为减少锚具变形和预应力筋内缩造成的预应力损失，可进行二次补拉并加垫片，二次补拉的张拉力为控制张拉力。

无黏结预应力筋张拉锚固后实际预应力值与工程设计规定检验值的相对允许偏差为±5%。

张拉后，宜采用砂轮锯或其他机械方法切断超长部分的无黏结预应力筋，严禁采用电弧切断。无黏结预应力筋切断后露出锚具夹片外的长度不得小于30mm。

四、锚固端的处理

无黏结预应力筋张拉施工完毕后，应及时对锚固区进行保护。在预应力筋全长及锚具与连接套臂的连接部位,外包材料均应连续、封闭且能防水。

无黏结预应力筋张拉完毕后,应及时对锚固区进行保护。对镦头锚具,应先用油枪通过锚杯注油孔向连接套管内注入足量防腐油脂(以油脂从另一注油孔溢出为止),然后用防腐油脂将锚杯内充填密实,并用塑料或金属帽盖严(图7-15),再在锚具及承压板表面涂以防水涂料。

对夹片锚具,可先切除外露无黏结预应力筋多余长度,然后在锚具及承压板表面涂以防水涂料(图7-16)。

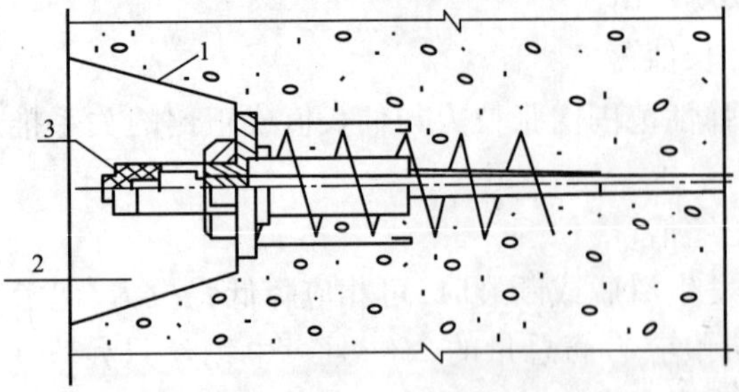

图7-15　镦头锚具锚固区保护措施

1-涂黏结剂;2-后浇混凝土;3-塑料或金属帽

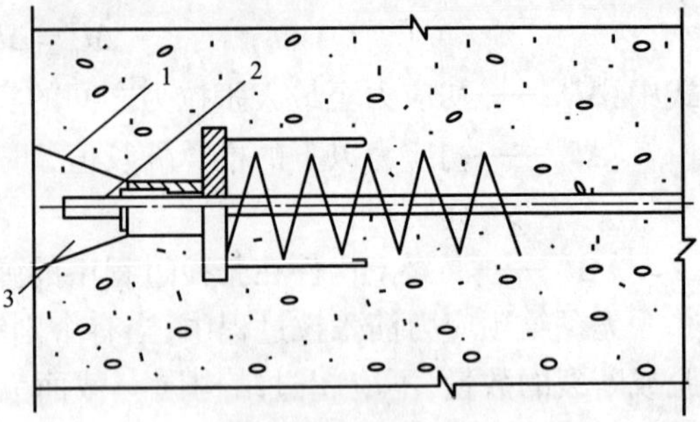

图7-16　夹片锚具锚固区保护措施

1-涂黏结剂;2-涂防水涂料;3-后浇混凝土

处理后的无黏结预应力筋锚固区,应用后浇膨胀混凝土或低收缩防水砂浆或环氧砂浆密封。在浇筑砂浆前,宜在槽口内壁涂以环氧树脂类黏结剂。锚固区也可用后浇的外包钢筋混凝土圈梁进行封闭。外包圈梁不宜突出在外墙面以外。

对不能使用混凝土或砂浆包裹层的部位,应对无黏结预应力筋的锚具全部涂以与无黏结预应力筋涂料层相同的防腐油脂,并用具有可靠防腐和防火性能的保护套将锚具全部密闭。

五、后张无黏结预应力施工质量检验与验收

无黏结预应力混凝土结构验收时,应提供下列文件和记录:

(1)文件

①设计变更和钢材代用证件;

②原材料质量合格证件;

③无黏结预应力筋、锚具出厂质量合格证件;

④工程的重大问题处理文件;

⑤其他文件。

(2)记录

①混凝土试件的试验报告及质量评定记录;

②无黏结预应力筋张拉记录;

③隐蔽工程验收记录;

④加工、组装无黏结预应力筋张拉端和固定端质量验收记录;

⑤钢丝镦头质量验收记录。

无黏结预应力混凝土工程的验收,除检查有关文件、记录外,尚应进行外观抽查。当提供的文件、记录及外观抽查结果均符合《混凝土结构工程施工质量验收规范》(GB 50204—2002)和本规程的要求时,即可进行验收。

第三节　后张缓黏结预应力混凝土施工

一、概　　述

预应力混凝土出现是混凝土技术的一次飞跃。由于施工工艺不同，后张法预应力混凝土分为无黏结和有黏结两种预应力体系。无黏结预应力体系中，预应力筋布置具有灵活方便、无成孔和灌浆等繁琐和复杂的施工工序，但由于预应力筋在工作中受力几乎处处相等，易造成预应力筋和锚具疲劳，以及受拉区混凝土裂缝数量少，裂缝宽度大，具有结构强度利用率低的缺点。而有黏结预应力体系克服了无黏结预应力体系工作中表现出来的缺点，但存在施工工艺要求预留孔道，压孔灌浆，造成施工干扰，以及预留孔道对构件截面削弱大等问题。把后张法中无黏结和有黏结相结合，取各自之长，避各自之短，即施工时与无黏结体系一样，使用中靠包裹于预应力筋上的缓凝砂浆逐渐硬化，达到有黏结预应力体系的效果，这种预应力筋前期如同无黏结筋一样，钢筋与砂浆之间没有黏结作用，后期则随着缓凝砂浆的硬化，钢筋与砂浆之间逐渐有了黏结力，最终形成有黏结筋，这就是缓黏结预应力混凝土。一句话，缓黏结筋是一种具有无黏结筋工艺特点的有黏结筋。

二、工艺要求和机理

缓黏结预应力混凝土是取后张法预应力混凝土中无黏结和有黏结各之所长，避各之所短，所形成的一种新型独特的预应力形式。

缓黏结筋的构造如图7-17所示。

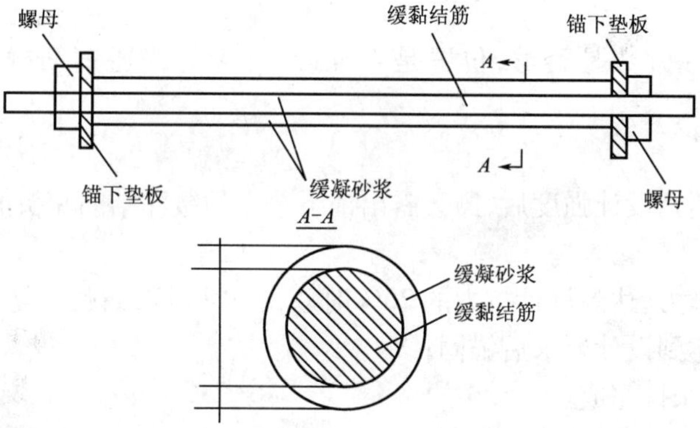

图7-17　缓黏结筋示意图

缓黏结筋施工工艺流程如图7-18所示。

其施工工艺要求有：

(1)制备缓凝砂浆

①严格按照配合比配制缓凝砂浆，尤其不能随意改变添加剂的掺量；

②缓凝砂浆要随用随配，配好的砂浆要放在阴凉处，并用塑料布盖好，以防水分蒸发影响使用效果，放置超过12h则不允许使用。

(2)包裹缓凝砂浆

①将缓凝砂浆均匀地包裹在预应力筋上，边包边用塑料布按顺时针方向缠绕，一遍缠完后

再反时针方向缠绕一遍，端头处塑料布一定要扎牢；

②两端头根据设计弹性伸长值留出一段不包砂浆；

③包裹好的预应力筋外观要均匀、顺直，塑料布要缠牢，不得留有空隙，不能有破损，以防水分散失而影响使用效果；

④预应力筋用几根包几根，不得提前包好待用，如果包好的预应力筋未用完，保存期不得超过2天，超过则须拆掉重包；

⑤包好的预应力筋要平放在阴凉处，禁止在其上踩踏。

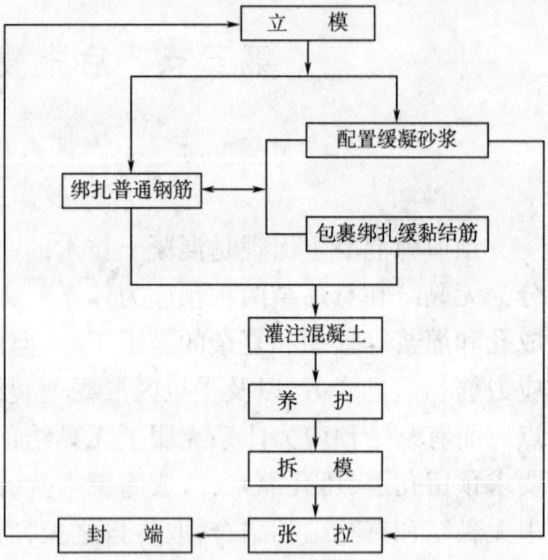

图 7-18　缓黏结筋施工工艺流程

(3)绑扎缓黏结预应力筋

①由于缓黏结筋较长且有一定的弹性，而缓凝砂浆又是塑性的，所以在搬运到绑扎场的过程中要尽量保持其顺直，并要轻拿轻放，严禁抛摔；

②包好的缓黏结筋要抬入模内，但不允许在模板边上拖擦；

③缓黏结筋与普通筋一同绑扎，绑扎过程中要注意两端伸出梁体的长度是否合乎要求(原则是宜长不宜短)，放置位置应准确无误，绑扎要轻，不要用力紧勒。

(4)灌注混凝土前的检查

①两端的垫板、大小弹簧是否可靠，锚环内外是否密封好，多根钢绞线分离处的缓凝砂浆是否包裹好；

②预应力筋根(束)数是否够，位置是否准确，有无与普通钢筋碰死的地方，垫板是否垂直。

(5)张拉

①梁体混凝土达到设计强度后，撕去露出锚下垫板的缓黏结筋端头的塑料布，安装好锚具和千斤顶；

②操纵千斤顶施力，达到设计拉力的20%时放松，再张拉，如此反复3次；

③千斤顶施力达到设计要求后锚固；

④拆除千斤顶，张拉完成。

缓黏结筋的作用机理是在预应力筋的外侧包裹一种特殊的缓凝砂浆，这种砂浆要求在5~40℃密封条件下，能在30天前不凝结，这就满足了现场张拉力筋的时间要求，在30天后开始逐渐硬化，并对预应力筋产生握裹、保护作用，并能最终达到30MPa以上的抗压强度。目前认为缓凝砂浆的缓凝机理：一是由于复合缓凝剂吸附于水泥颗粒表面或水化产物表面，使得水分子和Ca^{2+}、SO_4^{2-}等离子与C_3A类物质作用程度变弱，难以较快地生成钙矾石晶体，从而起到缓凝作用；二是由于缓凝剂与Ca^{2+}作用，在水泥熟料相的表面形成不溶性物质膜，阻碍了水泥矿物成分正常的水化作用，而起到缓凝作用。当不溶性物质膜内渗透压增大使之破裂，暴露出新的熟料表面时，又会消耗缓凝剂，再生成不溶性物质，直到消耗尽缓凝剂后，才能使水泥正常水化，使砂浆硬化具有强度。

缓凝砂浆缓凝时间受温度影响很大。在10~30℃内，温度愈高，缓凝时间愈长，硬化速度愈快，后期强度愈高；反之，温度愈低，缓凝时间愈短，硬化速度愈慢，强度愈低。缓凝砂浆硬化过程与是变温还是恒温环境无多大关系，起主要作用的是平均温度。缓凝时间与复合缓凝剂掺量有关，掺量愈大，缓凝时间愈长。

思考题

1. 体外预应力有哪些特点？
2. 体外预应力的结构由哪几个部分组成？
3. 简述体外预应力无黏结预应力筋施工工艺。
4. 体外预应力施工注意事项有哪些？
5. 无黏结预应力铺设要求有哪些？
6. 无黏结预应力张拉注意事项有哪些？
7. 无黏结预应力如何进行锚固端处理？
8. 后张缓黏结预应力筋机理是什么？
9. 简述后张缓黏结预应力施工工艺。

第八章　预应力施工中常见问题及处理

学习目标

1. 熟悉后张预应力成孔的病害及防治方法；
2. 熟悉预应力筋的病害及防治方法；
3. 熟悉锚夹具的病害及防治方法；
4. 熟悉张拉设备的病害及防治方法；
5. 熟悉预应力张拉过程中容易出现的问题；
6. 掌握张拉事故及其预防处理；
7. 熟悉孔道灌浆容易出现的问题及预防措施；
8. 了解连续箱梁精轧螺纹钢施工中常见问题。

预应力技术作为土木工程中的高新技术，近年来得到很大的发展，各种预应力的新材料、新方法和新工艺都得到了广泛的应用。然而，目前我国的预应力混凝土施工专业队伍还很缺乏，有较高资质等级的专业预应力施工企业寥若晨星。有些低水平、无资质的施工队也在承担预应力混凝土的施工，使得预应力施工过程中易出现各种病害，给工程建设带来隐患，加之预应力结构的破坏往往是突然发生的，犹如定时炸弹，如果对预应力施工中的各种病害不及早发现，采取各种预防和处理的措施，将会给人民的生命财产带来巨大的损失，造成极其恶劣的后果。我国近年来发生的重大桥梁坍塌事故，如重庆綦江虹桥、宁波甬江桥等都是由于预应力施工中出现的问题导致的。本章将对预应力施工中容易出现的病害及其产生的影响、危害和预防、处理的方法作简要的介绍，供预应力施工时参考。

第一节　后张预应力成孔的病害及防治

后张法预应力施工，其成孔可以采用钢管成孔法、橡胶抽拔管法和预埋波纹管法等几种施工方法。由于波纹管法施工简便，可用于各种形状的布束方式以及摩阻力较小，得到较广泛的应用，其他方法目前已较少应用了。因而本文仅介绍波纹管成孔容易出现的病害及其防治。

一、波纹管成孔容易出现的病害

1. 波纹管材质较差

用金属带压制的管道强度较差且不均匀，这种波纹管往往刚度达不到标准，在安装和浇筑混凝土时容易变形和破损，使水泥浆液漏入，造成孔道不同程度的堵塞，增大摩阻力，使穿束困难；当采用先穿束施工法时，浆液的漏入，会将预应力索铸固在孔道里，无法进行张拉。如果波纹管的压制工艺较差,螺纹卷压接缝咬合不牢固和不严密,也可能导致漏浆而出现病害。

2. 波纹管变形

在波纹管安装施工时,在穿过普通钢筋的过程中容易使弯曲的部位折成死角,不小心将管身踩扁变形或局部凹陷,使波纹管的截面积缩小,不但使穿索困难,而且使摩阻力增大,降低有效预应力,特别是现浇箱梁的横向束,预制箱梁和板梁的顶板后连续束,由于板较薄,一般采用的是扁波纹管,而位置较高,施工时最易被踩扁。

3. 波纹管位移

在安装波纹管时,管身摆放位置与设计坐标相差过大,定位措施不当,未将波纹管固定牢固,或定位铁马凳(定位井字架)距离过长,当钢筋调整时受到撬动,以及浇筑混凝土时受到插入式振捣的撞击和混凝土的挤压,都可能使波纹管产生水平和竖向的偏移,其危害除增加预应力索的附加弯曲,使管孔摩阻力加大外,还可能由于布束偏离设计位置,造成混凝土的受力状态变化,影响使用品质。在预制大跨度混凝土梁时,还可能由于预应力索的水平偏移,产生过大的横向弯曲,见图8-1所示。

图8-1　定位不当造成波纹管不顺畅

4. 锚垫板不垂直于孔道轴线

波纹管在安装时与锚垫板喇叭口的联结不平顺,锚垫板不垂直于波纹管轴线,造成死角硬弯,使孔口摩阻力大大增加,还可能在浇筑混凝土时引起漏浆,将锚口和灌浆口堵死;由于死角硬弯,使预应力筋受剪,可能造成断丝。

5. 波纹管的接头不规范

波纹管的接头不牢固,接头套管直径过大或未加密封条等,或接头搭接长度过短;塑料波纹管的热塑连接质量不合格;波纹管与锚垫板喇叭口接头处,灌浆孔及排气孔联结处密封不好;波纹管身锈蚀以及焊接钢筋的电火花将管身烧熔穿孔,均会造成波纹管在浇筑混凝土时漏浆,堵塞管孔或将先穿的预应力索铸固在管中。

二、预防措施

为防止以上病害的产生,应采取下列措施进行预防:

(1)严把波纹管的进货或生产质量关。严把波纹管的进货质量关,选择质量信誉优良的生产厂家的产品,验收时必须认真检查出厂合格证、钢材材质证明;管材强度、刚度、密封性、接缝咬合牢度等试验指标必须达到规定的质量标准,此外尚应检查产品的批号是否与材质检验证明上的批号相符;对于自行生产的金属波纹管,应从原材料、设备和生产工艺入手,提高产品质量。

(2)质量检验与妥善保管。波纹管进场时必须对其外观质量进行抽查,并将样品送到有计量认证的检测部门进行检测,不合格的产品不得使用。产品进场后必须妥善保管,不得露天堆放,不得堆垛过高及压放重物,以免波纹管锈蚀、变形。

(3)精心安装波纹管。计算好波纹管的坐标,并根据坐标焊接定位铁马凳或定位井字架,间距应符合设计或相关要求;焊接作业时应十分小心,电火花不得烧穿金属波纹管;在安装时对曲线布置的波纹管折角处要精心细作，既要满足设计坐标的要求，又要保证弯曲处圆顺，在曲线处定位必须十分准确、牢固。

(4)认真作好锚口处、管身联结处以及与灌浆口排气孔联结处的密封工作，推荐采用本书第六章所介绍的联结处理方法。

(5)按本书所介绍的办法加强在混凝土浇筑前对波纹管的各项检查，务使隐患能最大限度地消除。

(6)堵塞处理方法见本章第五节。

(7)除反弯较多的长束孔道外，推荐采用后穿预应力筋的方法施工，也可先穿衬管，浇筑混凝土后取出，再穿预应力筋。

(8)在安放波纹管后应减少电焊作业，如必须在波纹管附近焊接时，必须对波纹管采取必要的防护措施。

第二节　预应力筋的病害及防治

在我国的预应力混凝土工程中，目前大量使用的是预应力钢绞线和钢丝，热处理钢筋和精轧螺纹钢筋使用较少。由于预应力筋在预应力混凝土中的关键作用，预应力筋及其安装、张拉的质量至关重要，必须尽量防止预应力筋在施工中出现的各种病害。

一、预应力筋在施工中常见的病害

(1)预应力筋的材质较差，产品的质量不稳定，强度达不到规定的指标，易产生断丝或滑丝；有的预应力筋直径偏大，在张拉的过程中，其伸长值达不到标准；松弛度的指标不合格，产生过大的应力松弛，减低有效预应力。

(2)预应力筋保管不善产生锈蚀，在采用先穿束的施工方法时，孔口伸出的钢筋由于气候潮湿而生锈。钢筋锈蚀轻微时会增大摩阻力，严重的锈蚀会损伤预应力筋的截面，降低抗拉强度，张拉时易断裂，甚至有可能埋下预应力混凝土结构早期突然破坏的隐患。孔口的预应力筋锈蚀，如不在张拉前作除锈处理，在张拉时和锚固后易产生滑丝，降低有效预应力。

(3)先穿索的预应力钢筋由于波纹管漏浆被铸固在孔道里，不能自由拉动。轻度的或局部的铸固，虽可通过张拉前拉动放松，但也会增大摩阻力。如果预应力束系一端固定，一端张拉时，即便是轻微的铸固也会使摩阻力大大增加，张拉时伸长值无法控制。严重铸固时会将钢束咬死，无法进行正常的张拉，使结构承载力下降，造成结构的早期破坏。

(4)在穿索前预应力束未进行仔细认真的编束，绑扎不牢固，穿束后预应力束的各根预应力筋互相缠绕、扭结，将使各根预应力筋受力不均匀，易发生断丝和滑丝。

预应力筋是对混凝土结构施加预应力的最重要条件，其本身的材质和安装、张拉的质量以及产生的病害对结构的安全有决定性的影响，因而提高施工质量，避免病害产生是很重要的。

二、预防和处理措施

(1)选择合格厂家的产品，按规范、标准的规定，逐批认真检验和试验，杜绝使用不合格的产品。

(2)对已进场的预应力筋应按要求妥善保管，加强防雨防潮措施，避免预应力筋因保管不善而锈蚀。一般应按施工进度有计划地进料。

(3)对于轻微浮锈,应除锈后再使用,特别是先穿束的顶应力筋,由于要经历浇筑混凝土及强度达到张拉要求这样一段较长时间,且环境较不利,对其伸出孔口的部分要采取有效的防锈措施,一般采用塑料膜包裹,并用胶带绑扎固定。在张拉前还应作除锈处理,以免产生滑丝。预应力筋如在安装前已发现较严重的锈蚀,应视情况降级使用或弃而不用。

(4)在预应力张拉前,采用先穿束的,应检查孔道中的预应力束有否被漏浆铸固的问题:

①对于两端张拉的预应力束,应用千斤顶在一端拖动,如果拖动的张拉力超过孔道平均摩阻力的15%,可以认为预应力筋有铸固现象,如超过30%,甚至达到控制应力时仍不能拉动时,则可判定有严重铸固。

②对于一端张拉的预应力束,应在预拉时测量伸长值,如测量伸长值小于计算伸长值10%以上,可认为有铸固现象,如测量伸长值小于计算伸长值15%以上或更多时,则可认为有严重铸固。由于伸长值与孔道形状、预应力束长短等多种因素有关,上述的数值仅作参考。

(5)对于轻微铸固,在两端反复拉动数次,可以减少铸固的影响,但应测量摩阻力,对张拉力作适当调整。

(6)对于严重铸固,可区别不同情况,按下列方法进行处理:

①确定铸固的具体部位。

②对发生在构件接近外表面的铸固,可凿开混凝土,解除铸固约束后再进行修复,然后进行张拉。

③对深层处发生的铸固,凿开混凝土会破坏结构的整体性,影响结构的使用安全,此时应会同设计、监理及质检人员研究处理方案,如确认无法处理,应报废,并启用备用束或调整设计。

(7)在预应力筋穿束前,应严格按工艺规程要求进行分丝、梳丝、理顺排列并分段绑扎牢固。在穿束之前,对编束情况认真地检查验收,不合格者必须返工处理。

第三节　锚夹具的病害及防治

在后张法预应力结构,特别是无黏结预应力结构中,锚夹具是保证和维持有效预应力的最重要部件,因而锚夹具的质量及安装质量,对于结构的使用安全有举足轻重的作用。

一、锚夹具易于产生的病害

1. 锚夹具本身的质量不稳定

锚夹具本身的质量不稳定包括尺寸不合格,硬度不均匀,热处理不合格,材质不合格等。当夹片锚的夹片硬度过大时,在锚固时夹片会切入预应力钢绞线表层,减小抗拉截面积,造成夹片锚口处断丝,或夹片脆裂。当夹片硬度过小时,会由于预应力钢绞线强大的内缩力将夹片内侧的丝纹刮掉而产生滑丝,当夹片的热处理渗层不够时,上述情况更容易发生。

如果夹片的尺寸不稳定,两片式或三片式夹片的配套互换性将大大降低,极易造成断丝或滑丝,即便不产生明显的滑丝,也将大大影响锚固效果,增大回缩值,降低有效预应力。当锚圈和夹片的材质不合格时,容易产生裂纹,在张拉时出现碎裂等事故。

2. 锚具安装不规范产生的病害

这一类病害是比较普遍的,由于施工操作人员素质不高和责任心不强,极易造成安装不善、不当导致的隐患。其主要表现在:

(1)锚垫板、锚圈及夹片未作除锈处理。

(2)未在每孔张拉前逐一安装锚圈夹片,而是安装完多个孔道再进行张拉,使锚圈和夹片暴露时间过长而生锈。

(3)锚圈未放入锚垫板的定位槽内,夹片没有对齐、摆匀。

3. 张拉过程中锚夹具的病害

(1)夹片锚固无效,造成滑丝和拔脱,使有效预应力大大降低。

(2)张拉力过大或夹片硬度过大产生断丝,使预应力束安全度下降,影响使用安全。

二、为预防锚夹具产生的病害应采取的措施

(1)认真按规范和标准的要求对锚夹其进行外观检查、硬度检查和静载试验,不合格的产品坚决不用。

(2)对预应力钢筋(先穿束)和锚垫板进行严格的除锈处理,在浇筑混凝土和养护的过程中对其外露部分进行防潮处理。

(3)对锚夹具安装工人进行培训和技术交底,加强张拉前的监督检查。

(4)对产生滑丝的夹片应立即拆换。拆换时应采用厂方提供的专用卸荷座进行,不得随意用不规范的垫板,以免发生人身事故。

第四节　张拉设备的病害及防治

张拉设备是对混凝土结构施加预应力的主要工具和手段。张拉设备要承受高应力和高油压的作用,稍不小心就会出现事故,影响施工和结构安全。

一、张拉设备容易出现的问题

(1)设备使用前未进行认真的检查,出现油管老化漏油,油管与油泵及千斤顶的接头漏油,如不进行处理,在张拉时可出现油管突然破裂及接头突然松脱,高压油高速喷出,造成人身事故。

(2)张拉设备未经标定、检验或超期使用;油泵和千斤顶任意配套组合使用,可造成张拉力不准确,影响结构承载力,当拉力过大时,会埋下预应力筋在运行中应力过大,突然破坏的隐患,造成结构早期断裂垮塌;此外,在测试孔道摩阻力时,如使用了不准确的张拉设备,会使摩阻力测试不准确,影响对张拉控制应力的正确判断,造成严重后果。

二、防 治 措 施

为了防止出现以上病害,应采取下列防治措施:

(1)标定和使用之前必须对张拉设备进行全面的检查,检查的重点是油管的完好情况,有无细微和明显的裂纹,油管材料是否老化;油管和油泵及千斤顶的联结处是否松动,连接卡具是否有效,密封是否良好,此外尚须对油泵的电路和机械结构、千斤顶是否漏油,油缸壁是否有划伤,有效行程是否足够等进行认真的检查,避免张拉系统在标定和使用中出现故障。

(2)张拉时不能踩踏油管。油管应处于自由状态，不能扭结及压成硬弯，进油张拉时，除油泵操作人员外，其他人员应站在安全位置，避免出现安全事故。

(3)千斤顶、油泵、油压表及油管要编号组合配套后进行标定和运行。每套设备标定后，应及时分别给出主动及被动工作状态标定曲线。

(4)凡经配套标定检验的张拉设备，必须配套使用，不能随便更换、随意搭配组合使用。

(5)在使用过程中，一旦其中某项设备发生故障，需要更换时，仍需再配套检验标定。

(6)加强管理，建立张拉设备的标定、维修和使用的档案，明确设备的标定周期、日期和设备完好情况。张拉前，应由质检人员和监理工程师对张拉设备及标定情况进行验证和检查。

(7)在测试孔道摩阻力时，由于预应力束两端的张拉设备分别将处于主动张拉和被动受力的状态，因而使用的标定曲线也应分别采用主动和被动的标定曲线。主动工作状态曲线，是千斤顶主动出力时，张拉力与油表读数的对应关系曲线；被动工作状态曲线，是千斤顶油泵系统不运行、被动受拉时，拉力与油表读数的对应关系曲线。

第五节 预应力张拉过程中容易出现的问题

在预应力的张拉过程中操作并不复杂，只是安装限位板、千斤顶，开油泵，进油及测量伸长值(有时测量回缩值)等，但如果对张拉的原理不甚了了，对张拉程序不够熟悉，对易出现问题的情况不知道，随意进行操作，就会影响张拉质量，严重时造成各种隐患，甚至出现事故。

一、张拉过程中易出现的问题

(1)预应力张拉顺序不按设计要求实施，或设计虽无要求，但不按施工规范要求的顺序张拉；在两端张拉时，加荷速度不同步，两端测量的伸长值相差很大；加荷速度过快，传力不均匀等。以上操作中的问题易使结构产生应力集中和骤增，造成构件产生横弯、扭曲等不正常变形或出现裂缝，有时还造成滑丝成断丝等故障。

(2)相当数量的操作工对限位板的作用不够了解，导致限位板用错或安装不当，有时甚至发现有不安装限位板就进行张拉的现象，无法进行正常的张拉和锚固，有时还造成滑丝或断丝等故障。

(3)张拉的持荷时间未按设计及施工规范的要求执行，或持荷时不随时调整油泵保持规定的张拉力，使预应力筋的应力松弛效应未有效地克服，造成锚固后预应力损失，降低有效预应力。

(4)张拉时记录格式不统一，内容不完整或不够翔实，以及填写不规范等，均可使施工现场的原始记录不能真实地反映施工时的实际情况，对结构的施工质量无法通过记录资料进行了解和审查，在竣工验收时难以确定工程的质量等级，如果在运营过程中发生问题，无法根据竣工资料进行追溯，查出事故的原因。

二、张拉事故的预防及检查

为了防止在张拉过程中出现各种质量问题和质量事故，造成人身和结构的损伤，应采取下列措施进行预防和检查：

(1)必须严格执行持上岗证才能上岗操作的制度，抓好预应力施工的技术培训，提高现场技术人员和技术工人的技术素质。

(2)在新的张拉工程开工前,必须制订详细的预应力施工组织设计或施工方案(具体方法和内容请参阅本书第十章的有关内容)。在张拉工艺实施前还必须召开技术会议,对张拉原则、张拉步骤、张拉顺序、分工情况、检查方法以及安全措施等进行仔细的技术交底。

(3)如需要采用分级及同步张拉的原则时,就要将控制力分成若干加荷等级,当两端同时张拉到某一级荷载时,测量一次伸长值,当两端伸长值差异较大时,可通过调整油缸进油速度的方法或临时在伸长值较小的一端张拉,当两端伸长值接近后,再同步进油张拉,此后,再进行下一级张拉。这样,通过逐级张拉,使伸长值也相应增加,应力和伸长值均处于均匀、稳定的增长状态。两端张拉时,还应统一操作信号,同步进行。两端张拉距离较长时,可使用对讲机或其他通信工具进行联络,及时统一工作进程和操作情况,遇有问题应及时处理。

(4)预应力束的张拉顺序应严格按照设计文件所规定的顺序张拉,当设计无规定时,应查阅施工技术规程,按施工技术规程的规定进行张拉。

确定张拉顺序的原则是:

①分批、分阶段进行;

②先中间、后两侧;

③如有平行孔,宜对称张拉,或同时张拉。

对于横向刚度及抗扭刚度较差的预制梁或预制板,应在张拉时跟踪监测梁(板)的横弯及扭曲情况,如果横弯或扭曲超标,应采取适当措施或修改张拉方法及张拉顺序,如采用两次张拉,即张拉一侧的一束到50%控制力,再张拉另一侧的一束到控制力,此后再补足先张拉一束的张拉力。

(5)采用统一印制、内容齐全的记录表格。对于一个工程中的预应力束,进行统一编号,其编号与设计图纸上的编号(如N1、N2 ……)要有区别,但应有相互对应的关系,且有附图标明。张拉记录要在一束张拉完毕后即进行检查,发现问题及时纠正,使原始记录真实、准确、实时。对于张拉数据表中的参数取值及计算结果,应建立分级校核、审查制度。

第六节 张拉事故及其预防处理

在进行预应力筋张拉的过程中,由于结构受力较大,如果操作不慎,预应力筋及锚夹具的质量不稳定,可能出现各种故障及事故。如果能对事故的前兆观察仔细,及时发现,立即采取正确的处理措施,可避免因故障的扩大而造成重大事故,影响结构及人身安全。在预应力筋张拉过程中易于出现的事故可以归纳为下列几方面。

一、实际伸长量与理论伸长量偏差过大

张拉实际伸长量与理论伸长量偏差较大,一般是实际伸长量偏小。

1. 主要原因

(1)预留管道不顺直,致使预应力钢筋与管道壁的摩阻力增加,虽然控制张拉应力未变,但由于预应力钢筋平均张拉应力降低,故而使得伸长量不足,即在千斤顶张拉处虽然未改变张拉应力,但远离张拉点的部位由于管道摩阻力的平衡作用使其张拉应力减小的程度过大,使得整体预应力降低,伸长量自然就不足了。

(2)采用了先将预应力筋穿入管道后浇筑混凝土的方法时,管道漏浆已将部分预应力筋黏结牢固,在张拉时该段预应力钢筋处于拉应力基本为零的状态,相应的伸长量也就基本为

零，使得总伸长量不足。

（3）所采用预应力钢筋的实际弹性模量与理论计算伸长量时所采用的弹性模量数据有一定的差异。

（4）张拉设备标定时或油表读数换算为拉力的数据不准确。

（5）张拉设备发生机械故障。

2．防治措施

（1）预埋预应力钢筋管道时，对每个坐标位置都要严格按照设计数据准确定位，固定可靠，整个管道线形要保持圆滑顺直，特别是不得有由施工而造成的局部弯曲。在浇筑混凝土之前必须经过认真仔细检查后方可继续施工，并在混凝土浇筑振捣时要特别注意，振捣棒不得直接碰撞管道，以免使预应力管道发生移位。

（2）如采用先行将预应力钢筋穿入管道而后浇筑混凝土的施工方法时，在混凝土浇筑和振捣时要特别注意保护管道，不得使插入式振捣器过分靠近管道，以免将管道振漏或发生偏移，并要有专人负责每隔10～20min将各束预应力钢筋作推拉活动，直至最后浇筑的混凝土达到初凝以后。其作用：一是可以检查预应力钢筋是否被砂浆或水泥浆凝固；二是如果有少量砂浆或水泥浆漏入管道内，通过推拉预应力钢筋可以把这些少量砂浆或水泥浆拉平填入波纹管的凹槽内，使得管道仍能保持基本平滑。在预应力钢筋张拉之前应将其再一次作少许推拉活动，以确认预应力钢筋未被漏浆所凝结。

（3）在计算理论伸长量时，预应力钢筋的弹性模量要采用通过试验取得的实际数据。

（4）认真复核张拉力、油表读数的对应关系，找出相应的关系曲线，准确计算。

（5）检查油压泵、千斤顶、锚具、油压表等设备是否运转正常，必要时重新进行标定。

二、管道堵塞

1．主要原因

（1）由于管道接头处理不好、管壁有小孔或在振捣混凝土时不注意将波纹管振漏，在浇筑混凝土时产生漏浆现象，而这些漏入管道的砂浆或水泥浆已经凝固；

（2）在穿入预应力钢筋时，端头将波纹管接头处管壁刺破产生卷曲。

2．防治措施

（1）在安装波纹管之前要认真检查有无小孔，如发现要用胶带包裹密实；

（2）要特别注意波纹管的接头安装质量，接头要牢固平滑，无卷曲无变形，用胶带包裹密实不漏浆；

（3）在开始浇筑混凝土至最后一盘的初凝期间，用比梁稍长的中间焊有两头小中间大的圆滑拉块的钢筋经常来回穿拉管道，可将少许一旦漏入管道的砂浆或水泥浆拉平，嵌入波纹管的凹槽内，使得管道仍保持基本平滑；

（4）一旦发现已经堵塞的情况，要查明其准确位置，如果堵塞不严重，可将该位置管道从梁的外部凿开，将管道疏通，穿入预应力钢筋，衬好铁皮后再用高强度的环氧树脂砂浆封堵；

（5）在穿入预应力钢筋时，要将其端头打磨圆滑，避免刺破波纹管，如估计波纹管已被刺破时，要拉出预应力钢筋，再试着从另一端穿入，若仍然不能解决问题，则采取(4)的处理方法。

三、张拉预拱度或放张拱度偏大或偏小

预应力构件在张拉（后张法）或放张（先张法）时，整个构件在预应力钢筋的作用下，由于

截面受到偏心压力,均会产生向上的拱度。这个指标虽然规范上或设计上没有统一的限制范围要求,但它是反映构件混凝土的整体强度、变形特点、弹性模量和预应力大小及施加均衡程度等的一个综合性的实际指标。施工技术人员或现场监理人员均要认真量测张拉或放张拱度的数据并做好记录,以便能够及时发现施工中出现的一些问题或者在出现问题时作为分析原因的一个重要参考数据。

如果在施工中发现数值太大或太小或某一构件与其他构件相比变化较大,一定要慎重对待,认真分析原因找出影响因素,切不可盲目继续进行施工。

对于造成张拉或放张拱度数值偏大的原因分析,主要应考虑混凝土强度、龄期、弹性模量、原材料等方面的因素,对于张拉或放张拱度偏小的原因分析,主要应考虑预应力张拉力、伸长量是否满足设计要求等问题。例如,某工地先张法预制场在放张时由于操作人员弄错了生产线号,将不到放张时间的一条生产线误放,当时在量测放张拱度时发现其数值相当于其他生产线近两倍,马上进行检查核对,证实是放张操作人员搞错了,当场决定将该生产线的五片20m的预应力空心板报废。另有一先张法预应力空心板预制场工地,在放张时发现最后浇筑的一块板放张拱度特别大,相当于其他空心板的1.6倍左右,当时不明情况,暂停施工。现场组织工程技术人员及监理工程师查找原因,检查各项原始施工记录及质量检查记录,均未得到合理的解释。最后才查出,当时浇筑该块板混凝土时民工为了运料方便,就近使用了刚进场的碎石料,而该碎石料中含有相当数量的泥块,这些碎石从表面上粗看起来和其他碎石料并无明显区别,经仔细检查才知道,原来泥块是粉红色胶泥,在破碎时表面黏结了一层细石粉,乍看起来与碎石的颜色完全一致,只是几何形状比较浑圆。原因找出后,立即采取措施,清除该种碎石并报废该块预制板,凿开报废板的混凝土断面后果然发现有不少泥块混杂在其中,这就使得混凝土实际强度大为降低,变形加大,放张拱度加大。

四、预应力筋滑丝

1. 滑丝的原因

滑丝的原因很多,主要有:

(1)钢材材质不均匀或严重锈蚀;

(2)锚圈口处分丝时交叉重叠;

(3)锚圈锥孔与夹片之间有夹杂物;

(4)力筋和千斤顶卡盘内有油污;

(5)锚下垫板喇叭口内有混凝土和其他残渣;

(6)锚具偏离锚下垫板止口;

(7)锚具(锚圈、锚塞、夹片)质量存在问题,由于其硬度不足不匀而产生变形;

(8)操作时回油过猛;

(9)力筋直径大小不一致。

滑丝一般退顶后发生,有时张拉结束后半天至一天内发生。在预应力筋张拉过程中如果发生异响,压力油表突然跳动,继续进油,压力油表读数反而减小,此时千斤顶的工具锚夹片可能产生滑丝;如果已张拉到控制应力或已达到超张拉力持荷后,千斤顶回油过程中产生异响,压力油表大幅度跳动,此时工作锚可能产生滑丝。

出现上述情况,可使有效预应力降低,影响结构安全。严重滑丝时,千斤顶可能会突然弹出,造成事故,因而在进行张拉时应注意是否有异响和不正常现象出现的苗头,如有应及时停止张拉，并缓慢回油，再进行仔细的检查。如发现工具锚滑丝，应拆换工具锚；如果系工作锚滑丝或破损，必须采用卸荷座，将已滑丝的夹片取出；如果发现预应力筋有严重损伤，还必须拆除旧索，换穿新束；如发现夹片或预应力筋上沾有油污，应采用棉纱擦拭或用除油剂洗。

2. 滑丝的处理

处理滑丝常用的方法主要有：

张拉完成后要及时在钢丝(或钢绞线)上做好标记，若发现滑丝，一般采用 YCL2Z 千斤顶和卸荷座，将卸荷座支承在锚具上，用 YCL2Z 千斤顶张拉滑丝钢绞线，直到将滑丝夹片取出，换上新夹片，张拉至设计应力即可；当工地无相应千斤顶时，可利用型钢制成与锚具及现场千斤顶相适应的卸荷座，就用现场张拉千斤顶进行卸荷处理，注意安全。当遇严重滑丝或在滑丝过程中钢绞线受到严重损害，应将锚具上的钢绞线全部卸荷，针对现状进行处理。图 8-2 为滑丝处理示意图。

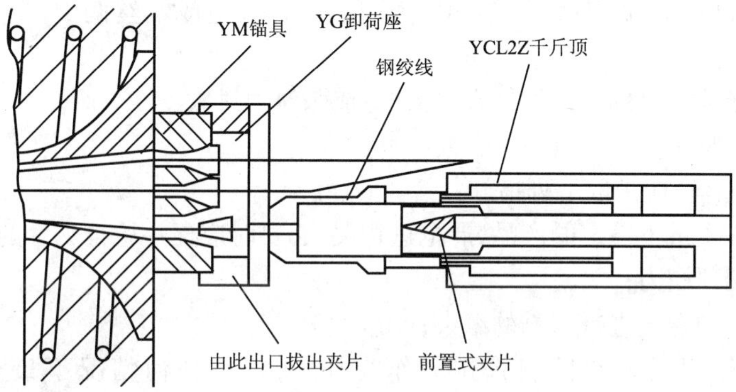

图 8-2　滑丝处理示意图

卸荷时应注意将千斤顶提前伸出一定长度，该长度应略大于钢绞线的伸长值，以免夹片卸除了，千斤顶却被卡在锚具上。

当滑丝发生在顶锚以后，还可用下面方法处理。

(1)丝束放松。将千斤顶按张拉状态装好，并将钢丝在夹盘内楔紧。一端张拉，当钢丝受力伸长时，锚塞稍被带出，这时立即用钢钎卡住锚塞螺纹(钢钎可用 ϕ5mm 的钢丝端部磨尖制成，长 20 ~ 30cm)，然后主缸缓慢回油，钢丝内缩，锚塞因被卡住而不能与钢丝同时内缩。如千斤顶行程不够可如此反复进行至锚塞退出为止，然后拉出钢丝束更换新的钢丝束和锚具。

(2)单根滑丝单根补拉。将滑进的钢丝楔紧在卡盘上，张拉达到应力后顶压楔紧。

(3)人工滑丝放松钢丝束。安装好千斤顶并楔紧各根钢丝。在钢丝束的一端张拉到钢丝的控制应力仍拉不出锚塞时，打掉一个千斤顶卡盘上钢丝的楔子，迫使 1 ~ 2 根钢丝产生抽丝，这时锚塞与锚圈的锚固力就减小了，再次拉锚塞就较易拉出。

五、预应力筋断丝

1. 断丝的原因

在张拉过程中，如果发现有崩裂的响声，压力油表剧烈抖动，即是出现断丝的征兆，此时观察露在千斤顶外的预应力束端部，即可发现已断裂的钢丝(图 8-3)。如果预应力筋为钢丝或钢绞线，则同一构件内断丝数不超过钢丝总数的 1% 时，可继续小心张拉锚固，如超过 1%，则应换束重新张拉；如预应力筋系冷拉或热轧钢筋，则断丝后必须拆换。

图 8-3 断丝

断丝发生的原因，一般有：

(1)钢材材质不均匀或严重锈蚀；

(2)预应力筋与锚夹具的硬度不匹配，一般为夹片的硬度过大，在夹持钢筋时切入钢筋，减少受拉钢筋断面所致；

(3)锚圈口处分丝时交叉重叠，钢丝或钢绞线在孔道内互相扭结、缠绕，导致长短不一，张拉时各根钢丝或钢绞线受力不均匀；

(4)弗氏锚的顶楔力过大，也可能产生断丝；

(5)操作过程中没有做到孔道、锚圈、千斤顶三对中，造成钢丝偏中，受力不匀，个别钢丝应力集中；

(6)千斤顶未按规定校验或油压表失灵，造成张拉力过大。

2. 断丝的处理

为预防产生断丝，应采取下列措施：

(1)对热处理质量不稳定的产品，严把进货关，必要时应逐片检查夹片的硬度；

(2)严格控制顶楔力；

(3)对钢绞线和钢丝进行认真的编束；

(4)提高其他钢丝束的控制张拉力作为补偿，但在任何情况下最大超张拉不得超过 105%；

(5)换束：卸荷、松锚、换束、重新张拉至设计应力值；

(6)启用备用束：对于一些重要的结构，设计时往往留有备用孔道或备用束，当施工过程中发现个别严重断丝特殊情况时，即启用备用束。

凡反复张拉已经超过 3 次，或张拉力超过钢丝的抗拉极限强度标准 (R_{ty})，则整束更换。

六、锚固区混凝土爆裂

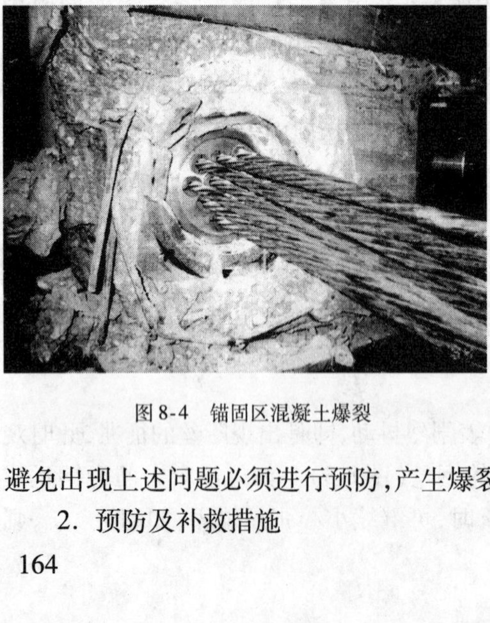

图 8-4 锚固区混凝土爆裂

1. 锚固区混凝土爆裂(图 8-4)产生的原因

(1)由于锚固区几何尺寸不规则，预埋在混凝土中的锚垫板与预应力束轴线不垂直；

(2)锚下加固钢筋数量不足，位置不准确，布置不合理；

(3)锚下加固钢筋布置太密，导致锚下混凝土振捣不密实；

(4)混凝土强度未达到设计要求等。

以上原因均可能造成预应力张拉过程中或张拉后灌浆未达到强度前锚下混凝土产生爆裂，造成返工损失，修补后的结构的质量也会受到影响。为避免出现上述问题必须进行预防，产生爆裂后也必须采用妥当的方法进行补救。

2. 预防及补救措施

(1)按图纸要求施工,保证锚垫板的位置和方向正确,锚固区加固钢筋网足够,安放位置准确,绑扎牢固,螺旋筋位置准确;

(2)提高锚固区的混凝土浇筑、振捣质量,混凝土达到设计要求的强度后,再进行张拉;

(3)锚固区混凝土爆裂破坏后,要对松散的部分进行认真彻底地凿除、清理,按设计要求进行恢复和加固。

第七节 孔道灌浆容易出现的问题及预防措施

孔道灌浆是预应力施工的最后一道工序,如果水泥浆质量不好或压浆不密实,将影响预应力索和混凝土结构之间的黏结力,加大锚具的负担,在使用过程中会逐渐减小有效预应力,使结构产生早期破坏。

一、灌浆施工时容易出现的问题

1. 浆液中外掺剂使用不当

(1)膨胀剂掺加比例不合理,或(铝粉)不作脱脂处理,会影响浆液固化后的膨胀效果,影响预应力束和结构混凝土的黏结力;

(2)抗冻剂或减水剂中含有氯盐成分,会对预应力筋产生锈蚀作用,使预应力筋早期破坏;

(3)拌和不均匀,会影响使用效果,甚至产生相反的作用。

2. 浆液稠度不稳定

浆液稠度不稳定,浆液过稠、泌水率过大会使灌浆施工困难,难以灌满;浆液过稀时,凝固后会产生干缩,使孔道产生孔隙,降低黏结力,并易使预应力束锈蚀。

3. 浆液时间过长

一般要求浆液从拌制到压浆的时间为60min,时间偏长,导致浆液稠度变大,变硬。

4. 排气管堵塞

孔道灌浆时排气管堵塞,拔脱或折断影响灌浆时将孔道内气体的排除,使浆液难以灌入,并产生大量气泡,使预应力束与结构混凝土黏结力降低,还易使预应力束锈蚀。

5. 压浆不密实

由于浆体流动度偏大,孔道太长,孔道断面偏小或被堵塞,压浆操作不规范等原因,都可能导致压浆不密实(图8-5),预应力筋失去水泥浆的保护,易发生锈蚀,从而影响预应力构件的耐久性。

图8-5 孔道压浆不密实

二、预 防 措 施

(1)对外掺剂的质量进行抽样化验检查,确保外掺剂的化学成分达到指标的要求,对外掺剂的掺加比例和数量进行严格的称量控制。

(2)对水泥浆的技术特性,如膨胀率、泌水率和稠度进行定期测定检查,确保各项参数达到设计要求。

(3)在浇筑混凝土前对灌浆孔、排气孔、泌水孔等预设孔道进行认真检查。在浇筑混凝土时采取保护措施，使其不损坏。发现损坏、失效时，应及时修复或采取补救措施。

(4)采用高速搅拌机可降低水泥浆的流动度，压浆操作应严格按操作规程进行，以确保压浆质量。

第八节　精轧螺纹钢预应力施工中常见的问题

一、常见问题

1. 预应力损失大

(1)钢筋太短，放张回缩造成预应力损失大

竖向预应力筋有 $\phi32$ 和 $\phi25$ 两种，长度一般在 3～10m。钢筋的张拉伸长量都较小。从锚固损失 $\sigma_{s2}=E_y\Delta L/L$ 的计算式可以看出，在钢筋特别短的情况下，锚固损失就显得很明显，实际有效预应力易丧失殆尽。这其中主要是放张时钢筋回缩损失：钢筋上的螺纹与螺母的间隙及变形 2mm 左右，螺母与锚垫板的接触面与钢筋轴线呈 45°角另造成损失 2mm 左右。斜面接触的初衷是将螺母上张拉力呈 45°角向四周分布，扩大接触面，扩散锚下混凝土的局部应力，但这种斜面接触存在一个明显的缺点：锚固螺母、预应力粗钢筋、锚垫板三者安装精度要求相当高，否则造成放张时锚固螺母拧不到位。

(2)钢筋太密，安装精度要求高

箱梁桥混凝土是分底板、腹板与顶板两次浇筑成型的，在施工中由于多种原因都有可能造成钢筋移动；另外张拉时，千斤顶安装也容易造成偏差，达不到理想的安装精度。箱梁桥竖向预应力筋，两头端面分别在底板与顶板，锚下混凝土平面面积大，锚垫板下构造钢筋多，还有纵向预应力作用、周边混凝土的嵌箍作用，锚下局部应力不会太大，反之这样的构造会造成预应力损失太大。

2. 精轧螺纹钢筋被拉断

在实际工程中，精轧螺纹钢筋被拉断的现象也时有发生。钢筋拉断的位置都在张拉端锚垫板下。这是由于锚垫板平面与预应力钢筋轴线不垂直，或者张拉时千斤顶的拉杆与钢筋不在同一直线，造成预应力筋截面偏心受拉；由于拉力不均匀，拉力的一端大于钢筋的极限应力。钢筋一旦拉断，无法补救，危害很大。

3. 管道压浆不密实

目前，竖向预应力筋普遍存在压浆质量不好的问题。竖向预应力筋一般采用如图 8-6 所示构造，目前使用较多的一种材料是 $\phi32$ 精轧螺纹钢筋。

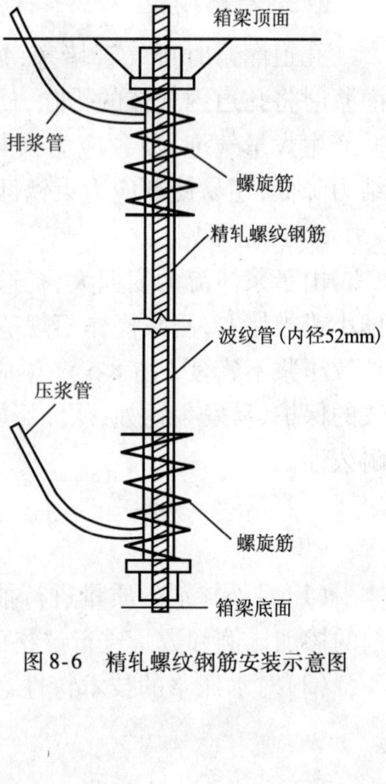

图 8-6　精轧螺纹钢筋安装示意图

竖向预应力筋压浆存在的质量问题主要有如下的几种情况。

(1)压浆不通

设计的压浆管道不牢固，一般为波纹管和薄铁皮管，厚

度只有3mm。由于管道上设的压浆管在安装、混凝土浇筑,以及振捣过程中很容易脱落,造成压浆孔堵塞。而排气孔是在锚固螺母上开十字槽,或者依靠锚固螺母和螺纹钢筋的间隙来排气、排浆,施工中很容易堵塞。

(2)压浆不饱满

竖向压浆一般采用纵向预应力通用的压浆设备,压浆机排量大、压力大,水泥浆水灰比偏大,而一根竖向预应力筋管道所需水泥浆量很小、压浆时间很短,螺母上的十字槽和空隙也在排气,没有持压装置,竖向钢筋是垂直的,水泥浆必然会分泌、沉淀。即使压通了,但造成上端总有一段空隙部分没有水泥浆,而这一段恰恰又是预应力锚头的关键部位。

(3)压浆很难起到黏结、握裹作用

由于竖向预应力钢筋不同于多根钢绞线和平行钢丝,单根钢筋本身刚度大,周边面积小,加上压进去的水泥浆不饱满,很难起到黏结、握裹作用。也考虑过将波纹管直径加大,但握裹力不一定会增加;如果压浆不饱满,对腹板断面削弱加大,反而不利。

(4)温度应力、混凝土的收缩和徐变等诸多因素

以上因素均导致腹板斜向裂缝,裂缝的出现,无疑对桥梁的刚度和耐久性都产生不利影响,必须对箱梁桥腹板竖向预应力的施工质量如锚具等硬件、张拉工艺和管道压浆等软件引起重视。

二、预 防 措 施

1. 锚具、夹具和连接器应符合施工要求

(1)预应力筋锚具、夹具和连接器应具有可靠的锚固性能、足够的承载能力和良好的适用性,能保证充分发挥预应力筋的强度,安全地实现预应力张拉作业,并应符合现行国家标准《预应力筋用锚具、夹具和连接器》(GB/T 14370—2007)的要求。

(2)其中预应力筋锚具应按设计要求采用。锚具应满足分级张拉、补张拉以及放松预应力的要求。用于后张结构时,锚具或其附件上宜设置压浆孔或排气孔,压浆孔应有足够的截面面积,以保证浆液的畅通。

(3)锚具、夹具和连接器进场时,除应按出厂合格证和质量证明书核查其锚固性能类别、型号、规格及数量外,还应严格按规定对外观、硬度、锚固性能进行验收。

2. 取消锚固螺母与锚垫板呈45°角的斜面接触

建议取消锚固螺母与锚垫板呈45°角的斜面接触,改为平面接触,并取消螺母上十字排气槽。要特别强调施工中竖向预应力筋与锚垫板的安装精度,要求做到"两平一直":即上、下两端锚垫板平面与竖向预应力筋垂直,并用定位钢筋电焊固定;张拉时要求千斤顶的拉杆与预应力筋尽量保持在同一直线,否则要求重新安装。

3. 张拉次序

正确的预应力束张拉次序对于确保张拉质量和防治箱梁桥裂缝都有十分重要的意义。比如:在张拉底板纵向预应力束前,应先张拉顶板预应力束,使箱梁桥体处于一定的压应力储备状态,避免腹板锚头集中处出现锚后拉力区。当然,正确的张拉次序尚需结合施工方案精确选定,但正确张拉次序的首要原则是确保箱梁桥各部分不出现过大的拉应力。

4. 反复张拉

为了尽量减小预应力的损失,可采用竖向预应力筋两次张拉的方法,即在第一次张拉完成以后间隔一段时间,进行第二次张拉,弥补由于操作和设备等原因造成的预应力损失。另外,

竖向预应力相对纵向预应力吨位太小，为了避免由于纵向预应力的作用，在腹板与底板、顶板相交位置产生前期水平裂缝，要求在纵向预应力张拉前进行竖向预应力张拉，并且两腹板对称张拉，以保证张拉质量。

对于配置竖向预应力筋的箱梁桥，张拉竖向预应力筋时，可采取反复张拉、超张拉措施，以尽量保证竖向预应力筋有效预应力的建立。例如杭州绕城东线下沙大桥竖向预应力钢筋采用 $\phi32$ 精轧螺纹钢筋，600kN 千斤顶单根张拉，控制力为 543kN；为克服竖向预应力损失，7 天后反复张拉一次，然后封锚压浆；张拉时利用张拉应力和伸长量双控。克服了以前施工的同类箱梁桥由于施工工艺达不到要求，使竖向预应力损失较大等问题。

理论分析表明：如果对竖向预应力筋反复按顺序张拉三次，其预应力弹性压缩损失可降为 10%，这与杭州下沙大桥竖向预应力筋进行反复张拉后测试其竖向预应力损失为 8% 左右相吻合，因此建议将混凝土箱梁桥腹板竖向预应力反复张拉的要求写入施工规程。

5. 及时有效的管道压浆

(1)采用组合锚垫板装置

为了解决上述问题，曾有单位进行了如下的改进，采用一种组合锚垫板装置(图 8-7)。

将锚垫板、波纹管、压浆管固定装置铸成整体，采用高牌号孕育铸铁，将 $\phi52$mm 波纹管插入锚垫板内，并用胶布包牢；将塑料压浆管插入压浆孔，也用胶布包牢。这样保证压浆管、波纹管与锚垫板连接牢固，使压浆畅通。对于管道，不宜采用金属薄铁皮管或薄壁钢管，要利用预应力筋和波纹管的螺纹，来增强水泥浆黏结力和握裹力。对于压浆塑料管的质量也应讲究，不能因太硬、太脆，造成压浆管破裂；又不能太软，造成混凝土浇筑时压浆管压扁不通。压浆塑料管应有一定长度要求。

(2)压浆

水泥浆的拌制应控制水灰比在 0.4 以内，并加入外掺剂，使水泥浆增塑，微膨胀，一般应采用高速拌浆机来提高水泥浆的质量和流动性。压浆设备应采用排量小的、压力均匀持速的压浆机。在压浆过程中，强调先试水，并用空压机吹干再压浆；压浆争取压两次，即在第一次压浆完成 10min 左右，再压一次。

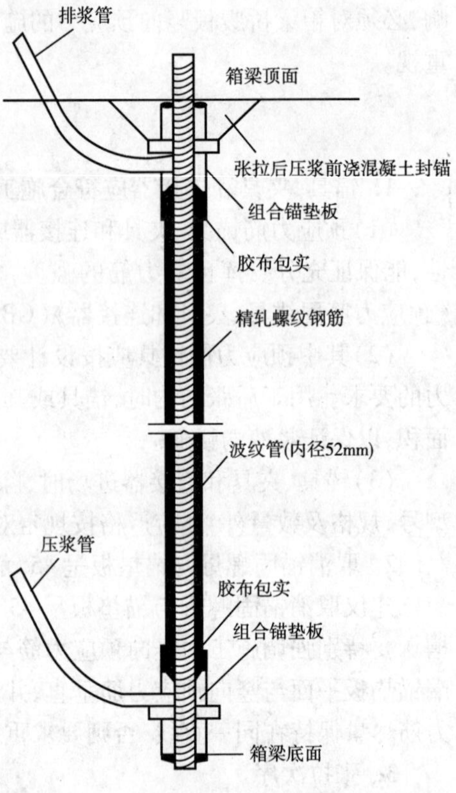

图 8-7　组合锚垫板装置

(3)采用一次压浆两根管的工艺

同时为了加快施工进度，也曾有单位尝试过一次压浆两根管的工艺。即将两根相邻的预应力筋，在底部锚固端锚垫板的压浆孔用塑料管连通成一组。在桥面上安装好进浆管与排浆管，在预应力筋张拉完成以后，立即用混凝土封锚，封闭钢筋与螺母上的空隙。封锚混凝土只需终凝后就可以压浆，不影响施工进度。这样可保证管道内密封，并能持压，压浆完成以后，即使沉淀，管道内也能保证密实。

(4)控制压浆时间

压浆需在预应力张拉 24h 内进行，因为停顿时间过长，易出现夹片滑移、预应力束滑丝而引起有效预应力的损失。此外,国内外对预应力混凝土桥的调查表明,管道压浆不密实几乎成了通病,而且后患无穷。

思考题

1. 后张预应力成孔的病害有哪些,如何进行防治?
2. 预应力筋的病害有哪些?如何进行防治?
3. 锚夹具的病害有哪些?如何进行防治?
4. 张拉设备的病害有哪些?如何进行防治?
5. 预应力张拉过程中容易出现的问题有哪些?
6. 张拉常见事故有哪些?
7. 张拉实际伸长量与理论伸长量偏差的原因及防治方法有哪些?
8. 管道堵塞的原因及防治方法有哪些?
9. 张拉拱度或放张拱度偏大或偏小原因及防治方法有哪些?
10. 预应力筋滑丝原因及处理方法有哪些?
11. 断丝原因及处理方法有哪些?
12. 锚固区混凝土爆裂原因及处理方法有哪些?
13. 孔道灌浆容易出现的问题有哪些?如何进行预防?
14. 精轧螺纹钢施工中常见问题有哪些?如何进行预防?

第九章　预应力施工有关计算

学习目标

1. 熟悉预应力筋坐标的计算；
2. 掌握预应力筋下料长度的计算方法；
3. 熟悉摩阻的测试方法；
4. 了解应力损失的计算；
5. 熟悉理论伸长值的计算；
6. 掌握张拉设备与油表值的计算；
7. 了解锚固区局部承压计算。

第一节　预应力筋线坐标的确定

现浇预应力结构中，通常配置曲线预应力筋，因此在施工中必须留设曲线孔道。曲线孔道弯曲部分的坐标按预应力筋曲线方程计算确定，弯曲成型后的坐标误差应控制在 2mm 以内。以图 9-1 预应力混凝土现浇框架结构中所配置的曲线预应力筋为例，预应力筋的曲线方程为：

$$y = \frac{4f}{l^2}x(l-x) \tag{9-1}$$

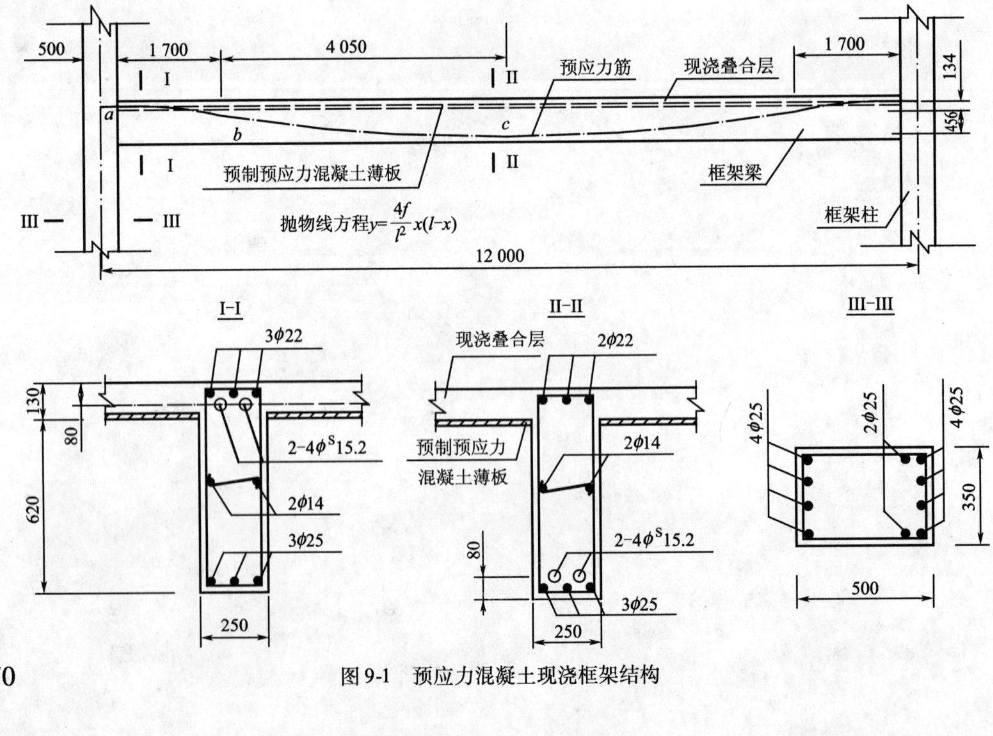

图 9-1　预应力混凝土现浇框架结构

ab 段 $f = 134\text{mm}$，bc 段 $f = 456\text{mm}$。根据 x 坐标分别为 0.7m、1.7m、2.75m、3.75m、4.75m 和 5.75m 时，计算所得 y 坐标分别为 47mm、134mm、340mm、479mm、562mm 和 590mm。因此，曲线孔道定位图如图 9-2 所示。

留孔波纹管可在现场弯曲成所需要的曲线形状，接头部分用 300mm 长的大一号波纹管套接。

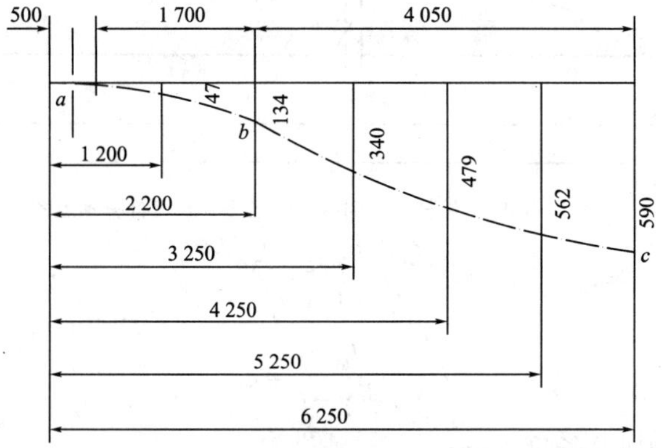

图 9-2　曲线孔道定位尺寸示意图（尺寸单位：mm）

第二节　下料长度计算

预应力筋的下料长度应由计算确定。计算时，应考虑下列因素：构件孔道长度或台座长度、锚（夹）具厚度、千斤顶工作长度（算至夹挂预应力筋部位）、镦头预留量、预应力筋外露长度等。

一、冷拉钢筋下料长度

用螺丝端杆锚具，以拉杆式千斤顶（电热法）在构件上张拉时，下料长度可按图 9-3 所示计算。

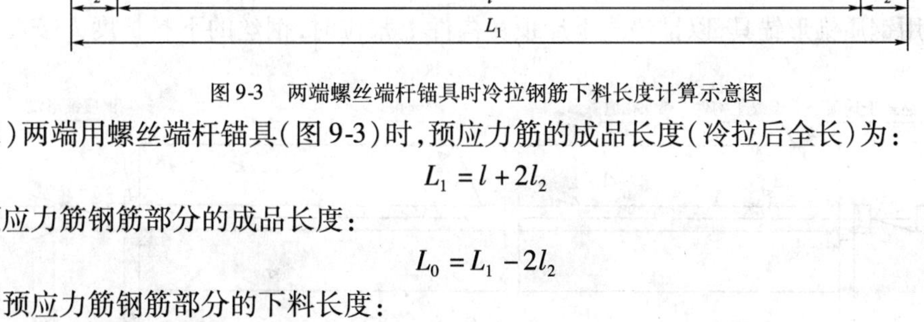

图 9-3　两端螺丝端杆锚具时冷拉钢筋下料长度计算示意图

(1) 两端用螺丝端杆锚具（图 9-3）时，预应力筋的成品长度（冷拉后全长）为：

$$L_1 = l + 2l_2$$

预应力筋钢筋部分的成品长度：

$$L_0 = L_1 - 2l_2$$

则预应力筋钢筋部分的下料长度：

$$L = \frac{L_0}{H\gamma - \delta} + nl_0 \tag{9-2}$$

(2)一端用螺丝端杆另一端用帮条(镦头)锚具,如图9-4所示时:

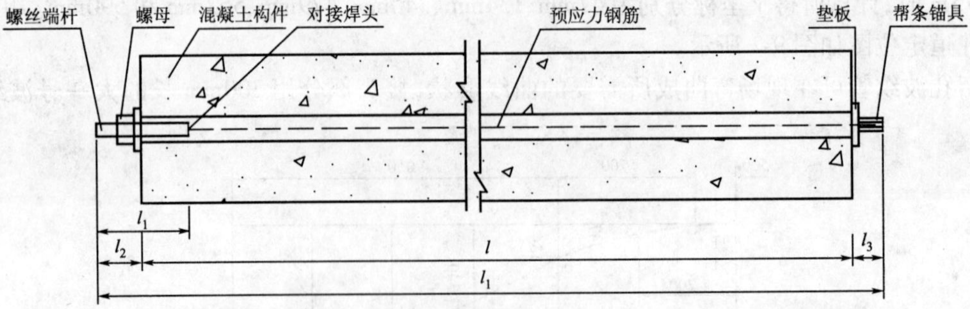

图9-4　一端螺丝端杆锚具时冷拉钢筋下料长度计算示意图

$$L_1 = l + l_2 + l_3$$

$$L_0 = L_1 - l_1$$

$$L = \frac{L_0}{1 + \gamma - \delta} + nl_0 \tag{9-3}$$

式中:l_1——预应力筋的成品长度,mm;

L_0——预应力筋钢筋部分的成品长度,mm;

L——预应力筋钢筋部分的下料长度,mm;

l——构件的孔道长度或台座长度(包括横梁在内),mm;

l_1——螺丝端杆长度,mm;

l_2——螺丝端杆伸出构件外的长度,mm,

张拉端:$l_2 = 2H + h + 0.5\text{cm}$

固定端:$l_2 = H + h + 1\text{cm}$

其中　H——螺母高度,mm,

h——垫板厚度,mm;

l_3——镦头或帮条锚具长度(包括垫板厚度 h),mm;

l_0——每个对焊接头的压缩长度,mm;

n——对焊接头的数量;

δ——钢筋冷拉拉长率(由试验确定);

γ——钢筋冷拉弹性回缩率(由试验确定)。

二、钢丝束下料长度

(1)采用钢质锥形锚具,以锥锚式千斤顶在构件上张拉时,钢丝的下料长度 L 按图9-5所示计算。

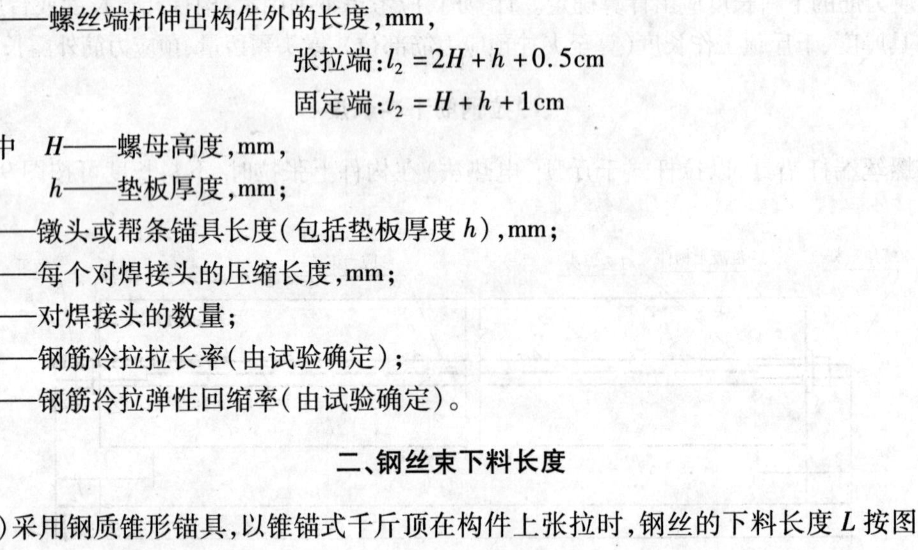

图9-5　采用钢质锥形锚时钢丝下料长度计算简图

①两端张拉

$$L = l + 2(l_1 + l_2 + 80) \tag{9-4}$$

②一端张拉

$$L = l + 2(l_1 + 80) + l_2 \tag{9-5}$$

式中：l——构件的孔道长度；

l_1——锚环厚度；

l_2——千斤顶分丝头至卡盘外端距离，对 YZ85 型千斤顶为 470mm（包括大缸伸出 40mm）。

（2）采用镦头锚具，以拉杆时穿心千斤顶在构件上张拉时，钢丝的下料长度 L 计算，应考虑钢丝束张拉锚固后螺母位于锚杯中部，见图 9-6。

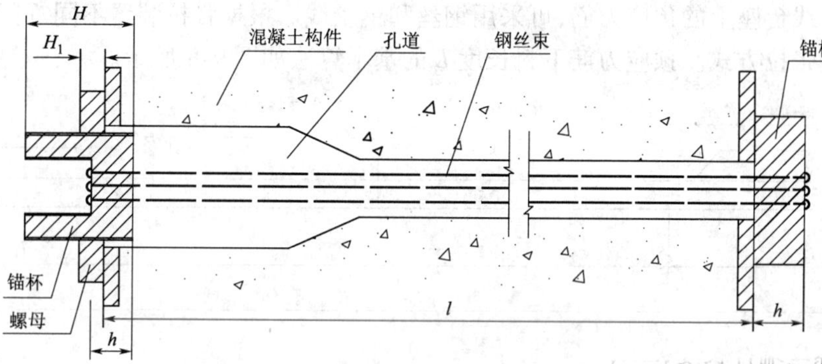

图 9-6　采用镦头锚具时钢丝下料长度简图

$$L = l + 2(h + \delta) - K(H - H_1) - \Delta l - C \tag{9-6}$$

式中：l——构件的孔道长度，按实际丈量；

h——锚杯底部厚度或锚板厚度；

δ——钢丝镦头留量；

K——系数，一端张拉时取 0.5，两端张拉时取 1.0；

H——锚杯高度；

H_1——螺母高度；

Δl——钢丝束张拉伸长值；

C——张拉时构件混凝土的弹性压缩值。

三、钢绞线下料长度

采用夹片锚具，以穿心式千斤顶在构件上张拉时，钢绞线束的下料长度 L 按图 9-7 计算。

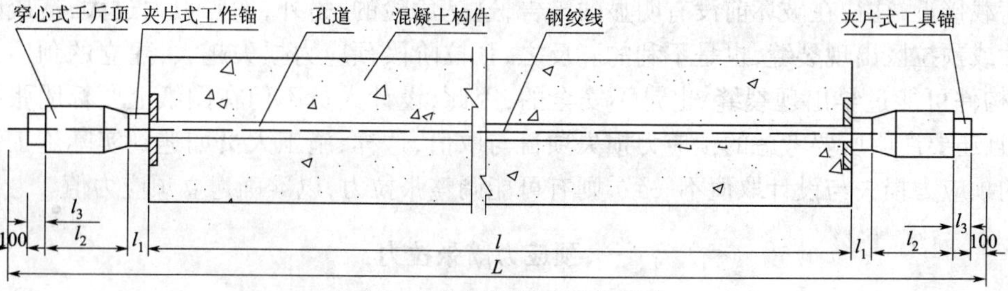

图 9-7　钢绞线下料长度计算简图

（1）两端张拉

$$L = l + 2(l_1 + l_2 + l_3 + 100) \tag{9-7}$$

（2）一端张拉

$$L = l + 2(l_1 + 100) + l_2 + l_3 \tag{9-8}$$

式中：l——构件的孔道长度；

l_1——夹片式工作锚厚度；

l_2——穿心式千斤顶长度；

l_3——夹片式工具锚厚度。

四、长线台座冷拉钢筋的下料长度

先张法长线台座上的预应力筋，可采用钢丝和钢绞线。根据张拉装置不同，可采取单根张拉方式与整体张拉方式。预应力筋下料长度 L 的基本算法如图 9-8 所示。

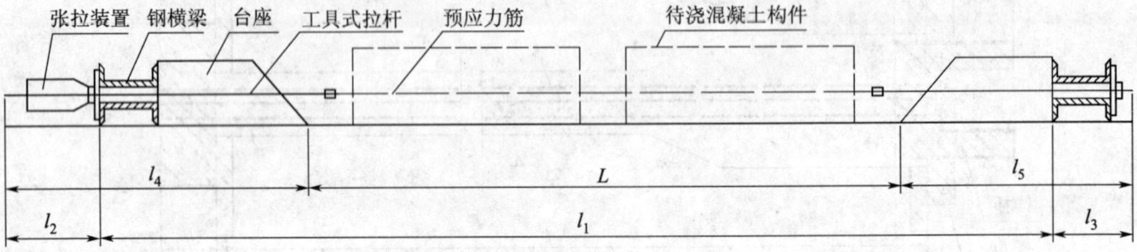

图 9-8 长线台座预应力筋下料长度计算简图

$$L = l_1 + l_2 + l_3 - l_4 - l_5 \tag{9-9}$$

式中：l_1——长线台座长度；

l_2——张拉装置长度；

l_3——固定端所需长度；

l_4——张拉端工具式拉杆长度；

l_5——固定端工具式拉杆长度。

如预应力筋直接在钢横梁上张拉与锚固，则可取消 l_4 与 l_5 值。同时，预应力筋下料长度应满足构件在台座上排列要求。

第三节 张拉力计算

预应力筋的张拉力大小，直接影响预应力效果。张拉力越高，建立的预应力值越大，构件的抗裂性也越好，但预应力筋在使用过程中经常处于过高应力状态下，构件出现裂缝的荷载与破坏荷载接近，往往在破坏前没有明显的警告，这是危险的，另外，如张拉力过大，造成构件反拱过大或预拉区出现裂缝，也是不利的。反之，张拉阶段预应力损失越大，建立的预应力值越低，则构件可能过早出现裂缝，也是不安全的，因此，设计人员不但在图纸上要标明张拉力大小，而且还要注明所要考虑的预应力损失项目与取值，这样，施工人员如遇到实际施工情况所产生的预应力损失与设计取值不一致，则有可能调整张拉力，以准确建立预应力值。

一、预应力筋张拉力

预应力筋的张拉力 P_j，按下式计算：

$$P_j = \sigma_{con} \cdot A_p \tag{9-10}$$

式中：σ_{con}——预应力筋的张拉控制应力；

A_p——预应力筋的截面面积。

预应力筋的张拉控制应力 σ_{con}，不宜超过表 9-1 的数值。当对构件进行超张拉或计入锚圈口摩擦损失时表 9-1 中的张拉控制应力限值可提高 $0.05f_{pk}$。

张拉控制应力 σ_{con} 允许值 表 9-1

项　　次	预应力筋种类	张拉控制应力 σ_{con}
1	钢丝、钢绞线	$\leqslant 0.75f_{pk}$
2	精轧螺纹钢筋	$\leqslant 0.90f_{pk}$

注：①对后张法构件，σ_{con} 为梁体内锚下应力。

②f_{pk} 为预应力钢筋抗拉强度标准值。

二、预应力筋有效预应力值

预应力筋中建立的有效预应力值 σ_{pe} 可按下式计算：

$$\sigma_{pe} = \sigma_{con} - \sum_{i=1}^{n} \sigma_{li} \tag{9-11}$$

式中：σ_{li}——第 i 项预应力损失值。

对碳素钢丝与钢绞线，其有效预应力值 σ_{pe} 不宜大于 $0.6f_{pk}$，也不宜于小于 $0.4f_{pk}$。

如设计上仅提供有效预应力值，则需计算预应力损失值，两者叠加，即得所需的张拉力。

三、预应力损失

预应力筋张拉后，由于材料特性与张拉工艺等多种因素，使得预应力筋中的应力从构件制作直至安装使用后的整个过程中不断降低的现象称为预应力损失。根据预应力损失发生的时间可分为：瞬时损失和长期损失。瞬时损失包括孔道摩擦损失、锚固损失、弹性压缩损失、热养护损失等。长期损失包括钢材的应力松弛损失、混凝土的收缩损失和徐变损失等。此外，有时还有锚口摩擦损失、叠层摩擦损失等。预应力损失计算正确与否，对结构使用性能有较大的关系。为了提高预应力筋的有效预应力，应采取相应措施，以减少预应力损失。

1. 孔道摩擦损失

孔道摩擦损失是指预应力筋与孔道壁之间的摩擦引起的预应力损失，包括长度效应和曲率效应引起的损失。长度效应是由于孔道局部偏摆使预应力筋磕碰孔道引起的。曲率效应是由于预应力筋与弯曲孔道壁之间的摩擦引起的。

(1)计算公式

预应力筋与孔道壁之间的摩擦引起的预应力损失 σ_{l1}（N/mm^2），见图 9-9，可按下式计算：

$$\sigma_{l1} = \sigma_{con}\left(1 - \frac{1}{e^{kx+\mu\theta}}\right) \tag{9-12}$$

式中：k——考虑孔道（每米）局部偏差对摩擦影响的系数，按表 9-2 取用；

x——从张拉端至计算截面的孔道长度，也可近似取该段孔道在纵轴上的投影长度，m；

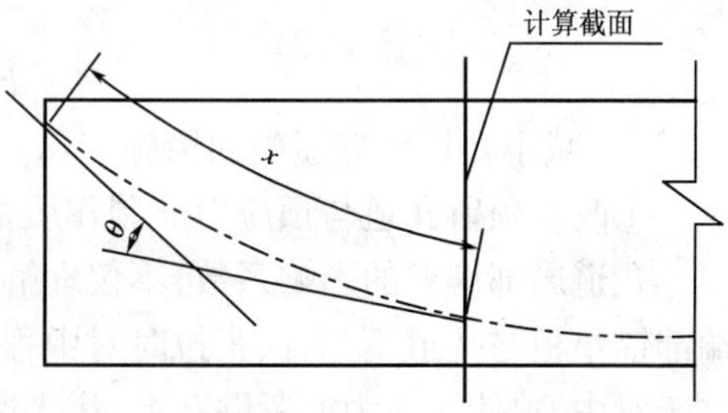

图 9-9　孔道摩擦损失计算简图

μ——预应力筋与孔道壁之间的摩擦系数,按表 9-2 取用;

θ——从张拉端至计算截面曲线孔道部分切线的夹角,rad。

对多种曲率或直线段曲线束组成的孔道,应分段计算孔道摩擦损失,较为准确。

空间曲线束可按平面曲线束公式计算,但 θ 角应取空间曲线包角,L 应取曲线弧长。

$$\theta = \sqrt{\theta_{平}^{2} + \theta_{竖}^{2}}$$

式中:$\theta_{平}$——孔道平面包角;

$\theta_{竖}$——孔道竖向包角。

当采用钢质锥形锚具或多孔夹片锚具(QM 型与 OVM 型等)时,尚应考虑锚环口或锥形孔处的附加锚口损失,其值可根据实测数据确定。

系数 k 与 μ 值 表 9-2

项次	孔道成型方式	k	μ	
			钢绞线、钢丝束	精轧螺纹钢筋
1	预埋金属波纹管	0.001 5	0.20 ~ 0.25	0.50
2	预埋塑料波纹管	0.001 5	0.14 ~ 0.17	—
3	预埋铁皮管	0.003 0	0.35	0.40
4	预埋钢管	0.001 0	0.25	—
5	抽心成型	0.001 5	0.55	0.60

(2)现场测试

对重要的预应力混凝土工程,应在现场测定实际的孔道摩擦损失。其常用的测试方法有:精密压力表法与传感器法。

①精密压力表法

在预应力筋的两端各安装一台千斤顶,测试时首先将固定端千斤顶的油缸拉出少许,并将回油阀关死;然后开动千斤顶进行张拉,当张拉端压力读数达到预定的效果时,读出固定端压力表读数,并换算成张拉力。两端张拉力差值即为孔道摩擦损失。

②传感器法

在预应力筋的两端千斤顶尾部各装一台传感器。测试时用电阻应变仪读出两端传感器的应变值。将应变值换算成张拉力,即可求得孔道摩擦损失。

如实测孔道摩擦损失与计算值相差较大,导致张拉力相差大于 5%,则应调整张拉力,建立准确的预应力值。

根据张拉端拉力 P_j 与实测固定端拉力 P_a,可按下列两式分别计算 μ 值与跨中拉力 P_m:

$$\mu = \frac{-\ln \dfrac{P_a}{P_j} - kx}{\theta} \tag{9-13}$$

$$P_m = \sqrt{P_j \cdot P_a} \tag{9-14}$$

(3)减小孔道摩擦损失的措施

①改善预留孔道与预应力筋制作质量

孔道局部偏差的影响系数,不仅理解为孔道本身有无局部弯曲,而且包括预应力筋弯折、端部锚垫板与孔道不垂直、张拉时对中程度等影响在内,尤其是端部锚垫板与孔道不垂直时,难于对中,迫使预应力筋紧贴孔壁,增大摩擦力。

②采用润滑剂

对曲线段包角大的孔道，预应力损失很大。可采用涂刷肥皂液、复合钙基脂夹石墨、工业凡士林加石墨等润滑剂，以减少摩擦损失，μ 值可降低至0.1～0.15。工业凡士林加石墨的 μ 值稍高于复合钙基脂加石墨，但遇水不皂化，防锈性能比复合钙基脂好。

对有黏结预应力筋，润滑剂偶尔可用，但随后要用水冲掉，以免破坏最后靠灌浆实现的黏结。

③采用超张拉方法

预应力筋采取超张拉，是减少孔道摩擦损失的有效措施。减少摩擦所需的超张拉与减少锚固损失的超张拉可不叠加，取其中最大值。

2. 锚固损失

张拉端锚固时由于锚具变形、钢筋内缩和接缝压缩引起的预应力损失称为锚固损失。根据筋的布置不同，分别采取下列算法。

(1)直线预应力筋的锚固损失 σ_{l2}，可按下式计算：

$$\sigma_{l2}=\frac{a}{L}E_s \tag{9-15}$$

式中：a——张拉端锚具变形、钢筋回缩和接缝压缩值，按表9-3取用；

L——张拉端至锚固端之间的距离；

E_s——预应力筋弹性模量。

块体拼成的结构，其预应力损失尚应考虑块体间填缝的预压变形。

张拉端锚具变形、钢筋回缩和接缝压缩值 a 表9-3

锚具、接缝类型	锚具类别		a(mm)
1	支承式锚具	螺母填缝	1
		每块后加垫板缝隙	1
2	锚塞式锚具		5
3	夹片式锚具	无顶压时	5
		有顶压时	6～8

注：表中 a 值也可根据实测数据确定。

(2)曲线预应力筋的锚固损失 σ_{l2}，应根据预应力筋与孔道壁之间反向摩擦影响长度 L_f 范围内的纵变形值等于锚具变形与预应力均内缩值的条件确定；同时，假定孔道摩擦损失的指数曲线简化为直线($\theta\leqslant30°$)，并假定正、反摩擦损失斜率相等，得出基本算式为：

$$a=\frac{\omega}{E_s} \tag{9-16}$$

式中：ω——锚固损失的应力图形面积，见图9-10；

E_s——预应力筋的弹性模量。

①第一种情况(图9-10)，对单一曲线预应力筋的情况：

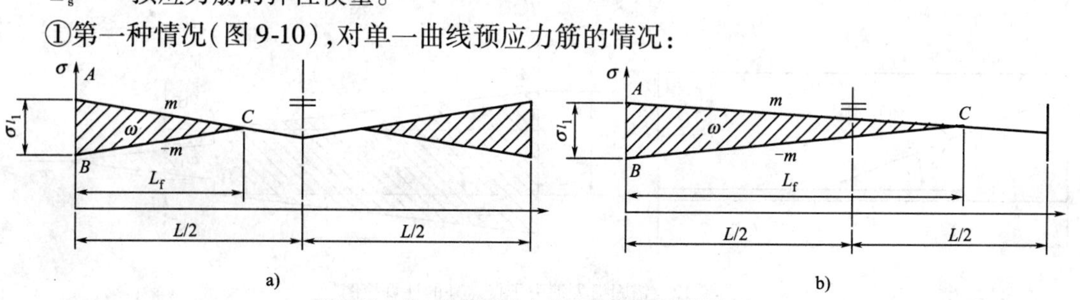

图9-10 单一曲线预应力筋的锚固损失计算简图

a) $L_f\leqslant L/2$；b) $L_f>L/2$

锚固损失的应力图形面积等于$\triangle ABC$面积，即

$$\omega = mL_f^2$$

代入式(9-16)，移项得：

$$L_f = \sqrt{\frac{aE_s}{m}} \tag{9-17}$$

式中：m——孔道摩擦损失的斜率。

$$m = \frac{\sigma_{con}(kx + \mu\theta)}{L}$$

$$\sigma_{l2} = 2mL_f = 2m\sqrt{\frac{aE_s}{m}} = 2\sqrt{maE_s} \tag{9-18}$$

从图 9-10 中可以看出：

a. 锚固损失的影响长度 $L_f \leqslant L/2$ 时，跨中处锚固损失等于零；

b. $L_f > L/2$ 时，跨中处锚固损失 $\sigma_{l2} = 2m(L_f - L/2)$。

②第二种情况(图 9-11)：对正反抛物线组成的预应力筋，锚固损失消失在曲线拐点外的情况：

$$\omega = \omega_1 + 2\omega_2 + \omega_3 = m_2(L_f - L_1)^2 + m_1(L_1^2 - c^2) + 2m_2(L_f - L_1)L_1 = m_2(L_f^2 - L_1^2) + m_1(L_1^2 - c^2)$$

代入式(9-18)时，移项得：

$$L_f = \sqrt{\frac{aE_s - m_1(L_1^2 - c^2)}{m_2} + L_1^2} \tag{9-19}$$

式中，$m_1 = \dfrac{\sigma_A(kL_1 - kc + \mu\theta)}{L_1 - c}$，$m_2 = \dfrac{\sigma_B(kL_2 + \mu\theta)}{L_2}$。

$$\sigma_{l2} = 2m_1(L_1 - c) + 2m_2(L_f - L_1) \tag{9-20}$$

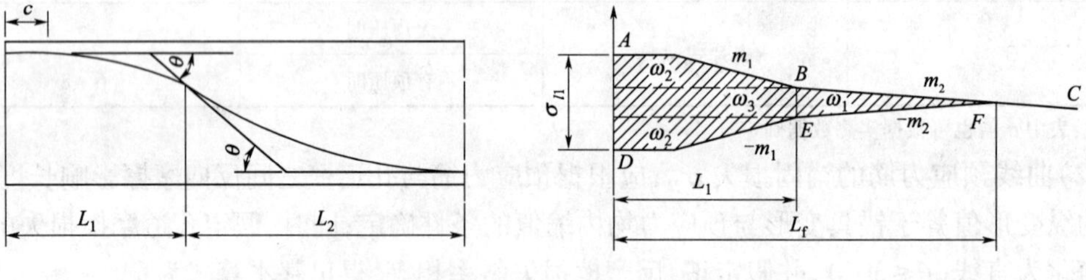

图 9-11 锚固损失消失于曲线拐点外的计算简图

③第三种情况(图 9-12)：对折线预应力筋，锚固损失消失在折点外的情况：

$$L_f = \sqrt{\frac{aE_s - m_1L_1^2 - 2\sigma_1L_1}{m_2} + L_1^2} \tag{9-21}$$

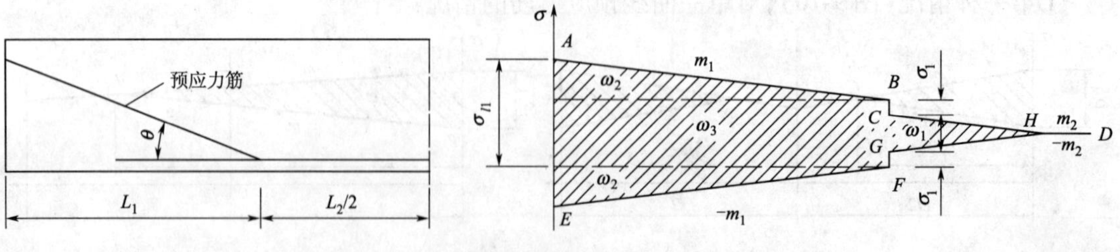

图 9-12 锚固损失消失于折点外的计算简图

式中：$m_1=\sigma_{con}\cdot k$，$\sigma_1=\sigma_{con}(1-kL_1)\mu\theta$，$m_2=\sigma_{con}(1-kL_1)(1-\mu\theta)\cdot k$。

$$\sigma_{l2}=2m_1L_1+2\sigma_1+2m_1(L_f-L_1)$$

对多种曲率组成的预应力筋，均可从式(9-21)基本算式推出 L_f 计算式，再求 σ_{l2}。

3. 弹性压缩损失

先张法构件放张或后张法构件分批张拉时，由于混凝土受到弹性压缩引起的预应力损失，称为弹性压缩损失。

(1)先张法弹性压缩损失

先张法构件放张时，预应力传递给混凝土使构件缩短，预应力筋随着构件缩短而引起的应力损失 σ_{l3}，可按下式计算：

$$\sigma_{l3}=E_s\times\frac{\sigma_{pc}}{E_c} \tag{9-22}$$

式中：E_s，E_c——分别为预应力筋与混凝土的弹性模量；

σ_{pc}——由于预应力筋所引起位于钢筋水平处混凝土的应力。

对轴心受预压的构件，

$$\sigma_{pc}=\frac{P_{y1}}{A} \tag{9-23}$$

式中：P_{y1}——扣除第一批预应力损失后的张拉力，一般取 $P_{y1}=0.9P_j$；

A——混凝土截面面积，可近似地取毛面积。

对偏心受预压的构件(如梁、板)，

$$\sigma_{pc}=\frac{P_{y1}}{A}+\frac{P_{y1}e^2}{I}-\frac{M_G\cdot e}{I} \tag{9-24}$$

式中：M_G——构件自重引起的弯矩；

e——构件重心至预应力筋合力点的距离；

I——毛截面惯性矩。

(2)后张法弹性压缩损失

当全部预应力筋同时张拉时，混凝土弹性压缩在锚固前完成，所以没有弹性压缩损失。

当多根预应力筋一次张拉时，先批张拉的预应力筋受后批预应力筋张拉所产生的混凝土压缩而引起的平均损失 σ_{l3} 可按下式计算：

$$\sigma_{l3}=0.5E_s\times\frac{\sigma_{pc}}{E_c} \tag{9-25}$$

式中：σ_{pc}——同式(9-23)与式(9-24)，但不包括第一批预应力筋张拉力。

对配置曲线预应力筋的框架梁，可近似地按轴心受压计算 σ_{l3}。

后张法弹性压缩损失在设计中一般没有计算在内，可采取超张拉措施将弹性压缩平均损失值加到张拉力内。

4. 预应力筋应力松弛损失

预应力筋的应力松弛损失 σ_{l4}，可按下列各式计算。

(1)预应力钢丝、钢绞线

$$\sigma_{l4}=\psi\cdot\zeta\left(0.52\frac{\sigma_{pe}}{\sigma_{fk}}-0.26\right)\sigma_{pe} \tag{9-26}$$

式中：ψ——张拉系数，一次张拉时取1.0，超张拉时取0.9；

ζ——钢筋松弛系数：I 级松弛（普通松弛），$\zeta=1.0$；II 级松弛（低松弛），$\zeta=0.3$；

σ_{pe}——传力锚固时的钢筋应力，对后张法构件 $\sigma_{pe}=\sigma_{con}-\sigma_{l1}-\sigma_{l2}-\sigma_{l3}$；对先张法构件，$\sigma_{pe}=\sigma_{con}-\sigma_{l2}$。

（2）精轧螺纹钢筋

一次张拉，$\sigma_{l4}=0.05\sigma_{con}$；超张拉，$\sigma_{l4}=0.035\sigma_{con}$。

（3）冷轧带肋钢筋、冷拔低碳钢丝

一次张拉，$\sigma_{l4}=0.08\sigma_{con}$。

5. 混凝土收缩、徐变损失

混凝土收缩、徐变引起的预应力损失 σ_{l5}，可按下列公式计算：

对先张法：

$$\sigma_{l5}=\frac{45+280\times\dfrac{\sigma_{pc}}{f_{cu}}}{1+15\rho} \tag{9-27}$$

对后张法：

$$\sigma_{l5}=\frac{35+280\dfrac{\sigma_{pc}}{f_{cu}}}{1+15\rho} \tag{9-28}$$

式中：σ_{pc}——受拉区或受压区预应力筋在各自的合力点处混凝土法向应力；

f_{cu}——施加预应力时的混凝土立方体抗压强度；

ρ——受拉区或受压区预应力筋和非预应力筋的配筋率。

计算 σ_{pc} 时，预应力损失值仅考虑混凝土预压前（第一批）的损失，并可根据构件制作情况考虑自重的影响，σ_{pc} 值不得大于 $0.5f_{cu}$。

施加预应力时的混凝土龄期对徐变损失的影响也较大。例如，施加预应力时的混凝土龄期 3 天比 7 天引起的徐变损失增大 14%，龄期 30 天比 7 天减少 28%。

对处于高湿度条件的结构（如储水池等），按上式算得的 σ_{l5} 可降低 50%；对处于干燥环境的结构，σ_{l5} 值应增加 20%～30%。

第四节　张拉伸长值

一、预应力筋张拉伸长值

曲线筋的张拉伸长值 ΔL，可按以下两种方法计算。

1. 精确计算法［图 9-13a）］

$$\Delta L=\int_0^{L_T}\frac{P_j e^{-(kx+\mu\theta)}}{A_p E_s}dx=\frac{P_j}{A_p E_s}\int_0^{L_T}e^{-\left(k+\frac{\mu}{r}\right)x}dx=\frac{P_j L_T}{A_P E_s}\left[\frac{1-e-(kL_T+\mu\theta)}{kL_T+\mu\theta}\right] \tag{9-29}$$

式中：P_j——预应力筋的张拉力；

A_p——预应力筋的截面积；

E_s——预应力筋的弹性模量；

L_T——从张拉端至计算截面的孔道长度，m；

k——每米孔道局部偏差对摩擦的影响系数；

μ——预应力筋与孔道壁之间的摩擦系数；

θ——从张拉端至计算截面曲线孔道部分切线的夹角，rad。

2. 简化计算法[图 9-13b)]

$$\Delta L=\frac{PL_{\mathrm{T}}}{A_{\mathrm{p}}E_{\mathrm{s}}} \tag{9-30}$$

式中：P——预应力筋的平均张拉力，取张拉端的拉力与计算截面相互扣除孔道摩擦损失后的拉力平均值，即：

$$P=\frac{P_{\mathrm{j}}+P_{\mathrm{i}}[1-(kL_{\mathrm{T}}+\mu\theta)]}{2}=P_{\mathrm{j}}\left(1-\frac{kL_{\mathrm{T}}+\mu\theta}{2}\right) \tag{9-31}$$

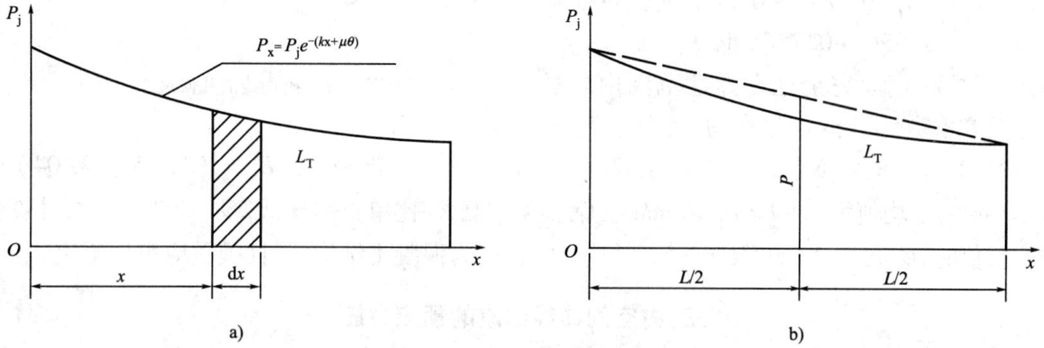

图 9-13　曲线筋张拉伸长值计算简图

a)精确法；b)简化法

二、由多曲线段或直线段与曲线段组成的曲线预应力筋

对多曲线或直线段与曲线段组成的曲线筋，张拉伸长值应分段计算，然后叠加，这样较为准确。

图 9-14 为多曲线段组成的预应力筋张拉伸长值的计算简图。

计算时，首先应将每段两端扣除孔道摩擦损失后的拉力求出，然后按精确法或简化法计算每段张拉伸长值。

采用简化法计算时，公式(9-30)可改写成：

$$\Delta L=\frac{(\sigma_a+\sigma_b)L_{ab}}{2E_{\mathrm{s}}}+\frac{(\sigma_b+\sigma_c)L_{bc}}{2E_{\mathrm{s}}}+\cdots=\sum_i\frac{(\sigma_{i1}+\sigma_{i2})L_i}{2E_{\mathrm{s}}} \tag{9-32}$$

式中：L_i——第 i 线段预应力筋长度；

σ_{i1},σ_{i2}——分别为第 i 线段两端的预应力筋应力。

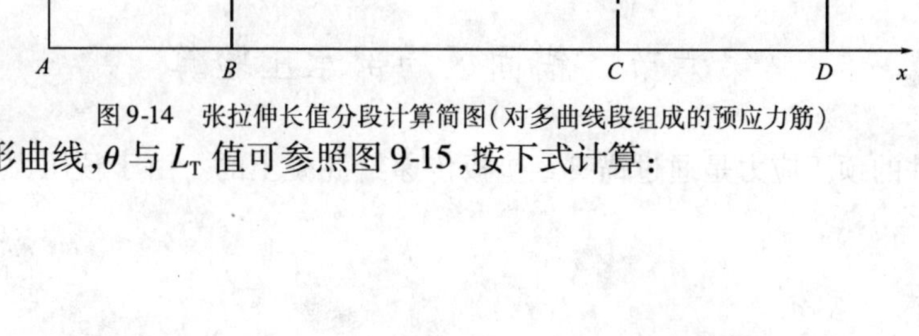

图 9-14　张拉伸长值分段计算简图(对多曲线段组成的预应力筋)

对抛物线形曲线，θ 与 L_{T} 值可参照图 9-15，按下式计算：

$$\frac{\theta}{2}\approx\frac{4H}{L}(\text{rad}) \tag{9-33}$$

$$L_T=\left(1+\frac{8H^2}{3L^2}\right)L \tag{9-34}$$

式中:L——抛物线的水平投影长度;

H——抛物线的矢高。

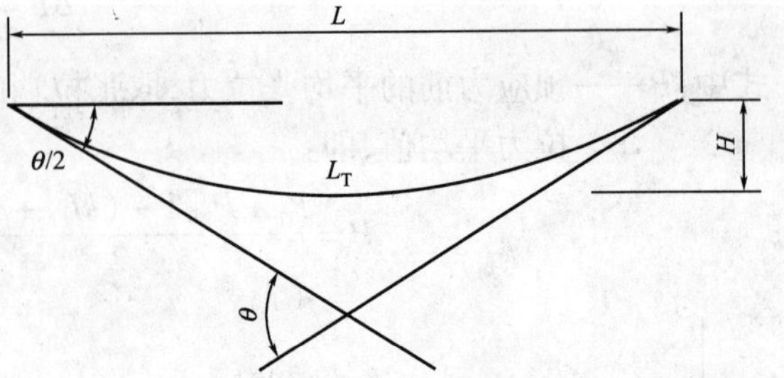

图 9-15　抛物线的几何尺寸

预应力筋的弹性模量取值是否正确,对计算张拉伸长值的影响较大。

从碳素钢丝的应力—应变曲线可以看出,比例极限 $f_p=0.75f_b\sim0.8f_b$,而张拉控制应力 $\sigma_{con}=0.65f_b\sim0.75f_b$,也就是 $\sigma_{con}<f_p$,因此,张拉时钢丝完全处在弹性范围内。根据有关单位测试资料:单根 $\phi5$ 钢丝,$E_s=(1.99\sim2.11)\times10^5\text{N/mm}^2$,平均值 $2.05\times10^5\text{N/mm}^2$;钢丝束,$E_s=(1.95\sim2.04)\times10^5\text{N/mm}^2$,平均值为 $1.99\times10^5\text{N/mm}^2$。钢丝束实测 E_s 比单根钢丝低 2% ~3%,因此,计算张拉伸长值时,E_s 可取 $2\times10^5\text{N/mm}^2$。对重要的预应力混凝土结构,弹性模量应事先测定。

三、由空间曲线组成的预应力筋

对于由空间组成的预应力筋,计算公式与上述相同。所不同的是 θ 应取空间包角:

$$\theta=\sqrt{\theta_{平}{}^2+\theta_{竖}{}^2}$$

式中:$\theta_{平}$——孔道平面包角;

$\theta_{竖}$——孔道竖向包角。

第五节　张拉设备标定与油表值的计算

施加预应力用机具设备及仪表,应由专人使用和管理,并定期维护和标定(校验)。

张拉设备应配套标定,以确定张拉力与压力表读数的关系曲线。标定张拉设备可用测力计、试验机或者弹簧测力计。

标定千斤顶时应使千斤顶动作过程与工作状态相同;千斤顶卧放或者立放对读数影响不大,读数可不作修正。

张拉施工时可由油泵压力表读数控制张拉力。压力表读数根据千斤顶标定记录采用插入法求得。表 9-4 为张拉钢质锥形锚具用的 YZ—85 型千斤顶的标定记录。

例如:由表 9-4,当张拉力为 443.7kN 时,对应千斤顶的压力表的读数为 25.3MPa。

YZ—85 型千斤顶标定记录(千斤顶试验机)　　表 9-4

试验机表盘读数(kN)	50	100	150	200	250	300	350	400	450	500	550	600
千斤顶压力表(MPa)	4.0	6.5	9.2	12.0	14.8	17.5	20.2	23.0	25.6	28.3	31.0	33.6

第六节　锚固区局部承压验算

后张法构件的预压应力是通过锚具经垫板传递给混凝土的。由于预压力很大,而锚具下的垫板与混凝土的传力接触面积往往很小，锚具下的混凝土将承受较大的局部压力。在局部压力作用下，构件端部会产生裂缝，甚至会发生局部受压不足而破坏。

需要保证在张拉钢筋时锚具下锚固区的混凝土不开裂和不产生过大的变形，又要求计算锚具下所需配置的间接钢筋，以满足局部受压承载力的要求，因此应从两方面进行验算：

(1)局部受压截面尺寸验算；

(2)局部受压承载力计算。

【算例】

某梁悬臂端截面尺寸为 500mm × 700mm，配置 2 × 7ϕ^{S}15.24 钢绞线，锚垫板尺寸为 210mm × 210mm。混凝土强度等级 C40，$f_c = 19.1$MPa，螺旋筋 ϕ12@180，$f_y = 210$MPa。

(1)局部受压区截面尺寸

$\beta_c = 1.0, f_c = 19.1, A_l = 420 \times 210 = 88\,200(\text{mm}^2)$

$A_{ln} = 88\,200 - 2\pi \times 1\,052/4 = 70\,891(\text{mm}^2)$

$A_b = 500 \times (210 + 210 + 210) = 315\,000(\text{mm}^2)$

$\beta_l = 31\,500/88\,200 \times 1/2 = 1.89$

$1.35\beta_l\beta_c f_c A_{ln} = 1.35 \times 1 \times 1.89 \times 19.1 \times 70\,891 = 3\,454.7(\text{kN})$

$> F_l = 1.2 \times 0.75 \times 1\,860 \times 14 \times 140 = 3\,281(\text{kN})$(可)

所以局部受压区的截面尺寸符合要求。

(2)局部受压承载力

$\rho_v = 4A_{ss1}/(d_{cor}s) = 4\pi \times 6^2/[(180 - 12) \times 50] = 5.4\%$

$\beta_{cor} = [\pi(90 - 6) \times 2 \times 2/88\,200] \times 1/2 = 0.71$

$0.9(\beta_l\beta_c f_c + 2\alpha\rho_v\beta_{cor}f_y)A_{ln}$

$= 0.9 \times (1 \times 1.89 \times 19.1 + 2 \times 1.0 \times 5.4 \times 10^{-2} \times 0.71 \times 210) \times 70\,891 = 3\,330(\text{kN}) > F_l = 3\,281(\text{kN})$

所以局部受压承载力符合要求。

(3)结论

梁悬臂处张拉端，2 × 7ϕ^{S}15.24 预应力局部承压能力较紧张，因该梁为直线配筋，建议采用单根张拉，以减少局部承压力。

第七节　计 算 示 例

一、算　例　一

某工业厂房采用双跨预应力混凝土框架结构体系。其双跨预应力混凝土框架梁的尺寸与预应力筋布置见图 9-16 所示。预应力筋采用 2 束 9ϕ^{S}15.2 钢绞线束，由边支座处斜线、跨中处抛物线与内支座处反向抛物线组成，反弯点距内支座的水平距离 $\alpha L = 0.15 \times 20\,000 = 3\,000$(mm)。预应力筋强度标准值 $f_{pk} = 1\,860\text{N/mm}^2$，张拉控制应力 $\sigma_{con} = 0.75 \times 1\,860 = 1\,395\ (\text{N/mm}^2)$，弹性模量 $E_s = 1.95 \times 10^5\text{N/mm}^2$。预应力筋孔道采用 ϕ80 预埋金属波纹管成形，$K = 0.003$，$\mu = 0.3$。预应力筋两端采用张拉工艺。试求：

(1)曲线预应力筋各点坐标高度；

(2)张拉锚固阶段预应力筋建立的应力；

(3)曲线预应力筋张拉伸长值。

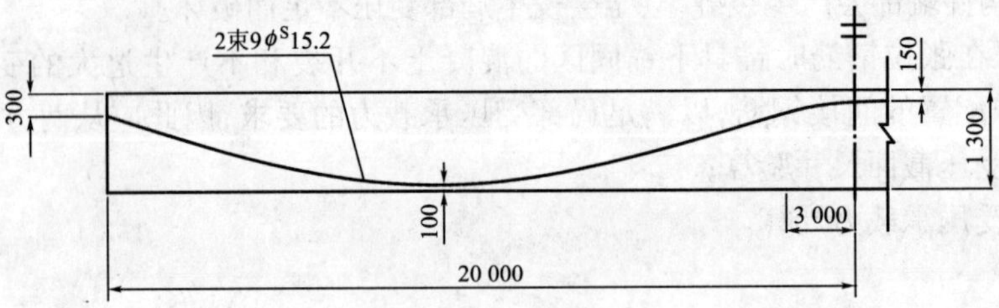

图 9-16　双跨框架梁预应力筋布置(尺寸单位:mm)

【解】(1)曲线预应力筋各点坐标高度

直线段 AB 的投影长度 L_1:

$$L_1=\frac{20\ 000}{2}\sqrt{1-\frac{900}{1\ 050}+2\times0.15\times\frac{900}{1\ 050}}=6\ 325(\mathrm{mm})$$

反弯点 D 的坐标高度:$h=100+1\ 050\times\dfrac{0.5-0.15}{0.5}=835(\mathrm{mm})$

设抛物线方程:跨中处为 $y=A_1x^2$,支座处为 $y=A_2x^2$,可求得:

$$A_1=\frac{2\times1\ 050}{(0.5-0.15)20\ 000^2}=1.5\times10^{-5}$$

$$A_2=\frac{2\times1\ 050}{0.15\times20\ 000^2}=3.5\times10^{-5}$$

当 $x=5\ 000\mathrm{mm}$,$y=1.5\times10^{-5}\times5\ 000^2=375(\mathrm{mm})$,则该点坐标高度 $=375+100=475(\mathrm{mm})$。图 9-17 绘出曲线预应力筋坐标高度。

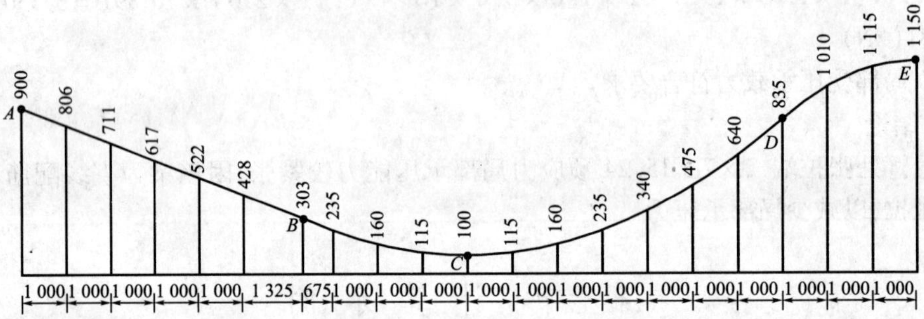

图 9-17　曲线预应力筋坐标高度(尺寸单位:mm)

(2)张拉锚固阶段预应力筋建立的应力

预应力筋各线段实际长度计算:

AB 段:

$$L_\mathrm{T}=\sqrt{597^2+6\ 325^2}=6\ 353(\mathrm{mm})$$

CD 段:

$$L_\mathrm{T}=7\ 000\left(1+\frac{8\times735^2}{3\times14\ 000^2}\right)=7\ 051(\mathrm{mm})$$

预应力筋各线段 θ 角计算:

CD 段:

$$\theta = \frac{4 \times 735}{14\ 000} = 0.21(\text{rad})$$

张拉时预应力筋各线段终点应力计算列于表 9-5。

张拉伸长值计算表 表 9-5

线 段	L_T(m)	θ(rad)	$kL_T + \mu\theta$	$e^{-(kL_T+\mu\theta)}$	终点应力（N/mm^2）	张拉伸长值（mm）
AB	6.353	0	0.019	0.981	1 369	45.0
BC	3.682	0.110	0.044	0.957	1 310	25.3
CD	7.051	0.210	0.084	0.919	1 204	45.1
DE	3.022	0.210	0.072	0.931	1 121	17.9

合计伸长值 133mm。

锚固时预应力筋各线段应力变化计算：

$$m_1 = \frac{1\ 395 - 1\ 369}{632.5} = 0.042\text{N}/(\text{mm}^2 \cdot \text{cm})$$

$$m_2 = \frac{1\ 369 - 1\ 310}{368.2} = 0.160\text{N}/(\text{mm}^2 \cdot \text{cm})$$

$$L_f = \sqrt{\frac{0.6 \times 1.95 \times 10^5 - 0.042 \times 632.5^2}{0.160} + 632.5^2} = 1\ 013.1(\text{cm})$$

A 点锚固损失 $\sigma_{l1} = 2 \times 0.042 \times 632.5 + 2 \times 0.61 \times (1\ 013.1 - 632.5) = 175(\text{N/mm}^2)$。同理，求得 B 点 $\sigma_{l1} = 122\text{N/mm}^2$。图 9-18 绘出张拉阶段曲线预应力筋沿长度方向建立的预应力值。

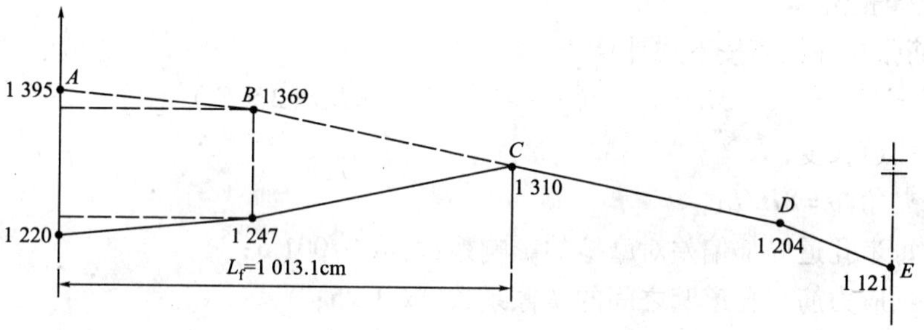

图 9-18 张拉阶段曲线预应力筋沿长度方向建立的应力

(3)曲线预应力筋张拉伸长值

该工程双跨曲线预应力筋采取两端张拉方式，分段简化计算张拉伸长值。

AB 段张拉伸长值：

$$\Delta L_{AB} = \frac{(1\ 395 + 1\ 369) \times 6\ 353}{2 \times 1.95 \times 10^5} = 45.0(\text{mm})$$

同理，可算出其他各段张拉伸长值，见表 9-5。

双跨曲线预应力筋张拉伸长值总计为$(45.0 + 25.3 + 45.1 + 17.9) \times 2 = 266(\text{mm})$。

二、算 例 二

(1)预应力材料

钢材：采用抗拉强度为 1 860MPa 低松弛钢绞线。

锚具:柳州 OVM 建筑机械有限公司的 OVM 型锚具。

(2)张拉设备

YCW—150 型千斤顶,YCW—250 型千斤顶,ZB—500/400 型大油泵。

压力表应用精度为 0.4 级的标准(精密)压力表,千斤顶和压力表应配套校验、配套使用,标定期限为半年。

千斤顶和油泵应定期保养,张拉时不漏油,油压应缓慢、平稳、同步上升。

(3)张拉方法

混凝土强度达到设计强度 100% 时进行张拉,正式张拉应为有同条件养护试块的试压报告。

预应力张拉前应清理锚垫板,并检查锚垫板后面的混凝土质量,如发现空鼓现象,应在张拉前修补并待所补部分混凝土强度 100% 后方可张拉。

张拉方式:采用一端张拉。

张拉顺序:0→$0.2\sigma_{con}$(量初值)→$0.6\sigma_{con}$(量中间值)→$1.0\sigma_{con}$→锚固。

(4)张拉力

张拉控制力:

直线束 4 孔　$F=0.65\times1\ 860\times140\times4=677(kN)$

　　　6 孔　$F=0.65\times1\ 860\times140\times6=1\ 016(kN)$

曲线束 5 孔　$F=0.65\times1\ 860\times140\times5=911.4(kN)$

　　　6 孔　$F=0.70\times1\ 860\times140\times6=1\ 094(kN)$

　　　8 孔　$F=0.70\times1\ 860\times140\times8=1\ 458.2(kN)$

(5)张拉伸长值

预应力筋张拉伸长值按下式计算:

$$\Delta L=\sigma_{con}\times[1+e^{-(kL_T+\mu\theta)}]\times L_T/(2\times E_s)$$

式中:L_T——孔道长度;

θ——夹角,$\theta=8H/L$;

k——每米孔道局部偏差对摩擦的影响系数,取 0.001 5;

μ——预应力筋与孔道壁之间的摩擦系数,取 0.25;

E_s——预应力筋的弹性模量,$E_s=1.95\times10^5N/mm^2$。

预应力筋张拉伸长值计算见表 9-6。

预应力筋张拉伸长值计算　　表 9-6

梁编号	张拉方式	孔道长度(m)	孔道曲线(m)	伸长值(mm)			下限(mm)	上限(mm)
				$0.2\sigma_{con}$	$0.6\sigma_{con}$	$1.0\sigma_{con}$		
直线束	1	18.10		21	64	106	100	112
曲线束	1	18.16	0.580	22	65	108	102	114

预应力筋的张拉管理,采用应力控制,伸长校核。实际伸长值与计算伸长值的允许偏差为 +6% ~ -6%。伸长控制范围为表 9-6 中所示"上限"、"下限"。如超过该值,应停止张拉,采用措施予以调停后,方可继续张拉。

(6)张拉表读数及伸长值(表 9-7)

张拉读数及伸长值

表 9-7

孔　数	千斤顶编号	油压表编号	$0.2\sigma_{con}$		$0.6\sigma_{con}$		$1.0\sigma_{con}$	
			张拉力（kN）	表读数（MPa）	张拉力（kN）	表读数（MPa）	张拉力（kN）	表读数（MPa）
4(直)	4389 号	95600610 号	133.4	4.7	406.2	14.2	677	23.7
6(直)	4389 号	95600610 号	203.2	4.6	609.6	13.8	1 016	22.1
5(曲)	4389 号	95600610 号	182.3	6.4	546.8	19.1	911.4	31.9
6(曲)	0443 号	334 号	218.8	4.9	656.4	14.8	1 094	24.1
8(曲)	0443 号	2003-11-334 号	291.6	6.7	874.9	19.5	1 458.2	32.3

思考题

1. 25m 空心板梁 T1 孔道长度为 24.874m,采用两端张拉,张拉中千斤顶的长度为 32.4cm,工作锚厚度为 5.5cm ,限位板厚 3.5cm,工具锚厚度 5.5cm,试计算钢绞线的下料长度。

2. 8m 空心板预应力孔道为直线布置,钢绞线的计算长度为 7.69m,预埋波纹管管道,采用抗拉强度为 1 860MPa 的低松弛钢绞线,送检后合格,测得 $A_g = 140\text{mm}^2$, $E_g = 2 \times 10^5\text{MPa}$, $\mu = 0.22$, $k = 0.001\,5$,求其理论伸长量。

3. 10m 空心板预应力筋曲线 1 号束是由三段直线段和两段曲线段组合而成,两边对称,中间为圆弧段,从梁端向跨中三段长度为:2.316m、1.833m、0.691m,圆弧段的偏角为 0.019 44rad,试列表计算 1 号束的理论伸长量。

第十章 预应力混凝土施工组织与管理

学习目标

1. 了解专项施工工作的主要内容；
2. 了解专项施工组织设计的主要内容；
3. 掌握预应力筋工程量计算；
4. 熟悉预应力施工安全措施。

第一节 概 述

后张预应力混凝土工程专项施工，是土建总包工作中的分项工程之一。预应力混凝土工程专项施工是土建工程主体结构中的预应力筋埋放、张拉、保护施工。它包括：

(1)有黏结后张预应力混凝土工程专项施工；

(2)无黏结后张预应力混凝土工程专项施工。

后张预应力工艺技术由于大都是专有技术或专利技术，其要求高，难度大，专业性、独立性强，因而一般都是由技术持有者或预应力专业公司实施。

在西欧和北美及其他地区，后张预应力技术都是由国际上知名的几家大预应力专业公司或分公司拥有和实施的。我国《建筑工程预应力施工规程》(CECS 180:2005)规定，预应力分项工程应由具有相应资质等级的预应力专业施工单位进行施工，但由于工程建设规模巨大，地域范围广阔，加之预应力专业公司起步较晚，因而建设部在审批建设企业资质证书时，除审批了少数预应力专业公司的预应力专项工程施工一级资质外，还审批了部分大型土建总包企业的预应力单项施工资质，因而我国预应力专业施工队伍较多，水平相差较大。预应力混凝土工程专业施工是土木工程界的高科技技术，其技术投入大，技术性强，一般由专业施工队伍实施。预应力专业施工队伍是指预应力专业公司或土建公司的预应力专业施工队，他们应持有建设部或地方相应管理部门颁发的预应力专业施工资质证书，并在证书级别范围内承担预应力专项施工，预应力专业施工人员应持有上岗证。

后张预应力混凝土工程专项施工工作牵涉范围广，技术要求高，其施工工作涉及招投标报价及施工组织、策划、材料管理、质量管理、进度管理、安全管理、成本管理等诸多方面，其施工过程与土建总包的钢筋工程、模板工程、混凝土工程等交叉进行，施工难度大，必须精心做好专项施工的前期准备及施工现场的组织、策划、管理工作。

第二节 专项施工工作

后张预应力混凝土工程专项施工工作包括以下几个方面的内容：

(1)招投标、报价及合同管理工作；
(2)施工组织、策划工作；
(3)施工准备工作；
(4)技术、质量管理工作；
(5)安全、进度管理工作；
(6)成本、造价管理工作。

这些工作是保证施工顺利进行的重要环节，必须引起足够的重视。

一、招投标、报价及合同

招投标、报价及签订承包合同工作是专项工程施工前期的首要任务，只有通过合理的投标价格，明确的合同条款内容，才能保证专项施工工作的顺利进行。预应力混凝土工程专项施工是土建总包范围内的单项工程之一，类似于土建总包分项工程的钢筋工程，它又是一个专业承包工程，类似于防水工程、装饰工程的专业分包施工。预应力混凝土专项施工的招投标委托方式可以是业主招标进行分包，也可以是土建总包进行招标分包。

专项施工承包内容既可以按设计图提供的工程量进行专业承包施工，又可以为专项设计施工总承包；按建筑面积取费或按工程量计算取费。目前国内后张预应力混凝土工程专项施工的概预算定额并不完善，专业设计取费方式、专业施工直接费取费内容、间接费取费标准等相差很大，因此在投标报价及专业施工承包合同中，工作内容、工程量计算规则、取费内容等方面必须相对准确，预应力专业施工承包不能允许投入大于产出。

二、工程量计算方法

预应力专项施工工程量及取费计算一般采用两种方法：

(1)按图纸计算实耗材料(如预应力筋、塑料护套或波纹管、锚具、垫板、螺旋筋、马凳、靴模、封端材料、水泥、外加剂等)用量及直接费用，计算施工过程中人工费及设备费，再按有关定额收取一定的间接费；

(2)只计算预应力筋用量，然后按市场综合单吨费率计算总费用。

不论采取何种方法，其中预应力筋的用量是关键。一般来说，预应力筋合同用量是按预应力束两端垫板间结构或构件内实际长度加两端外露长度计算，结构或构件内计算曲线长度，外露部分根据预应力筋张拉及锚固方法确定。对于夹片式锚具常规张拉，一般每个张拉端长度取900mm，前卡式千斤顶张拉时，长度可缩短，但计算工程量时仍按900mm计算。若为变角张拉，则每张拉端取1 500mm。对钢丝镦头式锚具，可取两端锚固后钢丝束的长度。

各构件内长度汇总后求得总长度，然后按规范规定的线重计算总重量。值得强调的是，实际供货状态下，计算应力筋线重一般比标准值高2% ~5%，因此，在计算总量时应考虑这一因素。此外，由于预应力筋不可接长，不允许有外伤及破损，因此损耗量一般按8% ~10%考虑。

三、施工组织及策划

预应力分项工程量较大或工期较长的工程宜成立项目经理部，实行项目经理负责制。明确组织机构、部门和人员的职能，根据工程总包的总体进度安排及安全、质量要求，确定主要工序的施工方案及工程的质量、安全、成本管理目标，编制施工组织设计，确保施工顺利进行。

四、施 工 准 备

施工准备的内容很多,包括熟悉施工图;对图纸进行翻印,计算专项施工工程量;提出后张预应力用预应力筋规格、数量,预留孔道规格、长度,预应力张拉锚固体系的型号、数量;计算灌浆材料的用量,封端材料的用量;提出所用设备的型号、数量,以及材料、设备的进场时间、验收内容、验收方法等;还应做好施工用地及临时设施的准备工作。

五、施 工 管 理

施工管理工作贯穿在现场施工的各个环节、各道工序。施工管理工作的内容就是按设计及有关规范的要求,合理组织人力、材料、设备、技术、资金等生产要素,完成施工组织设计中制订的质量、安全、进度及成本管理目标。有黏结后张预应力混凝土工程专项施工现场主要工序工作内容为:

(1)预应力筋下料长度计算、下料,固定端制作、编束;

(2)预应力筋预留孔道的制作、连接、安放、定位,张拉端、固定端承压垫板、螺旋筋安装,张拉端模板安装;

(3)预应力专项工程自检与隐检;

(4)混凝土浇筑后预留孔道的检查、清理与预应力筋穿束;

(5)预应力束张拉、记录及自检、隐检;

(6)预应力束孔道灌浆;

(7)预应力束端头锚具的封端保护。

以上这些主要工序的施工管理工作既涉及质量、进度、安全、成本等项目控制管理,又涉及劳动力、材料、设备、技术等生产要素管理,其管理工作内容与总包主体结构的施工管理工作相似。这些工作对预应力专项施工极为重要,必须认真落实施工组织设计制定的目标。

第三节　专项施工组织设计

预应力工程专项施工一般是土建总包的二级分包施工,预应力专业施工队伍应根据土建总包的总体进度计划、流水方式、施工方法、质量安全要求等编制预应力专项施工组织设计。后张预应力专项施工组织设计一般应包括以下内容。

一、工程结构概况

介绍设计及施工单位,该工程结构特点,预应力技术应用部位、特点等,工期要求,项目部人员组成及施工人员部署等。

二、施工顺序及施工工艺流程

结构设计时,设计人员应综合考虑预应力筋分段、结构分段、结构后浇带或施工缝间的合理关系,尽量减少交叉影响,以利提高施工速度。

在编制施工组织设计时,预应力分包单位应根据预应力工艺特点,建议总包采取合理的施工流水段,确保模板工程、钢筋及预应力筋工程、混凝土工程等主要工序正常流水。

有关工序的配合要求如下。

1. 对模板安装与拆除的配合要求

(1)对现浇预应力结构的支架体系,应制订合理的搭设方案,并进行力学验算。

(2)现浇预应力混凝土梁、板底模的起拱高度宜为全跨度的0.5‰~1‰。

(3)现浇预应力梁的一侧模板应在金属波纹管铺设后安装;梁的端模待端埋件安装后封闭。

(4)现浇预应力梁的侧模宜在预应力筋张拉前拆除;底模支架的拆除应按施工技术方案执行,当无具体要求时应在预应力筋张拉后拆除。

2. 对钢筋安装的配合要求

(1)柱的竖向钢筋与梁的负弯矩钢筋应严格按预应力梁柱节点翻样图中的位置安装,避免与预应力孔道相碰。

(2)普通钢筋与其他预埋管铺设时应避让预应力筋,但一般不得切割受力钢筋;如必须切割,应征得设计单位同意。梁腰筋间的拉筋应在金属波纹管安装后再绑扎。

(3)金属波纹管或无黏结预应力筋铺设后,其周围不得进行电焊作业;如有必要则应有防护措施。

3. 对混凝土浇筑的要求

(1)预应力梁板混凝土浇筑时,应多留置1~2组混凝土试块,与梁板同条件养护。

(2)浇筑混凝土时,应防止振动器触碰金属波纹管、无黏结预应力筋及端埋件等。

(3)张拉端与固定端区域的混凝土必须振捣密实,锚垫板的背面不得捣空。

三、预应力专项施工准备

(1)张拉设备的准备;

(2)预应力筋材料及配件的准备;

(3)张拉锚固体系的准备;

(4)预应力筋防护材料的准备;

(5)下料长度计算及下料、锚固端制作等。

四、钢筋、预应力筋(预埋管道)布置方案

根据施工流水段大小,确定预应力筋(预埋管道)布置工艺。

对后张板类预应力结构,布筋工艺为:

支板底模→布置板底钢筋→布置预压力筋→布置板顶钢筋→调整预应力矢高及位置→安放张拉端盒→浇筑板混凝土。

对梁类后张预应力结构,布置预应力筋(或预埋管道)工艺为:

支梁底模→绑扎梁钢筋笼→布置预应力筋(或预埋管道)→支梁侧模→浇筑混凝土。

预应力布筋工艺与总包钢筋工程交叉施工时,方案中应详细介绍各工序的技术、质量、时间要求。

五、预应力筋张拉、灌浆、封端方案

这项工作是预应力专业施工队伍的主要工作,施工组织设计中应详细叙述工艺要点等各项要求,也可单独写出施工方案。对于一级专业施工队伍,张拉施工操作有专门的规程或施工工法,此内容可不一定详细写出,但应写出与总包有关的交叉或配合工作内容。

六、主要工序技术要点、质量要求、验收方法

施工组织设计中应对材料设备验收、下料、张拉端和固定端制作、布筋工艺、张拉灌浆等主要工序提出技术、质量要求及验收方法。

七、施工进度计划、进度目标及保证措施

根据工程量、相关配合工序等，制订施工进度计划，一般可采用横道图，大型工程或较复杂的工程或采用网络图绘制。确定各分项（工序）工程的进度目标，并制订相应的保证措施。

八、质量保证措施

(1)预应力施工，尤其是后张法预应力工程的施工，专业性强、技术含量高、操作要求严，必须由具有相应资质等级的预应力专业施工单位承担。

(2)工程项目监理部应主动协调好业主、设计、施工之间，以及总承包与预应力专业分包之间的关系，使工程项目参建各方构成一个完整的质量保证体系。

(3)预应力工程设计应明确提供预应力筋的材质、规格、性能要求、束形及布置要求、结构构造，以及预应力筋的张拉力（或张拉控制应力）、张拉程序、张拉顺序等内容，以保证能按照设计意图在结构中建立正确的预应力。

(4)工程监理应严格控制施工单位的材料报验与工序报验，不合格材料决不容许用于工程，不合格工序决不放过。

(5)预应力专业施工单位应在工程项目现场建立完善的质量保证体系，建立QC小组，对材料采购、进场复验、技术管理及工序专检等各个环节，都必须明确责任、落实到人。

九、安全保证措施

预应力混凝土施工，工艺复杂，设备多，交叉作业多，且张拉力大，如 $\phi^{S}15.24$ 的钢绞线每根张拉力高达20t。施工过程中钢绞线、夹片飞出伤人，油泵液压油、高压水泥浆喷射伤人，设备操作中查冲压伤手指等事故时有发生，因此应严格遵守《公路施工安全技术规程》(JTJ 076—95)和《建筑工程预应力施工规程》(CECS 180:2005)的规定及设备操作等相关规定。

(1)建立安全保证体系小组，责任到人。

(2)做好预应力混凝土施工安全宣传工作。

(3)对工人进行三级安全教育，考核情况要填写在安全教育卡片上，建立安全教育档案。

(4)制订相应的安全保证注意事项，主要内容有：

①预应力筋下料

a. 预应力筋下料时，应防止钢绞线弹出伤人，尤其是原装钢绞线放线时宜用放线架约束，近距离内不得站其他人。

b. 操作者应站在侧面，砂轮旋转方向严禁站人和过人。

c. 钢绞线在切断后的一瞬间，切割机砂轮片还在高速旋转，拉线的人不要过于着急，马上拉动钢绞线，这样很容易让钢绞线摩擦旋转中的砂轮片，损伤钢绞线，造成隐患，应等旋转停止后再进行操作。

d. 对于下料场地狭窄的工地或在下料时经常有人通过的地方，应在切割机砂轮片火花出口处用一面模板挡住飞射，保护行人的安全。

②波纹管的铺设

a. 在焊支架筋时在梁侧搭好牢固的平台,满铺脚手板,系好安全带。

b. 电焊操作人员持证上岗,戴好防护面罩或电焊眼镜。

c. 注意上下垂直方向有无操作人员,防止坠物伤人。

d. 注意施工操作面周围有无易燃物,注意防火。

③预应力筋的穿束

a. 在梁端搭好牢固的穿束平台,满铺脚手板,有防护,系好安全带。

b. 注意上下垂直方向有无操作人员,防止坠物伤人。

④张拉端固定

a. 在焊喇叭管时在端部搭好牢固的平台,满铺脚手板。

b. 电焊操作人员持证上岗,戴好防护面罩或电焊眼镜。

c. 注意上下垂直方向有无操作人员,防止坠物伤人。

d. 注意施工操作面周围有无易燃物,注意防火。

⑤ 预应力钢束(钢丝束、钢绞线)张拉施工前应遵守的规定

a. 张拉作业区,无关人员不得进入;预应力施工作业处上下方位置严禁其他人员同时作业,必要时应设置安全护栏及安全警示标志。

b. 检查张拉设备、工具(如:千斤顶、油泵、压力表、油管、顶楔器及液控顶压阀等)是否符合施工及安全的要求。压力表应按规定周期进行检定。

c. 张拉千斤顶使用前,应清洗工具锚夹片,检查齿形有无损坏,保证有足够的夹持力。锚环及锚塞使用前应经检验,合格后方可使用。

d. 高压油泵与千斤顶之间的连接点,各接口必须完好无损。油泵操作人员要戴防护眼镜。

e. 油泵开动时,进、回油速度与压力表指针升降应平稳、均匀一致。安全阀要经常保持灵敏可靠。

f. 张拉前,操作人员要确定联络信号。张拉两端相距较远时,宜设对讲机等通信设备。

⑥预应力张拉

a. 在已拼装或悬浇的箱梁上进行张拉作业,其张拉作业平台、拉伸机支架要搭设牢固,平台四周应加设护栏。高处作业时,应设上下扶梯及安全网。施工的吊篮,应安挂牢固,必要时可另备安全保险设施。在悬挑部位进行作业的预应力施工人员,应有安全带。

b. 油泵操作人员在操作油泵时精力要集中,给油回油要平稳。

c. 张拉时千斤顶的对面及后面45°范围内严禁站人,作业人员应站在千斤顶的两侧。闲杂人员不得围观,不得在千斤顶后来回穿越。

d. 张拉过程中,听到异常响声要稍做停顿,查明原因,不可野蛮施工。

e. 注意安全用电,电源插头一定要安装,不可直接用电线插入插座,电源线要有漏电保护。

⑦孔道灌浆

a. 要搭设灌浆平台,平台上满铺脚手板,钢管一定要牢固扣紧。保证拌浆机、水泥、操作人员在平台之上。

b. 灌浆机操作人员在操作时精力要集中,时刻与拿喷浆头人员保持联系。

c. 所有操作人员均要戴好防护眼镜,以防水泥浆喷出伤眼。

d. 闲杂人员不得围观。

e. 注意上下垂直方向是否有操作人员,防止高空坠落。

f. 所有操作人员均要持证上岗。

⑧切割端头及封锚

a. 在端部搭好牢固的平台,满铺脚手板。

b. 操作人员持证上岗,戴好防护眼镜。

c. 注意上下垂直方向有无操作人员,防止坠物伤人。

d. 注意施工操作面周围有无易燃物,注意防火。

⑨先张法张拉施工时,除按本节有关规定施工外,还应做到:

a. 张拉前,对台座、横梁等进行检查;

b. 先张法张拉中和未浇混凝土之前,周围不得站人和进行其他作业。浇筑混凝土时,振捣器不得撞击钢丝(钢束)。用卷扬机滑轮组张拉小型构件时,张拉完成后应切断电源和卡固钢丝绳。

⑩精轧螺纹钢筋张拉前,除对张拉台座检查外,还应对锚具、连接器进行检查、试验。

⑪所有电气设备,必须用插座连接。对不熟悉的电气设备,应由现场电工接线。意外停电时,应立即关掉电源开关。严防电气设备受潮漏电,以免发生触电事故。电源一定要远离水源。

⑫防止高空坠落措施

a. 操作人员在进行高空作业时,必须正确使用安全带。

b. 在高空使用撬杠时,人要立稳,如附近有脚手架或已安装好构件,应一手扶住,一手操作。

c. 工作如需在高空作业时,应尽可能搭设临时操作台。

d. 如需在悬空的屋架上弦行走时,应在其上设置安全栏杆。

e. 如雨期或冬期时,必须采取防滑措施。

f. 操作人员不得穿硬底皮鞋上高空作业。

⑬防止高空落物伤人措施

a. 地面操作人员必须戴好安全帽。

b. 高空操作人员使用的工具、零配件等,应放在随身佩带的工具袋内,不可随意向下丢掷。

c. 在高空用气割或电焊切割时,应采取措施,防止火花落下伤人。

d. 地面操作人员,应尽量避免在高空作业的正下方停留或通过,也不得在起重机的起重臂或吊装的构件下停留或通过。

e. 构件安装后,必须检查连接质量,只有连接确实安全可靠,才能拆除临时固定工具。

思考题

1. 预应力施工单位是否必须由有资质的单位进行施工?施工人员是否必须执证上岗?
2. 后张预应力混凝土工程专项施工工作包括哪几个方面的内容?
3. 后张预应力工程量计算方法有哪些?
4. 预应力筋的用量如何进行计算?
5. 后张预应力混凝土施工组织设计包括哪些内容?
6. 预应力施工与哪些工序相配合?
7. 质量保证措施有哪些?
8. 施工时具体的安全事项有哪些?

参考文献

[1] 李国平.桥梁预应力混凝土技术及设计原理.北京:人民交通出版社,2004
[2] 蔚建华.预应力混凝土桥梁施工技术要点.北京:人民交通出版社,2004
[3] 中华人民共和国行业标准.JTG D62—2004 公路钢筋混凝土及预应力混凝土桥涵设计规范.北京:人民交通出版社,2004
[4] 中华人民共和国行业标准.JTJ 041—2000 公路桥涵施工技术规范.北京:人民交通出版社,2000
[5] 刘吉士,等.公路桥涵施工技术规范实施手册.北京:人民交通出版社,2004
[6] 交通部第一公路工程总公司.公路施工手册 桥涵.北京:人民交通出版社,2003
[7] 日本道路协会.预应力混凝土公路桥施工手册.北京:人民交通出版社,1988
[8] 苏权科,张文忠.桥梁施工违规纠正手册.北京:人民交通出版社,2004
[9] 熊学玉,黄鼎业.预应力工程设计施工手册.北京:中国建筑工业出版社,2003
[10] 王定一,王宇红,胡长改.简明预应力混凝土工程施工手册.北京:中国环境科学出版社,2003
[11] 陈惠玲.高效预应力结构设计施工实例应用手册.北京:中国建筑工业出版社,1998
[12] 吴昌期,杨家沪,韩凤华.预应力混凝土梁桥施工.北京:人民交通出版社,1987
[13] 本书编委会.桥梁预应力混凝土施工技术及标准规范实施手册.吉林:吉林电子出版社,2004
[14] 冯大斌,栾贵臣.后张预应力施工手册.北京:中国建筑工业出版社,1998
[15] 朱新实,刘效尧.预应力技术及材料设备.北京:人民交通出版社,2005
[16] 李自光.桥梁施工成套机械设备.北京:人民交通出版社,2003
[17] 田奇,马志奇.钢筋及预应力机械应用技术.北京:中国建筑工业出版社,2004
[18] 蒋泽汉.预应力混凝土实用施工技术.成都:四川科学技术出版社,2000
[19] 中国科学技术咨询服务中心预应力技术专家组.预应力工程实例应用手册:桥梁结构篇.北京:中国建筑工业出版社,1996
[20] 熊学玉.体外预应力结构设计.北京:中国建筑工业出版社,2005
[21] JGJ 92—2004 无黏结预应力混凝土结构技术规程.北京:中国建筑工业出版社,2005
[22] 周水兴.路桥施工计算手册.北京:人民交通出版社,2004
[23] 朱汉华,陈孟冲,等.预应力混凝土连续箱梁桥裂缝分析与防治.北京:人民交通出版社,2006
[24] 周水兴.何兆益,等.路桥施工计算手册.北京:人民交通出版社,2004
[25] 东南大学华东预应力中心.CECS 180:2005 建筑工程预应力施工规程.北京:中国计划出版社,2005
[26] 施岚青,陈嵘,等.预应力混凝土实用技术.北京:中国建筑工业出版社,2003
[27] GB 50204—2002 混凝土结构工程施工质量验收规范.北京:中国建筑工业出版社,2002
[28] JT/T 529—2004 预应力混凝土桥梁用塑料波纹管.北京:人民交通出版社,2004
[29] JG 225—2007 预应力混凝土用金属波纹管.北京:中国标准出版社,2007
[30] 中国建筑科学研究院.JGJ 85—2002 预应力筋用锚具、夹具和连接器应用技术规程.北

京:中国建筑工业出版社,2002
[31] 中华人民共和国质量监督检验检疫总局. GB/T 5223—2002　预应力混凝土用钢丝. 北京:中国标准出版社,2002
[32] 王建华,等. 桥涵工程试验检测技术. 北京:人民交通出版社,2006
[33] 张高勤,龙兴灿. 真空压浆辅助技术在桥梁预应力工程中的应用. 苏州科技大学学报,2005
[34] 钟新谷,等. 预应力混凝土连续箱梁桥裂缝防治与研究科研报告[R]. 长沙:中南大学等,2001
[35] 中华人民共和国行业标准. JTJ 076—95　公路工程施工安全技术规程. 北京:人民交通出版社,1995